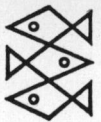

Über dieses Buch Mit der Emigration vieler europäischer Psychoanalytiker sind wesentliche ideelle Bestandteile des Freudschen Projekts verlorengegangen. Der Hauptschauplatz dieser gravierenden Entschärfung der
Psychoanalyse waren die Vereinigten Staaten. Russell Jacoby hat die
Geschichte der Verdrängung »unbotmäßiger« Fragestellungen nach 1930
aufgezeichnet. Vor allem an der Entwicklung Otto Fenichels und seines
»Kreises« beschreibt er, wie selbst die politisch bewußten Freudianer die
zivilisationskritischen Absichten Freuds allmählich verdunkelt haben. Jaco-
bys Buch enthält eine Abrechnung und eine Warnung – es ist die Anwendung der Psychoanalyse auf ihre eigene Geschichte.

Der Autor Russell Jacoby, Historiker und Sozialwissenschaftler, lebt in
New York. 1978 erschien sein Buch ›Soziale Amnesie; Eine Kritik der konformistischen Psychologie von Adler bis Laing.‹

Russell Jacoby

Die Verdrängung der Psychoanalyse
oder
Der Triumph des Konformismus

Aus dem Amerikanischen
von Klaus Laermann

Fischer Taschenbuch Verlag

Ungekürzte Ausgabe
Veröffentlicht im Fischer Taschenbuch Verlag GmbH,
Frankfurt am Main, November 1990

Lizenzausgabe mit freundlicher Genehmigung des
S. Fischer Verlages GmbH, Frankfurt am Main
Die amerikanische Originalausgabe mit dem Titel
»The Repression of Psychoanalysis; Otto Fenichel and the
Political Freudians« erschien 1983 bei Basic Books, Inc., New York
© 1983 Basic Books, Inc., New York
Für die deutsche Ausgabe:
© 1985 S. Fischer Verlag GmbH, Frankfurt am Main
Alle Rechte vorbehalten
Umschlaggestaltung: Buchholz / Hinsch / Hensinger
Satz: Georg Wagner, Nördlingen
Druck und Bindung: Clausen & Bosse, Leck
Printed in Germany
ISBN 3-596-10518-8

Für Naomi – erneut

Inhalt

Danksagungen

Vielen Personen aus meiner Familie und meinem Freundeskreis sowie all denen, die mir während meiner langjährigen Arbeit an den Biographien der politisch orientierten Freudianer ihr Material und ihre Erinnerungen geöffnet haben, bin ich zu Dank verpflichtet. Zuallererst möchte ich Randi Markowitz für ihre großzügige Unterstützung danken; sie hat die Schriften aus dem Nachlaß von Otto Fenichel, durch die die vorliegende Untersuchung ermöglicht wurde, gesammelt und mir zur Verfügung gestellt. Für warmherziges Interesse möchte ich vor allem Norman Reider, Martin Grotjahn, Edith Ludowyk Gyömröi und Clare Fenichel danken. Festzuhalten ist wohl, daß einige der Hauptpersonen dieser Studie oder ihre Familienmitglieder zwar meine Fragen beantwortet, das Manuskript aber nicht gelesen haben. Folglich tragen sie für dessen Inhalt auch keinerlei Verantwortung. Festzuhalten ist ferner, daß sowohl Dr. K. R. Eissler, der Sekretär des Sigmund Freud-Archivs, als auch Dr. Lore Reich-Rubin sich geweigert haben, zu meinen Erkundungen etwas beizutragen; beide sind im Besitz von Material über (oder von) Fenichel, das meine Untersuchung sehr erleichtert hätte. Andere dagegen waren mir eine große Hilfe. Dank schulde ich Kathleen Juline, der Bibliothekarin der Los Angeles Psychoanalytic Society und des dortigen Instituts, dem Hanna Fenichel Testamentary Trust für die Erlaubnis, aus unveröffentlichten Schriften Otto Fenichels zu zitieren, der John Simon Guggenheim Memorial Foundation für ihre Unterstützung in mageren

Jahren sowie David James Fisher und Martin Shapiro für ihre Kommentare und Änderungsvorschläge. Mehr als zu Dank verpflichtet bin ich Naomi Glauberman, einer hervorragenden Lektorin, und Sarah, unserer außergewöhnlichen Tochter; sie haben mich nicht vergessen lassen, worauf es im Leben ankommt.

Vorwort

Das Gespenst der Psychoanalyse geht immer noch um, aber nur wenige erschrecken vor ihm. Mit den Jahren ist es zum Gespenst eines Gespensts geworden. Seinen aufstörenden, ja revolutionären Gestus hat es gegen Leutseligkeit eingetauscht. Clarence P. Oberndorf, ein hervorragender amerikanischer Psychoanalytiker, der zu Beginn der zwanziger Jahre bei Freud studiert hatte, schrieb, einigermaßen enttäuscht, gegen Ende seiner Laufbahn, die Psychoanalyse sei zwar »anerkannt und respektiert«, aber auch »behäbig und selbstgefällig« geworden. Seit sie sich in die medizinischen Fakultäten eingegliedert habe, sei sie vornehmlich für diejenigen »attraktiv« geworden, die »Sicherheit in Wohlverhalten und Anpassung finden«.

Zu diesen Ergebnissen gelangte Oberndorf vor drei Jahrzehnten in seiner 1953 erschienenen *History of Psychoanalysis in America*. In der Zwischenzeit haben sie nichts an Wahrheit verloren; sie haben, im Gegenteil, an Wahrheit gewonnen und an Bedeutung verloren. Denn die Geschichte schreitet häufig in der Weise voran, daß sie frühere Erkenntnisse und Einsichten nicht einfach widerlegt, sondern indem sie ihnen ihren Bezugsrahmen entzieht und so ihren Sinngehalt verwischt. Sie können dann nicht länger überzeugen, noch vermögen sie unsere Aufmerksamkeit zu wecken. Sie werden zu unerklärlichen Nachrichten aus einer anderen Epoche. Heute ist es nicht mehr offenkundig, daß die Psychoanalyse jemals aufrührerisch oder jedenfalls anders als »behäbig und selbstgefällig« war.

Das Urteil Oberndorfs wurde wenig später von Robert
Lindner, einem Analytiker aus Baltimore, bestätigt. Er bezichtigte die Psychoanalyse jenes betäubenden Konformismus, der damals ganz Amerika in Bann hielt. Lindner, der
mittlerweile vergessen ist, lehnte sich auf gegen die psychoanalytischen und kulturellen Besänftigungstendenzen der
fünfziger Jahre. Zu seinen Werken zählen *Rebel without a
Cause, Prescription for Rebellion, Must you conform?* Lindner kann freilich kaum als typischer Analytiker gelten. Er
war ein Einzelgänger. Als er 1956 im Alter von 41 Jahren
starb, hatte er nur wenige Verbündete und keinerlei Nachfolger.

Meine Darstellung der Verdrängung der Psychoanalyse
schließt mit dem Hinweis auf Robert Lindner. Er stand am
Ende (vielleicht schon jenseits des Endes) einer langen Tradition nonkonformistischer und politisch orientierter Freudianer. Jeder Einordnungsversuch enthält notwendig Fehler.
Ich bin mir darüber im klaren, daß es irreführend ist,
bestimmte Analytiker als »politisch orientierte Freudianer«
zu bezeichnen, so als hätten sie eine festumrissene Gruppe
innerhalb der Psychoanalyse gebildet. Die politisch bewußten Freudianer waren vielmehr Repräsentanten und Erben
der klassischen Psychoanalyse. Deren Schicksal war auch
das ihre. Sie fielen dem psychoanalytischen Unbewußten
anheim. Erinnert man sich heute an sie, so tritt ihr Werk nur
zur Hälfte in den Blick.

Heute scheinen die sorgfältigen klinischen und theoretischen
Arbeiten eines Otto Fenichel, einer Edith Jacobson oder
Annie Reich zu den herausragenden Belegen der offiziellen
Psychoanalyse zu gehören. Doch diese Wahrnehmung ist
unvollständig oder gar falsch. Als Fehlwahrnehmung ist sie
ein stummer Beweis für die Verdrängung, die die Psychoanalyse an sich selbst vollzieht. Eine ganze Dimension der
Lebens- und Werkgeschichte dieser Forscher ist dem Vergessen überantwortet worden. Sie waren nämlich nicht nur

bedeutende Vertreter der Zunft, sondern auch politische und intellektuelle Unruhestifter.

Die Arbeit Otto Fenichels und jenes Kreises von Analytikern, zu dem auch Edith Jacobson und Annie Reich zählten, steht für ein buchstäblich getilgtes Kapitel in der merkwürdigen Geschichte der Psychoanalyse. Nachdem der Faschismus die meisten der oppositionellen Analytiker aus Mitteleuropa vertrieben hatte, gründete Fenichel eine geheime Gruppe von Dissidenten. Mehr als zehn Jahre lang, bis 1945, sandte er *Rundbriefe* an jene Analytiker, die seine politischen Auffassungen und seinen Denkstil teilten. Diese Briefe blieben ebenfalls geheim. Da Fenichel ihren Empfängern riet, sie zu vernichten, wußten nur wenige Außenstehende davon oder gar von der Existenz der Gruppe. Durch die *Rundbriefe* hielt der Kreis um Fenichel am Konzept einer politisch orientierten und subversiven Psychoanalyse fest – freilich ohne daß dies viel gefruchtet hätte. Als Lindner in den fünfziger Jahren seine Stimme zu einsamem Protest erhob, war die Gruppe um Fenichel bereits aus dem offiziellen Gedächtnis der Psychoanalyse verschwunden.

Das bestimmte Erkenntnisinteresse der politisch denkenden Anhänger Freuds ließ sie keineswegs zu Parias oder zu Exzentrikern werden; sie waren vielmehr ziemlich repräsentativ für die zweite Generation von Psychoanalytikern und überdies für die klassische Psychoanalyse. Wie sie hatte auch Freud selbst die Psychoanalyse eher als allgemeine Theorie der Zivilisation denn als Anleitung zu individueller Therapie verstanden (obwohl sie gewiß beides war). Wenngleich die Einsichten (und Mythen), die in Freuds anregungsreichsten Schriften – *Die Zukunft einer Illusion* und *Das Unbehagen in der Kultur* – enthalten sind, aus therapeutischen Situationen gewonnen wurden, gehen sie doch weit über sie hinaus. Diesem Geist kühner Theoriebildung blieben die politisch bewußten Freudianer verpflichtet.

Die Zunft jedoch verzichtete alsbald auf die von Freud

eingeleitete Begriffsarbeit und die von ihm vorgebahnten
Fragestellungen. Die Psychoanalyse wurde engstirnig, medi-
zinisch und klinisch. Sie gab das allgemeine Feld einer
Kulturtheorie preis, das er abgesteckt hatte. Sogar in der
Sprache spiegelt sich diese Preisgabe wider. Die Lektüre
beinahe jedes Textes von Freud gewährt den Genuß eines
klaren und atmenden Stils. Er argumentierte für eine umfassende kulturelle Öffentlichkeit. Ein Teil seiner Größe und
Wirkung hängt, wie ich glaube, mit diesem Talent zusammen, mit dem Wunsch und der Fähigkeit, sich an ein acht-
sames, gebildetes Publikum zu wenden. Nur wenige der
neueren amerikanischen Analytiker besitzen die Fähigkeit
zu solch weiträumigen Mitteilungsformen. In einer technisch zugerichteten und spröden medizinischen Sprache
schreiben sie selbstzufrieden für ihresgleichen.
Für diesen generellen Verzicht mache ich nicht einen Mangel
an individuellem Talent verantwortlich. Ich führe ihn vielmehr auf die vereinigte Wirkung des Exils, der Professionalisierung und der Amerikanisierung zurück, welche die Analytiker dazu veranlaßt haben, sich sowohl von öffentlichen
Problemen als auch vom Forum der Öffentlichkeit zurückzuziehen. Die ersten Generationen von Analytikern wollten
die Welt oder zumindest die geltenden sexuellen und sozialen Regeln und Verabredungen verändern. Sie waren neugie-
rige Intellektuelle mit breitgefächerten kulturellen Interessen
und starkem politischen Engagement. Doch der Geist und
das Ethos, mit denen sie ihr Handwerk betrieben und ihre
Ideen verfochten, hatten keinen Bestand.
Der Nationalsozialismus bedeutete einen Bruch in der Entfaltung der Psychoanalyse. Vom europäischen Kontinent
verbannt, verlagerte sie sich vor allem nach England und in
die Vereinigten Staaten. Sie florierte zwar in diesen Ländern,
aber gerade hinter ihren Erfolgen verbargen sich Entwick-
lungssprünge, vielleicht sogar Niederlagen. Ihre kulturelle
Inspiration und ihre politische Resistenzkraft schwanden.

Im Laufe der Jahrzehnte wurde sie in Amerika, jedenfalls in
der öffentlichen Meinung und wohl auch in der Sache, zu
einem Beschäftigungsfeld wohlhabender Fachärzte mit einer
wohlhabenden Klientel. Nach 1950 erinnerte sich kaum
noch jemand daran, daß viele der frühen Analytiker Rebel-
len oder Radikale bzw. einzelgängerische Intellektuelle oder
unkonventionell denkende Geisteswissenschaftler gewesen
waren.

Ich untersuche die Verdrängung der Psychoanalyse am Beispiel der politisch orientierten Freudianer der zweiten Generation, die, um die Jahrhundertwende geboren, sich mitten
in ihrer beruflichen Entwicklung befanden, als der Faschismus sie ins Exil zwang. Sie standen zwischen zwei Welten:
zwischen der klassischen Psychoanalyse, deren Blütezeit in
den Jahren von 1920 bis 1930 lag, und der amerikanischen
Psychoanalyse, die in den Jahren von 1940 bis 1950 heran-
reifte. Die Biographien dieser Analytiker sind von der inner-
lichen Transformation der Psychoanalyse, ihrem Rückzug
aus der Theorie, gezeichnet. Ihre wissenschaftlichen Vorhaben, die auf die lebendige Wechselrede mit einer klassischen
Tradition gegründet und auf sie angewiesen waren, versik-
kerten oder verstummten. Insofern läßt sich an ihrem
Schicksal das allgemeine Schicksal der Psychoanalyse ablesen: Auszehrung und Selbstentwaffnung.

Ich möchte betonen, daß ich ganz und gar nicht der Auffassung bin, die eingewanderten Analytiker seien hilflose Opfer
einer vulgären amerikanischen Kultur geworden. Sie waren
dankbar (ja mehr als dankbar), ihr Leben leben und ihrem
Beruf nachgehen zu können. Sie waren Opfer des Faschismus und nicht der amerikanischen Einflüsse. Allerdings
stand man ihren nonkonformistischen Ideen in ihrer neuen
Heimat einigermaßen reserviert gegenüber. Und diese Re-
serviertheit begünstigte die Verengung der psychoanalytischen Theoriebildungen, ohne direkt für sie verantwortlich
zu sein.

Das vorliegende Buch verfolgt den Aufstieg und den Niedergang der politisch orientierten Freudianer. Der Bogen,
den es spannt, reicht vom Anfang bis zum Ende einer
Tradition, also von Otto Gross aus der Münchener Bohème
vor dem Ersten Weltkrieg bis zu Robert Lindner im Amerika der McCarthy-Ära; zwischen beide stelle ich Otto
Fenichel und seinen Kreis. Ich möchte sie und jene klassische Tradition, in der sie sich bewegten, aus dem Unbewußten der Geschichte zurückholen und, wenn dies möglich ist,
die Psychoanalyse von ihren eigenen Verdrängungen befreien helfen.

Los Angeles, Kalifornien
Januar 1983

KAPITEL I

Die Verdrängung der Psychoanalyse

Als am 12. März 1938, einem Samstag, die Nazis in Wien einmarschierten, notierte Sigmund Freud in sein Tagebuch: »Finis Austriae«.[1] Da England und Frankreich sich zwar mürrisch, aber passiv verhielten, hörte Österreich am nächsten Tag offiziell auf zu existieren. Ernest Jones flog eilends aus London herbei, um Freud zu retten; er fand die Straßen voll von lärmenden Panzern und brüllenden Menschen.[2] Am Dienstag, dem 15. März, empfing eine enthusiastische Menge mit »Sieg Heil!«-Rufen den Führer, als er in Wien sprach. Zwei Wochen später kamen die ersten Transporte mit Österreichern im Konzentrationslager Dachau an.[3] Aufgrund einer internationalen Unterstützungsaktion, an der sich sogar Präsident Roosevelt beteiligte, erhielt Freud die Erlaubnis zu emigrieren. Von Krankheit gezeichnet bestieg er den Orient-Expreß, der ihn nach Paris brachte. Von dort reiste er weiter nach London. Zur Vorbedingung für seine ›Freilassung‹ hatte die Gestapo gemacht, daß er eine vorbereitete Bestätigung unterschriebe, gut behandelt worden zu sein. Freud unterzeichnete und fügte ironisch hinzu, er könne die Gestapo jedermann von ganzem Herzen empfehlen.[4] Obwohl die Nazis in Freuds Wohnung eingedrungen waren, seinen Safe geplündert und seine Tochter Anna verhaftet hatten, mußte Freud von Jones zur Flucht überredet werden. Nur sehr widerwillig verließ er Wien, das 79 Jahre lang seine Heimat gewesen war. Für viele der in Deutschland lebenden Analytiker freilich war Hitlers »Machtergreifung« fünf Jahre zuvor ein zwingendes Argu-

ment zum Aufbruch gewesen; sie gingen in die wichtigen
Zentren des Auslands, von Paris über Prag nach New
York.

Der Nationalsozialismus unterbrach die Kontinuität der
Psychoanalyse. Im Exil, besonders in den Vereinigten Staaten hatte sie durchaus Erfolge, doch nie wieder erlangte sie
die geistige und ethische Leidenschaftlichkeit, die sie ursprünglich besessen hatte. Als die geflüchteten Analytiker in
Amerika eintrafen, stießen sie an der Peripherie des kulturellen Lebens auf einen wohlbestallten psychoanalytischen Berufsstand. In ihm brachten sie ihre Energie und ihre Zielvor-
stellungen zwar zur Geltung, aber beides wurde durch die
Ausrichtung der Profession verändert. Die in den USA
geläufige Meinung, Psychoanalytiker seien intellektuelle Europäer mit teutonischem Akzent, entsprach den Tatsachen.
Die wichtigsten Vertreter der amerikanischen Psychoanalyse
von Erik Erikson bis hin zu Erich Fromm, Heinz Hartmann
und Ernst Kris waren fast ausnahmslos Europäer, die vor
dem Faschismus geflohen waren. Sie gehörten zur zweiten
Generation. Die erste Generation war in den Jahren nach
1870 und 1880 geboren. Sie umfaßte Karl Abraham (1877),
Sándor Ferenczi (1873), Max Eitingon (1881), Ernest Jones
(1879) und Carl G. Jung (1875); in den dreißiger Jahren war
ihr Werk wenn nicht abgeschlossen, so doch in seinen
Grundrissen festgelegt. Die Angehörigen der zweiten Generation wurden um 1900 geboren. Sie waren nun 30 bis 40
Jahre alt und standen an einem kritischen Punkt ihrer Entwicklung, als der Faschismus losbrach. Sie wurden zu
Flüchtlingen, die bei Diplomaten, welche an ihnen kein
besonderes Interesse nahmen, um ein Visum oder um eine
Einreiseerlaubnis nachsuchen mußten. Von ihrer Vergangenheit abgeschnitten und in eine neue Umgebung verschla-
gen, sahen sie sich gezwungen, noch einmal von vorne zu
beginnen und über die Verwendung ihrer intellektuellen
Arbeitskraft neu nachzudenken.

Diese zweite Generation von Analytikern lebte in zwei Welten, in einer europäischen und in der amerikanischen. Sie ließen sich in Städten wie New York oder Chicago nieder und versuchten, dort das Milieu von Wien oder Berlin wieder wachzurufen. In der Lehre bedienten sie sich derselben Texte, die sie in Europa gebraucht hatten; sie organisierten Institute und Seminare nach europäischen Vorbildern. Sie hatten damit – allerdings nur bis zu einem gewissen Grad – Erfolg. Und obwohl sie ihre Fähigkeiten und ihren Ausbildungsstand nicht einbüßten, gaben sie doch einen Großteil dessen auf, was die Psychoanalyse in Europa gewesen war. Was sie zurückließen, könnte als die »Kultur« der Psychoanalyse bezeichnet werden: ihre Pläne, ihre Projekte und jenen Geist, der diese Disziplin in ihrer klassischen Phase durchdrang. In Europa war die Psychoanalyse ohne diese Kultur nahezu undenkbar. Sie war nicht nur in den Texten, sondern auch im Leben der frühen Analytiker gegenwärtig. Aber diese durch und durch eigentümliche Mentalität ließ sich nicht ohne weiteres verpflanzen. Auf die amerikanische Psychoanalyse jedenfalls machte sie kaum Eindruck. Daher hat es heutzutage für Studenten in Amerika etwas ganz Erstaunliches, daß radikale, unkonventionelle und politische Bestrebungen in der europäischen Psychoanalyse durchaus wirksam gewesen waren. Denn nur Spurenelemente jener angespannten kulturellen Neugier, die einst in Wien und in Berlin vorherrschte, haben sich in der amerikanischen Psychoanalyse erhalten.

Die geflüchteten Analytiker ließen sich in den dreißiger Jahren in den Vereinigten Staaten nieder. Doch erst in den fünfziger Jahren, also nach der Depression und dem Zweiten Weltkrieg, wurde eine größere Öffentlichkeit auf die Psychoanalyse aufmerksam, die damals mit den konservativen und konformistischen Grundstimmungen des Zeitalters verschwistert schien. Aus ihr war eine angesehene medizinische Disziplin mit wohlhabenden Praktikern und wohlhabenden

Klienten geworden. Sie hatte ihren Stachel verloren. Weder von ihren Ideen noch von ihren Verfahren ging eine soziale oder politische Herausforderung aus. Sie hatte sich eingerichtet in der vornehmen Therapie vornehmer Leiden. Im übrigen schien sie die eingeschliffenen Klischees weiblicher und männlicher Geschlechtsrollen wissenschaftlich zu bestätigen.

Im Verlauf der dreißig Jahre, die zwischen ihrem Entwicklungsstand im Berlin der zwanziger und im New York der fünfziger Jahre liegen, wurde die Psychoanalyse umgestaltet. Die zweite Generation von Analytikern war Zeuge dieser Umgestaltung, unter der sie ebenso litt, wie sie ihr Vorschub leistete. Doch nur untereinander sprach man, oft voller Bedauern, davon; die kulturelle Öffentlichkeit machte sich von dieser Veränderung nicht einmal andeutungsweise einen Begriff. Keiner der betroffenen und involvierten Analytiker ließ öffentlich erkennen, wie sehr die geglättete und schick gewordene amerikanische Psychoanalyse sich aus dem anfänglichen Projekt dieser Wissenschaft fortstahl. Und heute beobachten wir, daß zwar die Kenntnis der Schriften Freuds beständig zunimmt, daß aber die Kenntnis der psychoanalytischen Bewegung und ihrer ursprünglichen Intentionen allmählich erlischt.

Doch vielleicht ist das gar nicht so ungewöhnlich, wie es auf den ersten Blick scheint. Die industrielle Gesellschaft unterminiert die mündliche Überlieferung geschichtlicher Zusammenhänge. Von niemandem wird erwartet, direkt oder indirekt über Ereignisse, die vor einem Jahrhundert stattgefunden haben, Bescheid zu wissen. Man lernt sie (wenn überhaupt) aus Büchern oder in der Schule. Je mehr wir uns der Gegenwart nähern, also einer Zeit, zu der schriftliche Darstellungen (noch) nicht vorliegen, desto mehr gewinnen Augenzeugen an Bedeutung. Damit jedoch wächst das Risiko fehlerhafter oder selektiver Schilderungen. Augenzeugen können vielerlei Gründe dafür haben, nicht alles zu berichten, was sie wissen. So mögen sie etwa annehmen, das, was sie wissen, sei, weil offenkundig und jedermann bekannt, nicht mitteilenswert. Oder bestimmte Themen können ihnen unangenehm sein. Oder es mag ihnen das richtige, aufmerksame Publikum fehlen. Das Ergebnis davon ist in jedem Falle, daß die lebendige Kenntnis einer Kultur rasch schwindet. Einsichten, die einer Generation geläufig waren, können so bereits in der nächsten verlorengehen. Was der zweiten Generation von Analytikern noch unmittelbar vertraut war, mag der dritten oder vierten Generation unbekannt bleiben, beispielsweise die Erfahrung, daß jene, aufgewachsen in einer politisch hochentzündlichen Atmosphäre, sich als Nonkonformisten bzw. als Pioniere eines kosmopolitischen Humanismus verstanden; daß sie die Psychoanalyse nicht nur als Therapie, sondern als Bestandteil umfassender Gesellschaftsreformen auffaßten. Dennoch mußten sie mitansehen (und trugen z. T. dazu bei), daß sich ein verengter, um seine kulturtheoretischen Ansprüche beschnittener Begriff psychoanalytischen Denkens und Handelns durchsetzte.

Zweifellos haben die jüngeren Analytiker und Lehranalysanden Texte von Autoren der zweiten Generation gelesen und sich vor allem an Werken von Otto Fenichel, Edith Jacobson und Annie Reich orientiert. Deren Schriften gelten nach wie vor als wegweisend. Dreißig Jahre nach ihrer ersten Veröffentlichung ist die amerikanische Ausgabe der *Aufsätze* von Fenichel noch immer lieferbar. Und neben Freuds Werken taucht wohl kein Buch so oft im psychoanalytischen Unterricht auf wie Fenichels *Psychoanalytische Neurosenlehre* – es ist zu einem Standardwerk über die Theorie der klassischen Psychoanalyse geworden; eine neuere Untersuchung bezeichnet es als die »Summe aller wesentlichen psychoanalytischen Kenntnisse bis zu jenem Zeitpunkt«.[5]

Es lassen diese Texte freilich nicht erkennen, daß Fenichel, Jacobson und Annie Reich nicht nur hervorragende Theoretiker und Kliniker waren, sondern radikale Verfechter gesellschaftlichen Wandels, die ihr Leben nach ihren Überzeugungen ausrichteten. Und viele Angehörige ihrer Generation teilten ihr Engagement. Dennoch hat diese psychoanalytische Konzeption nicht einmal in der Erinnerung die Barbarei des Nationalsozialismus überdauert. Die psychoanalytischen Texte blieben erhalten, doch der Geist und der kritische Impuls, der sie beflügelt hatte, verflüchtigten sich. Amerikaner, die die Entwicklung in Europa nicht miterlebt hatten, gaben sich mit einer um ihre Sprengkraft gebrachten Psychoanalyse zufrieden: mit der Hälfte des Entwurfs.

Für die Exilanten war die Entschärfung ihres Engagements ein Preis, der ihnen gering erschien. Zunächst vertagten oder begruben sie ihre (theorie-)politischen Hoffnungen um ihres persönlichen Überlebens willen. Wenige Wochen nach dem Einmarsch der Nazis in Österreich machte Fenichel dies sehr deutlich. Er lebte damals in Prag. Wie viele Analytiker in der Tschechoslowakei hatte er Berlin 1933 verlassen, als die Nazis an die Macht kamen. Nun, da Österreich ein Teil des Reiches wurde und der britische Premierminister Neville Chamberlain im Namen des »Appeasement« immer weitere Zugeständnisse machte, um einen Krieg zu vermeiden, erschien die Zukunft der Psychoanalyse in Europa in düsterem Licht. Fenichel wußte, daß die Zeit drängte, und er bereitete sich darauf vor, den Kontinent zu verlassen.

Vor Prager Analytikern hielt er eine Abschiedsrede. Er berichtete seinen Kollegen, ein Freund, der kein Analytiker war, habe ihn gefragt, was das dringendste Problem der gegenwärtigen psychoanalytischen Forschung sei. »Ich antwortete: ›Die Frage, ob in Wien die Nazis zur Regierung kommen werden.‹ Nun sind sie gekommen.« Fenichels Äußerungen vor der tschechoslowakischen Gruppe lassen die verzweifelte Lage erkennen, in der sich die Psychoanalyse 1938 befand. Die heraufziehende Tyrannei bedrohte jedes politische und kulturelle Engagement. Jahrelang hatte Fenichel sich einer Psychoanalyse verschrieben, die mehr als private Therapie sein wollte. Er hatte an der Entwicklung einer gesellschaftlichen und politischen Theorie gearbeitet. Jetzt gehörten diese Bemühungen der Geschichte an: »Vorbei ist, was einst war.« Er spürte, daß die überwältigenden Gefahren für Freiheit und Leben zu theoretischer Bescheidenheit zwangen. Vergangene Pläne und Hoffnungen hatten ihre Dringlichkeit, ja ihren Realitätsgehalt eingebüßt. »Wie düster ist's geworden und wie sehr sind wir bedrängt, – wie viele sind gehenkt und gefährdet ist, wer denkt.« Eine politisch orientierte Psychoanalyse war nicht länger möglich. Jetzt ging es ums Überstehen. Das beste, was man tun konnte, so meinte Fenichel, sei, die Psychoanalyse zu bewahren – und abzuwarten. Es komme darauf an, »durchzuhalten« (XLVIII/25. Juni 1938/19).*

Fenichel argumentierte vor der Prager Gruppe ohne Vorbehalt. Häufig gebrauchte er die Erste Person Plural. Er sprach von »unseren Hoffnungen« und »unseren Plänen«. Er wandte sich an Freunde, mehr noch: an Analytiker, die sein Engagement teilten. Die Gruppe umfaßte Annie Reich, Henry Löwenfeld, Steff Bornstein und verschiedene andere. Edith Jacobson schloß sich kurzfristig den Prager Analytikern an, bevor sie nach New York ging. Jedes Mitglied dieser Gruppe stand für das Programm eines politisch geschärften psychoanalytischen Diskurses.

Mit diesen Namen sind zweifellos nicht alle politisch engagierten Psychoanalytiker der zweiten Generation genannt. 1938 waren bereits viele von ihnen ausgewandert; sie waren über den ganzen Erdball verstreut. Die Psychoanalyse hat

---

* Notierungen dieser Art beziehen sich auf Fenichels unveröffentlichte *Rundbriefe*, die in diesem Buch mit der Ziffer des jeweiligen Briefes/dem Datum/der Ziffer der jeweiligen Sektion zitiert werden. Die Ziffern der Briefe sind entsprechend Fenichels eigener Zitierweise römisch oder arabisch wiedergegeben. Das Datum eines Briefes zeigt an, wann er abgeschickt wurde, und nicht unbedingt, wann sein Inhalt (also das in ihm gesammelte Material) geschrieben oder vorgetragen wurde. So hielt Fenichel z. B. den hier zitierten Vortrag am 29. April 1938.

sich seither ihnen gegenüber ambivalent verhalten. Mancher, beispielsweise Siegfried Bernfelds und Otto Fenichels, gedenkt man noch heute. Ihre Werke jedoch überlebten in einer um ihre beunruhigende Vitalität gebrachten, also gereinigten Fassung. Es ist daher falsch anzunehmen, sie seien wirklich allgemein bekannt.

Vertrautheit setzt allemal eine lange und enge Beziehung voraus; darum bietet sie auch keinen Anlaß zu weiteren Fragen. Das Vertraute ist fest umrissen und birgt keinerlei Geheimnisse oder Überraschungen. Die wichtigsten Schriften von Fenichel, Jacobson oder Annie Reich sind greifbar. Ihre Beiträge zur Psychoanalyse scheinen (ohne daß ein Schatten auf sie fiele) solide und klar. Man kann sie bestimmten Kategorien zuordnen und mit ihnen arbeiten. Doch wie gerade Psychoanalytiker wissen sollten, liegt das Vertraute nicht außerhalb der Geschichte, sondern ist von Vergangenheit durchtränkt. Vertraut gemacht worden ist es, indem das Fremde und vielleicht gar Verbotene an ihm ausgelöscht worden ist. In diesem Sinne werden auch Psychoanalytiker akzeptabel, nachdem ihre nicht akzeptable Vergangenheit einer Zensur unterworfen worden ist. Kurz gesagt, Leben und Arbeit Fenichels und einer großen Zahl weiterer politisch orientierter Analytiker sind (oft unter deren eigener Mitwirkung) immunisiert und geschönt worden. In der Katastrophe des Exils und im Laufe der unvermeidlichen Amerikanisierung sind ihre eigensinnigen Theorien, ihre leidenschaftlichen Visionen und ihre unbequemen Vorsätze abgeschliffen worden. Sie selber haben sich angepaßt. Und schließlich haben sie sogar ihre Identität geopfert.

Die Bedeutung der politisch bewußten Freudianer reicht über ihre individuellen Lebensgeschichten und ihre jeweiligen Beiträge zur Psychoanalyse hinaus. Es geht deshalb nicht vor allem darum, Fenichel und seine Gesinnungsgenossen wiederzuentdecken. Worauf es vielmehr ankommt, ist die Bestimmung der psychoanalytischen Initiative. Am Schicksal der Gruppe um Fenichel läßt sich beispielhaft die entscheidende Wende in der Entwicklung der amerikanischen Psychoanalyse erkennen: der Rückzug von einem kulturellen und politischen Engagement, das die frühen Analytiker (auch Freud selbst) geteilt haben. Das Ideenensemble dieser Gruppe gehört gleichsam zur Archäologie der Psychoanalyse; es ist, obwohl von hoher Anregungskraft, unter dem Pflaster der Medizinalisierung verschwunden.

Man muß sich immer wieder vor Augen führen, daß die Freudianer der ersten und zweiten Generation kosmopolitische Intellektuelle und nicht bornierte Therapeuten waren. Für Freud, Abraham, Ferenczi oder Jones erschöpfte sich die Psychoanalyse nicht in klinischer Praxis. Sie waren aktiv an gesellschaftlichen und kulturellen Problemen interessiert und entwarfen aufstörende Theorien. Deren Stichhaltigkeit im einzelnen – von Freuds *Totem und Tabu* bis zu Ferenczis *Thalassa* – ist hierbei nicht ausschlaggebend. Was zählt (und zu denken geben sollte), ist, daß diese Theorien die Gedankenvielfalt und Beweglichkeit der Psychoanalyse in ihrer klassischen Periode verkörpern. Die ersten Analytiker begriffen ihre Wissenschaft nicht als Gewerbe, sondern als ein kulturelles und, zuweilen, politisches Vorhaben. Ihre Zahl war beachtlich, und sie leisteten individuell bedeutende Erkenntnisbeiträge. Noch bedeutsamer jedoch war ihr gemeinsames Interesse an einer gesellschaftlich folgenreichen Theoriebildung, welche die klassische Psychoanalyse in ihrer ganzen Vielfältigkeit lebendig erhielt. Mit dem Niedergang der klassischen Psychoanalyse begann auch der Verfall dieser intellektuellen Aufmerksamkeit. Als sich die amerikanisierte Psychoanalyse einem ›neutralen‹ und klinisch ausgerichteten Denkstil verschrieb, verloren kulturtheoretische und politische Frageformen in ihr das Gastrecht und deren – einstmals zahlreiche – Wortführer verstummten. Deutlich

ausgedrückt: Die Verdrängung der politisch engagierten
Freudianer und die Verdrängung der Psychoanalyse sind die
zwei Seiten einer Medaille.

Ein Bericht über diese doppelte Verdrängung kann auf
Wohlwollen nicht zählen; zumindest riskiert er, nicht gehört
zu werden. Der Sieg des psychoanalytischen Establishments
über seine Dissidenten – und letzten Endes über sich selbst –
entfaltet eine sich insgeheim fortpflanzende Dynamik, die
schwer zu verlangsamen oder umzuleiten ist. Die politisch
orientierten Freudianer widersetzten sich, freilich erfolglos,
jener intellektuellen Arbeitsteilung, die heute das gesamte
kulturelle Leben zerschneidet. Und die Psychoanalyse
wurde exakt zu dem, wogegen sie gekämpft hatte, nämlich
zu einer medizinischen Sonderdisziplin, welche die Erkun-
dung der Gesellschaft den Soziologen, der Wirtschaft den
Ökonomen und das Philosophieren den Philosophen über-
läßt. Die politischen und kulturellen Fragestellungen, die im
psychoanalytischen Diskurs angesetzt sind, finden heute bei
professionellen Analytikern keinen Anklang. Daher muß
jeder Versuch, diese Fragestellungen wieder zu öffnen, auf
militantes Unverständnis gefaßt sein. Schon deren Wortlaut
bleibt in aller Regel der zeitgenössischen Psychoanalyse im
Halse stecken. Er ist ihr fremd geworden: fremd wie die
Botschaft, die in den alten Begriffen haust.

So erscheint es denn einigermaßen verlockend, die Psychoanalyse auf ihre eigene Geschichte anzuwenden. Von Freud
stammt ein brillanter Essay über die Macht des Unheimlichen. Dort schreibt er: Das »Unheimliche ist wirklich
nichts Neues oder Fremdes, sondern etwas dem Seelenleben
von alters her Vertrautes, das ihm nur durch den Prozeß der
Verdrängung entfremdet worden ist«.[6] Aus dieser und aus
einer weiteren Bemerkung Freuds läßt sich vielleicht ein
Anhaltspunkt für das Schicksal der politischen Implikationen der Analyse gewinnen: »Die Verdrängungslehre ist [...]
der Grundpfeiler, auf dem das Gebäude der Psychoanalyse

ruht.«[7] Es ließe sich daraus die These ableiten, das Gebäude der Psychoanalyse ruhe auf einer Verdrängung – der Verdrängung ihrer eigenen Vergangenheit. Konkret: Die Geschichte der politisch engagierten Freudianer ist psychisch blockiert; zuweilen stört sie die Psychoanalyse in ihrem Schlaf.

Psychoanalytiker wachen argwöhnisch über die Vergangenheit ihrer Disziplin. Weit über die Grenzen von Anstand und Würde hinaus halten sie Archive für Jahrzehnte, ja für Jahrhunderte verschlossen. Einige Materialien in der Sigmund Freud Collection der Library of Congress, die den Nachlaß zahlreicher Analytiker beherbergt, sind bis ins 22. Jahrhundert hinein nicht zugänglich! Was gibt es da zu verbergen? In den gängigen Chroniken und Biographien, bisweilen schon in den Nachrufen ist die Erinnerung an politische Optionen bis zur Unkenntlichkeit gedämpft. Fenichels eher politisch bestimmte Arbeiten blieben aus der nach seinem Tod zusammengestellten Ausgabe seiner *Aufsätze* sorgfältig ausgespart. Doch so wie ein Individuum eine Obsession mit dem Verlust an Vitalität bezahlen muß, so büßt die Psychoanalyse durch eine zwanghafte Flucht vor ihrer Vergangenheit ihre theoretische Lebendigkeit ein.

Heute verkennt man leicht, daß viele der frühen Analytiker mit dem Sozialismus sympathisiert haben. Zu ihnen gehören Paul Federn, Helene Deutsch, Siegfried Bernfeld, Herman Nunberg, Annie und Wilhelm Reich, Edith Jacobson, Willi Hoffer, Martin Grotjahn, Karl Landauer, Bruno Bettelheim, Ernst Simmel und Fenichel. Und sie waren keine schrulligen, isolierten Einzelgänger. Im Wien und Berlin der späten zwanziger und frühen dreißiger Jahre berührten oder überschnitten sich in vielfacher Weise ihre Lebens- und Arbeitszusammenhänge.

Schwer fällt es auch, sich die große Zahl von Frauen gegenwärtig zu halten, die an der psychoanalytischen Bewegung beteiligt waren. Nach einem Jahrzehnt feministischer Kritik

hat sich die Ansicht durchgesetzt, daß die Psychoanalyse
den Vortrupp der sexuellen Gegenrevolution bildete. Nichts
ist weiter von der Wahrheit entfernt. Unabhängig davon, ob
Freuds Theorie der weiblichen Sexualität stichhaltig ist oder
nicht, haben gerade Psychoanalytikerinnen das Programm
der sexuellen Aufklärung und der Emanzipation entscheidend mitgeprägt, wobei sie sich durchaus auf psychoanalytische Grunderkenntnisse stützten. Freud ließ keinen Zweifel
daran, daß seine Patientinnen – ursprünglich der überwie-
gende Teil seiner Klientel – unter Verdrängungen, sexueller
Ignoranz und Fehlinformationen litten.

Da die Psychoanalyse repressive Umgangsformen und über-
kommene Werte in Frage stellte, zog sie nicht nur Radikale
und allerlei Bohèmiens, sondern auch Frauen an, nahezu
ebenso viele wie die traditionellen »Frauenberufe«: Erziehung oder Krankenpflege. Diese Frauen trafen ihre Berufs-
wahl häufig gegen den Widerstand ihrer Familien und fast
immer im Konflikt mit den herrschenden gesellschaftlichen
Normen; nicht selten standen sie auch politisch in erklärtem
Widerspruch zu den Tendenzen des Zeitalters. Mit einer
einzigen Ausnahme bestand Fenichels Kreis aus Frauen.
Heutzutage mag Helene Deutsch als Repräsentantin eines
engsinnigen psychoanalytischen Konzepts der Weiblichkeit
gelten; in ihrer Jugend identifizierte sie sich jedoch mit der
Frauenemanzipation, kämpfte Seite an Seite mit Rosa Luxemburg und schrieb der »Offenbarung des Sozialismus«
einen erheblichen Einfluß auf ihr Leben zu.[8]

Obwohl die Pläne, die Hoffnungen und oft auch die Schriften der politisch orientierten Freudianer inzwischen nahezu
vergessen sind, darf man nicht annehmen, daß sie sich
einfach der Macht der Umstände gebeugt hätten. Doch
haben sie die Verdrängung der ursprünglichen Ideengehalte
der Psychoanalyse immerhin erleichtert oder gar verstärkt.
Das erschwert es, die einzelnen Teile ihrer Geschichte zusammenzusetzen, ja sie überhaupt ausfindig zu machen. Die

besten Auskunftsquellen, nämlich die unmittelbar Beteiligten, verstummten. Die Erfahrung des Faschismus und des
Exils zwang sie oder bewog sie zumindest, ihre Vorhaben zu
begraben. In den Vereinigten Staaten schüchterte die Feindseligkeit gegenüber dem Marxismus die Einwanderer ein
und ließ es ratsam erscheinen, sowohl die Bücherregale als
auch die alten Einsichten zu zensieren.

Selbstverständlich läßt sich nichts vollständig auslöschen. So
haben z. B. eifrige Schüler und Biographen das Werk Wilhelm Reichs überliefert. Andere Oppositionelle hatten jedoch weniger Glück. Kenner der Geschichte der Psychoanalyse, die sich daran erinnern, daß Fenichel ein Radikaler war,
könnten mutmaßen, seine Neigung zum Marxismus sei auf
die dreißiger Jahre beschränkt gewesen, als sie noch ›ent-
schuldbar‹ war. Eine neuere Geschichte der Psychoanalyse
berichtet dazu, daß Fenichel und Reich in der Internationalen Psychoanalytischen Vereinigung eine marxistische Opposition anführten, »die aber bald zusammenbrach. 1934
wurde Reich aus der Internationalen Psychoanalytischen
Vereinigung ausgeschlossen; Fenichel änderte seine Auffassungen«.[9]

Das ist nicht richtig. Fenichel änderte nicht seine Auffassungen, sondern er verbarg sie. Das Exil und der Konservativismus des psychoanalytischen Establishments zwangen den
Radikalismus Fenichels und einer ganzen Gruppe von Analytikern in den Untergrund. Eine Generation später war
diese Vergangenheit sprachlos gemacht. Wenige mochten
sich an sie erinnern, noch geringer war die Zahl derer, die
das Gewicht der vergangenen Vorsätze ermessen konnten.
Der Bruch war so vollständig, daß neue Freunde und selbst
Familienangehörige von dem, was die Gedanken dieser Forscher einst befeuert hatte, häufig nichts ahnten.

Als Fenichel starb, schrieb Ernst Simmel, ein sozialistischer
Psychoanalytiker aus Berlin, einen sachkundigen Nachruf;
er war über Fenichels Leben und über dessen Aktivitäten

genau informiert. Später wurden die Nachrufe auf Angehörige dieser Generation meist von Autoren verfaßt, die das Leben dieser Analytiker in Europa nicht gekannt hatten. Allgemein zugängliche Informationsquellen standen und stehen nicht zur Verfügung. So erwähnt etwa der Nachruf auf Edith Jacobson nicht, daß sie eine Sozialistin war und zum politischen Kreis um Fenichel gehörte.[10] In einem Nachruf auf Berta Bornstein wird der Mangel an Informationen über deren Vorgeschichte damit erklärt, daß »sie nie zu ihren Freunden über ihre Vergangenheit, über ihre Familie und ihre Herkunft sprach«.[11] Und selbst Edith Jacobson beklagte in ihrem Nachruf auf Annie Reich, daß »nur wenige Kollegen etwas über ihre Vergangenheit«[12] wüßten.

Der berufliche und persönliche Erfolg mancher dieser Analytiker der zweiten Generation verdeckte ihre kulturelle Niederlage. Ihre Privatpraxis florierte zwar, aber ihr Engagement und ihre Erkenntnisanstrengung erlahmten. Es gelang ihnen nicht, neue Schüler und Anhänger zu gewinnen. Fenichel hatte seinen Freunden empfohlen, »durchzuhalten«, bis bessere Zeiten für eine politische Psychoanalyse anbrächen. Als sich dann, nach 1960, die kulturelle Atmosphäre in den Vereinigten Staaten änderte, war es für mutige Rekonstruktionen zu spät. Viele der politisch orientierten Freudianer waren inzwischen verstorben, und diejenigen, die noch beruflich tätig waren, zeigten wenig Neigung, dort wieder anzufangen, wo sie einst aufgehört hatten.

Spricht man von einer Verdrängung der Psychoanalyse, so verdichtet man mehrere Züge der psychoanalytischen Geschichte in einem einzigen Begriff. Vielleicht ist ein solches Etikett insofern irreführend, als es die Psychoanalyse fälschlich für ein homogenes Ganzes ausgibt. In Wirklichkeit nämlich zerfällt sie in eine Reihe professioneller Gruppierungen, denen jeweils ein kleines Heer von Angehörigen akademischer Berufe untersteht. So gibt es etwa neben der

offiziellen Organisation der Anhänger Freuds – der Internationalen Psychoanalytischen Vereinigung und der ihr zugeordneten American Psychoanalytic Association – andere
Zusammenschlüsse praktizierender Analytiker. Im übrigen
beschäftigen sich Wissenschaftler verschiedenster Fachrichtungen mit der Psychoanalyse; zu ihnen gehören heute
vornehmlich Historiker, Anthropologen, Ethnologen und
Literaturwissenschaftler.

Außer mit der organisatorischen Spaltung in Freudianer und
Neofreudianer (unter den letzteren Karen Horney, Erich
Fromm und Clara Thomson) befassen sich die neueren
Berufsverbände nicht mit Themen, die für die Zwecke unserer Studie von Belang sind. Auf jeden Fall aber spielten die
Internationale Psychoanalytische Vereinigung und die American Psychoanalytic Association für das Berufsleben der
Freud-Anhänger eine wichtige Rolle; noch heute ist die
Mitgliedschaft in ihnen von großer Bedeutung.

Der neuerdings zu beobachtende Aufschwung der Psychoanalyse an den Universitäten ist eine ganz andere Sache. Er
signalisiert wohl, allerdings ungewollt, eine Krise der Profession. Denn die Lebendigkeit des intellektuellen Diskurses
der Psychoanalyse ist proportional zu seinem Abstand von
den praktizierenden Analytikern. In dem Maße, wie die
»Ärzte«, emphatisch gesagt, der Psychoanalyse das kulturelle und politische Interesse austrieben, suchte und fand sie
Zuflucht in den literaturwissenschaftlichen und historischen
Fachbereichen der Universität. Doch die Aufmerksamkeit,
die sie gegenwärtig dort genießt, ist kein Beweis ihrer Kraft.
Auf der akademischen Psychoanalyse lastet der Schatten, der
heutzutage beinahe das gesamte universitäre Denken verdüstert. Sie kreist in sich selbst. Zeitschriften-Aufsätze und
Monographien werden geschrieben, um zitiert, nicht aber
um gelesen zu werden. Das ist für die Psychiatrie ebenso
charakteristisch wie für alle anderen professionellen Disziplinen und wird vielfach beklagt. Dennoch verdient es mehr

als nur die üblichen und wenig überzeugenden Proteste. Denn die undurchsichtigen psychoanalytischen Texte heute spiegeln die Verkümmerung eines geisteswissenschaftlichen Denkansatzes, der einmal ein breites gebildetes Publikum beschäftigte, zu einem regungslosen technischen Gewerbe, das weder durch Sprachkraft noch durch Ideenreichtum beeindruckt. Einen stilistischen Verfall von Max Weber zu Talcott Parsons nachzuzeichnen, wäre einigermaßen schwierig. Ein Abgrund trennt jedoch die Prosa Freuds von derjenigen der Analytiker heute.

Nur wenige der zahlreichen Studien über Freud machen Ernst mit dem Zusammenhang zwischen seiner Wirkung und seiner Schreibweise. Er erhielt nicht den Nobelpreis für Medizin, wohl aber eine literarische Auszeichnung, den Goethe-Preis.[13] In Anerkennung der kulturellen Bedeutung seines Werks luden Freuds Schüler Thomas Mann ein, an Freuds 80. Geburtstag eine Ansprache zu halten.[14] Derartige Ehrungen bezeugen die Vielgestaltigkeit des literarischen und intellektuellen Milieus, in dem Freud dachte, lebte und schrieb. Seine Schriften überdauern nicht nur deshalb, weil sie die Darstellung der Psychoanalyse aus erster Hand enthalten; sie bleiben vielmehr lebendig aufgrund ihrer Sprache. Selbst ein Text wie *Die Frage der Laienanalyse*, der rein technischer Natur zu sein scheint, ist ein kleines Glanzstück luziden Stils.

Obwohl ein Anzeichen ihrer Verengung zu einer medizinischen Spezialdisziplin, ist der Verfall ihrer Sprache nicht die Ursache der Verdrängung der Psychoanalyse. In dem Maße, wie sie sich in einen medizinischen Filialbetrieb verwandelte, änderten sich unweigerlich ihr Wesen und ihre Ausdrucksformen. Ausschließlich auf die klinische Praxis eingeschworen, ignorierten die Therapeuten die kulturtheoretischen und politischen Implikationen der Analyse. Die Gedankengänge, beispielsweise, in Freuds *Warum Krieg?* oder *Die Zukunft einer Illusion* wurden weder nachvollzogen noch fortgeführt. Die psychoanalytische Literatur insgesamt näherte sich mehr und mehr den Standards und verkrampften Normen medizinischer Mitteilungen.

Es soll hier keine vollständige Darstellung der Ursachen versucht werden, die den Verdrängungen der Psychoanalyse in Amerika zugrunde liegen. Dies erheischte u. a. eine Bewertung des amerikanischen Optimismus und Pragmatismus, dem die aus Europa importierte Wissenschaft ausgesetzt war – Arbeiten wie die von Nathan G. Hale, Jr.: *Freud and the Americans* haben dieses Vorhaben begonnen.[15] Meine Absicht ist vielmehr, diese Verdrängungen – ihre Mechanismen und ihre Kosten – am Beispiel der politisch engagierten Freudianer zu dokumentieren, die in besonderem Maße dem Druck der neuen Tendenzen unterlagen: der Professionalisierung sowie der Beschränkung des Nachwuchses auf Mediziner, den Ungewißheiten des Exils, dem Ressentiment gegenüber dem Marxismus sowie dem wachsenden Einfluß der Neofreudianer. Alle diese Tendenzen trugen dazu bei, die Psychoanalyse zu domestizieren, ihre kritische Phantasie stillzulegen.

Der Ausschluß von Laien (also Nichtmedizinern) beschleunigte, ja definierte geradezu die Professionalisierung der Psychoanalyse. Freud hatte nie einen Zweifel daran gelassen, daß in den Auseinandersetzungen um die Laienanalyse sehr viel auf dem Spiele stand, nämlich die Fortsetzung der Psychoanalyse als kulturelles Projekt, gegen ihre Entschärfung zu einer medizinischen Therapievariante. Der rituell wiederholte Vorwurf, Freuds Schüler seien ihrem Lehrer stets allzu bereitwillig gefolgt, läßt außer acht, daß sie sich in dieser Angelegenheit beinahe einmütig gegen ihn stellten. Freud bot seinen ganzen Einfluß auf, um die Tür für Nichtmediziner offenzuhalten. Überall, insbesondere in den Vereinigten Staaten, stieß er damit auf Widerspruch. Die amerikanische Psychoanalyse untersagte die Laienanalyse. Wie Freud befürchtete, wurde durch das Verbot der Laien-

analyse die Psychoanalyse den Ärzten überlassen, die aus ihr
eine esoterische Therapie machten. Das hatte schlimme
Konsequenzen. Die Medizin besetzte die institutionellen
und intellektuellen Arbeitsfelder der Psychoanalyse. Institute und Ausbildungseinrichtungen ordneten sich medizinischen Geboten unter. Den Medizinstudenten wurde die
Psychoanalyse durch Ärzte vermittelt, deren allgemeiner
kultureller Kenntnisstand eher bescheiden war. »Die Beschränkung der Ausbildung auf Mediziner forderte ihren
Preis«, schreibt Nathan G. Hale, Jr. in seiner Darstellung der
amerikanischen Psychoanalyse. »Die Ausbildung an den
amerikanischen Instituten war deutlicher eingeschränkt und
weniger breit als in Europa. Die humanistische und geisteswissenschaftlich orientierte Kultur Berlins und Wiens hatte
im Klima der amerikanischen Medizin keine Überlebenschance.«[16]
Vermutlich wirkte sich die Entscheidung, nur Mediziner
zuzulassen, auf Theorie und Praxis der Psychoanalyse verhängnisvoll aus. Obwohl sich eine derartige Wirkung nicht
präzise messen läßt, sind ihre Spuren in zahlreichen Berichten und Erinnerungen belegt. Selbst in den Grenzen der
Medizin waren europäische Ärzte tendenziell stärker kulturell interessiert als ihre amerikanischen Kollegen. Die europäische Ausbildung in Medizin zeugt von einer relativ klaren
humanistischen Orientierung. Amerikanische Ärzte erhalten
dagegen eine hochspezialisierte Ausbildung. Mit einem lukrativen Einkommen als Belohnung, einer hochgradig technisch bestimmten Einübung in berufliche Fertigkeiten und
einem scharfen Wettbewerb um den Zugang zu medizinischen Hochschulen filtert der Berufsstand Außenseiter und
in ihren Interessen nicht hinreichend fixierte Bewerber
aus.
Da die Laienanalyse ausgeschaltet worden war, waren Ärzte
die einzigen, die in den USA zur psychoanalytischen Ausbildung Zutritt hatten. Offensichtlich formten sie die Psycho-

analyse nach ihrem eigenen Bilde. Selbst viele Analytiker haben bemerkt, daß im Vergleich zur ersten und zweiten Generation der europäischen die neueren amerikanischen Analytiker eher konservativ und konventionell sind. Dieser Wandel in den Grundlagen des Berufsstands hat die Psychoanalyse als Kultur- und Gesellschaftstheorie tief getroffen.

Die Beschränkung des Zugangs auf Mediziner hat ferner zur Folge gehabt, daß Frauen die Zulassung erschwert wurde. Während in Europa die Zahl der weiblichen Analytiker beträchtlich war, ist die Medizin in den Vereinigten Staaten beinahe ausschließlich Männern vorbehalten gewesen. Bis in die jüngste Zeit genossen die USA den zweifelhaften Ruhm, einen überaus niedrigen Anteil von Ärztinnen zu haben; er lag weit unter dem Durchschnittswert in Europa. Und da die Ärzteschaft die Ausbildungskandidaten für die Psychoanalyse bestimmte, sind nur wenige Frauen in Amerika Psychiater geworden. Noch heute sind zahlreiche (vielleicht die meisten) der weiblichen Analytiker Emigrantinnen.

Die Ängstlichkeit und die Vorsicht der eingewanderten Analytiker begünstigten ihre Domestizierung. Oft kamen die Flüchtlinge nach mehreren Zwischenstationen in die USA. So führte beispielsweise Fenichels Fluchtroute in fünf Jahren von Berlin über Oslo und Prag nach Los Angeles. Die Emigranten wußten nur zu gut, daß die westlichen Demokratien sich nicht darum rissen, den Opfern des Nationalsozialismus ihre Türen zu öffnen. Wer eine Einreiseerlaubnis in die Vereinigten Staaten erhielt, der war sowohl dankbar wie auch, verständlicherweise, ängstlich darauf bedacht, seinen prekären Rechtsstatus nicht zu gefährden. Die meisten Einwanderer suchten sich sozial und politisch unsichtbar zu machen, was der Anpassung an die vorherrschenden intellektuellen Moden Vorschub leistete. Kurz, die Unsicherheit der Flüchtlinge beschleunigte die Amerikanisierung der Psychoanalyse.

Analytiker mit politischer Vergangenheit waren besonders
scheu. Sie hatten in Österreich oder Deutschland eine politische Rolle gespielt, als Sozialismus und Marxismus noch
nicht mit Ächtung und Generalverdacht überzogen waren.
Es muß hier daran erinnert werden, daß in Mitteleuropa die
kommunistischen Parteien kein Monopol auf den Marxismus hatten; auch große sozialdemokratische Parteien in
Österreich und Deutschland beriefen sich auf ihn, und diese
Parteien waren als Institutionen tief im öffentlichen Leben
verwurzelt. Verglichen mit den kommunistischen Parteien
waren die Sozialdemokraten zweifellos kaum subversiv. Robert Michels' klassische Studie über den bürokratischen
Konservativismus zitiert die deutsche Sozialdemokratie als
Musterbeispiel.[17] Dennoch berief sich die Sozialdemokratie
auf das Erbe von Marx. Insbesondere in Österreich brachte
sie eine Reihe bedeutender Theoretiker hervor, unter ihnen
Otto Bauer, Karl Renner und Rudolf Hilferding. Manche
(vielleicht sogar die Mehrzahl) der europäischen Analytiker
waren Sozialdemokraten. Freud selbst war mit den Sozialisten auf vielfältige Weise verbunden.[18]
Es gibt einen Brief von Freud, der ebenso dessen Nähe zu
den österreichischen Sozialdemokraten wie auch die (geringfügige, aber vielsagende) Entstellung bezeugt, mit der die
entsprechende Information später amerikanischen Analytikern übermittelt wurde. 1956 veröffentlichte der Psychoanalytiker Martin Grotjahn, Sohn des prominenten Berliner
Sozialdemokraten Alfred Grotjahn, in dem offiziellen Or-
gan der amerikanischen Psychoanalyse einen Brief, den
Freud an Julie Braun-Vogelstein gerichtet hatte. Ihr Ehemann, Heinrich Braun, ein Studienkollege Freuds, war gestorben, und sie hatte sich 1927 an Freud gewandt, um ihn
nach seinen Erinnerungen an ihren Mann zu fragen. Freud
antwortete: »Die letzte eindrucksvolle Begegnung, die wir
hatten, mag 1883 (?) oder 1884 (?) stattgefunden haben. Er
kam damals nach Wien und lud mich zu einem Mittagessen

bei seinem Schwager Victor Adler ein. Ich weiß noch, daß er damals Vegetarier war und daß ich den kleinen Fritz zu sehen bekam, der 1–2 Jahre alt war. Mir fällt es als merkwürdig auf, daß es in den selben Räumen war, die ich seit jetzt 36 Jahren bewohne.«[19]

Grotjahn, der gewiß die Fakten kannte, bemerkt in seinem Kommentar vage, Heinrich Braun sei ein Verleger und »bedeutender Theoretiker auf dem Gebiet der Sozialökonomie und ihrer politischen Anwendungen« gewesen. Von Victor Adler schrieb er, er sei »Arzt, Psychiater und Politiker in Wien gewesen. Victor Adler und Heinrich Braun teilten dieselben politischen Überzeugungen«[20]. Im Jahre 1956 – dem Jahr, in dem die Sowjetarmee den Ungarn-Aufstand niederwarf – formulierte Grotjahn überaus vorsichtig. Seine Hinweise – »bedeutender Theoretiker [. . .] der Sozialökonomie«, »teilten dieselben politischen Überzeugungen« – sind dürftig und meiden das Offenkundige: Braun und Adler waren die prominentesten Sozialisten jener Zeit. Braun gab die wichtigsten theoretischen Zeitschriften der Sozialdemokratie heraus, und Adler war Vorsitzender der Partei. Grotjahn verschwieg auch, daß »der kleine Fritz« als Erwachsener zum »politischen Mörder« wurde, um den Untertitel einer neueren Biographie zu zitieren: Im dritten Jahr des Ersten Weltkriegs erschoß Friedrich Adler den österreichischen Premierminister mit dem Ruf »Nieder mit der Tyrannei! Wir wollen Frieden!«[21] Doch selbst damit ist nicht alles Bemerkenswerte über diesen Brief gesagt. Wie Freud Julie Braun-Vogelstein mitteilte, wohnte er in den Räumen, in denen er ihren Ehemann und Adler zuletzt getroffen hatte. Die Tatsache, daß Freud Adlers Wohnung kaufte, die berühmte Berggasse XIX, und den größten Teil seines Lebens dort verbrachte, hat schon verschiedentlich Historiker beschäftigt und zu Spekulationen Anlaß gegeben. So ist beispielsweise in diesem Zusammenhang gemutmaßt worden, Freud habe an die Stelle des Revolutionsführers

treten wollen, der ihn, als sie gemeinsam studierten, in den
Schatten gestellt habe.[22]

Das enge Netz persönlichen und theoretischen Austauschs
zwischen Psychoanalyse und Sozialismus, das damals un-
streitig geknüpft worden war, löste sich in den Vereinigten
Staaten auf. Den geflüchteten Analytikern wurde rasch klar,
daß sie ein von Mitteleuropa sehr verschiedenes kulturelles
Terrain betreten hatten. Obwohl es in den dreißiger Jahren
in den USA einen lebendigen und offen argumentierenden
Marxismus gegeben hatte, war ihm nicht eine ähnlich allgemeine Anerkennung zuteil geworden, wie sie die europäische Sozialdemokratie genoß. Marxismus und Sozialismus
blieben in den Vereinigten Staaten kulturell von geringer
Bedeutung, wenn sie nicht geradezu (insbesondere unter
konservativen Ärzten) als suspekt galten. Die Immigranten
stellten deshalb ihre politischen Interessen zurück, um ihre
Integration zu erleichtern. Zwei Beispiele: In Berlin war
Ernst Simmel gleichzeitig Präsident des Berliner Psychoanalytischen Instituts und des Vereins Sozialistischer Ärzte
gewesen; in den USA brachen seine Verbindungen zu sozialistischen Gruppen ab. Fenichel äußerte mehrfach die Überzeugung, daß seine politische Vergangenheit seine Naturali-
sierung verzögert habe. Denjenigen, die nicht begriffen,
wohin die Entwicklung ging, wurden durch die McCarthy-
Ära nach dem Zweiten Weltkrieg endgültig die Augen geöffnet.

Das Problem in den Vereinigten Staaten war nicht, daß
Oppositionelle verfolgt worden wären, sondern daß sich
politische Flüchtlinge, die juristisch als Ausländer galten,
unsicher fühlten. Um Aufsehen zu vermeiden, hielten sie
sich, verständlicherweise, politisch bedeckt. Und selbst in
den organisatorischen und theoretischen Belangen, die in der
amerikanischen Psychoanalyse auf der Tagesordnung standen, ließen sie äußerste Vorsicht walten. Fenichel mahnte
wiederholt, er und seine Mitarbeiter sollten nicht als eine

Clique von Einwanderern in Erscheinung treten, die, zudem in nicht akzentfreiem Englisch, den Kurs der amerikanischen Psychoanalyse in Zweifel zögen. So erfüllten die Immigranten zwar den psychoanalytischen Diskurs mit ungeheurer Energie; da sie aber ihr politisches Engagement und ihre kulturellen Interessen bewußt aus dem Spiel hielten, beförderten sie sehr wohl die Amerikanisierung ihrer Disziplin. Selbstverständlich bemerkten sie das damals nicht. Fenichel arbeitete insgeheim an oppositionellen Projekten, in der Hoffnung, daß eine Veränderung im Klima der amerikanischen Psychoanalyse eines Tages den Schritt an die Öffentlichkeit gestatten würde. Die Situation änderte sich jedoch nicht, und die Opposition verharrte im Verborgenen, bis sie schließlich verschwand. Und obwohl ihre nonkonformistischen Vorstellungen und Programme in der Literatur überlebten, fanden sie weder Schüler noch Nachfolger, die den Faden aufgenommen und fortgesponnen hätten. Warum nicht?

Wissensüberlieferung über Generationen hinweg ist für Störungen anfälliger, als man meinen sollte. Um eine lebendige Kraft zu bleiben, setzt jede, aber insbesondere die psychoanalytische Erkenntnisarbeit den Kontakt zwischen Lehrern und Schülern voraus. Sie ist an Erfahrungen, Wünsche und Überzeugungen geknüpft, ohne deren fortwährenden Antrieb sie erlahmen muß. Texte können dann zwar gerettet und studiert werden; aber sie verlieren ihre Dringlichkeit. Aus dem kulturellen Austausch wandern sie ab in die Bücherregale. Dieses Schicksal ereilte die politisch engagierte Psychoanalyse und tatsächlich auch einen Großteil der klassischen Psychoanalyse. Die politisch denkenden Freudianer versäumten es, Studenten mit den Fundamenten ihres eigenen leidenschaftlichen Engagements vertraut zu machen. Und ebensowenig brachten sie den Studenten, die sie hatten, das Ensemble ihrer Einsichten und Ideen nahe. So wurden diese Ideen innerhalb einer einzigen Generation aus der

Hauptströmung der Psychoanalyse ausgeschieden: zuge-
schüttet oder weggespült. Die neuere Generation von Analytikern konzentrierte sich auf Themen der klinischen Praxis. Bereits in den fünfziger Jahren waren die wenigen
Dissidenten wie etwa Robert Lindner theoretisch gescheitert. Die klassische Psychoanalyse lebte nurmehr in der
lautlosen Erinnerung einiger Flüchtlinge fort.
Die prekäre Rolle der Neofreudianer bei der Amerikanisierung der Psychoanalyse ist schwer nachzuzeichnen. Ich gehe
auf dieses Thema kurz in den Kapiteln V und VII ein; von
zahlreichen Kommentatoren ist es hinlänglich erörtert worden. Für Fenichel und seinen Kreis waren die Neofreudianer
der Musterfall der Amerikanisierung – sie hätten, so meinte
er, eine radikale Tiefenpsychologie, die auf die Befreiung der
Menschen hinarbeitete, zu einem lauwarmen Sozialreformis-
mus verdünnt. Dennoch teilte Fenichel mit den Neofreudianern das Unbehagen an dem Konservativismus des psychoanalytischen »Establishments« in Amerika. Das freilich
heißt: Die politisch orientierten Freudianer waren gelähmt,
weil sie sich den Neofreudianern gegenüber halb solidarisch
und halb antagonistisch verhielten.
Zwei gegenläufige Bewegungen im Prozeß der Amerikanisierung verstärkten sich gegenseitig. Auf der einen Seite
operierte die abgesicherte Orthodoxie des medizinischen
Establishments, die sich der kulturellen Bestandteile der
klassischen Psychoanalyse rigoros entschlagen hatte. Auf
der anderen Seite suchten die Neofreudianer diese Bestandteile zu retten, allerdings um den Preis des Verzichts auf
wesentliche Kategorien: Libido und Unbewußtes. Dabei
haben sie den Platz in der Öffentlichkeit besetzt, den die
Orthodoxen geräumt hatten, als sie sich zu Klinikern entwickelten – die Neofreudianer orientierten sich an einem
breiteren Publikum und waren in ihren Schriften leichter
verständlich.
Die Verdrängung der Psychoanalyse vollzog sich also in

zwei einander entgegengesetzten Bahnen: der einer medizinischen Professionalisierung und der einer theoretischen
Banalisierung. Weder die Orthodoxen noch die Revisionisten bewahrten die geistigen Impulse und die Zielvorstellun-
gen der klassischen Periode. Vielmehr wetteiferte jetzt eine
verengte medizinische Version der Analyse mit einer ver-
flachten kulturalistischen Version. Wichtig ist dabei, daß die
beiden Tendenzen sich gegenseitig verstärkten. Die Unzufriedenheit mit der verstockten medizinischen Orthodoxie
reizte zu Einsprüchen, die in einem ausgedünnten Neofreu-
dianismus endeten, und die Unzufriedenheit mit den eingän-
gigen neofreudianischen Moralpredigten verlängerte die
Herrschaft der konservativen Orthodoxie.
Die politisch engagierten Freudianer suchten sowohl den
Blick für die seelischen Tiefenstrukturen zu schärfen als
auch die humanistische und wissenschaftliche Bestimmtheit
der Psychoanalyse, ihr geistiges Erbe, wachzuhalten. Doch
obwohl sie theoretisch überzeugend waren, erwiesen sie sich
als praktisch und organisatorisch unterlegen. In den institutionellen Auseinandersetzungen der amerikanischen Analyse konnten nur zwei Fraktionen ansehnliche Kräfte mobi-
lisieren. Dazwischen standen die politisch engagierten Freudianer: Sie sympathisierten einerseits mit den kulturellen
und sozialen Interessen der Neofreudianer, verweigerten
sich aber einer Doktrin, welche den psychoanalytischen
Diskurs entscheidend verkürzte. Und sie sympathisierten
andererseits mit der Loyalität der orthodoxen Analytiker
gegenüber der klassischen Tradition, widersetzten sich jedoch deren gesellschaftlicher und politischer Selbstimmuni-
sierung. Die Folge war in beiderlei Hinsicht: Heimatlosig-
keit.

Am Schicksal Fenichels läßt sich die Verdrängung der Psychoanalyse gut verfolgen. Für zahllose Lehranalysanden und
Analytiker ist sein Name fest verknüpft mit dem Werk der

Psychoanalytischen Neurosenlehre, das als verläßliches und umfassendes Kompendium der psychoanalytischen Erkenntnisse gilt. Fälschlich erscheint es sogar als konservativ. So hat etwa die Zeitschrift *The New Republic* in einer Rezension bemängelt, das Buch drücke sich vor der gesellschaftlichen Realität; es verweise zwar »auf soziale Tatsachen. Die aber werden kaum je als solche zur Kenntnis genommen und nie ausführlich dargestellt«.[23]

Ironischerweise interessierte Fenichel nichts mehr als die »sozialen Tatsachen«. Heutzutage ist dies nicht mehr offenkundig, denn Fenichel gilt unter Uneingeweihten als Repräsentant der etablierten Psychoanalyse. Im Exil verbarg er seine politischen Auffassungen, ohne jedoch abzuschwören. Er hielt weiter an seinen ausgreifenden Konzepten fest, trat aber nicht mit ihnen an die Öffentlichkeit. Damit stand er keineswegs allein; viele der geflüchteten Analytiker verhielten sich ähnlich wie er. Und Fenichel stand im Zentrum dieser Analytiker. Als er seine *Psychoanalytische Neurosenlehre* vollendete, gab er die Verbindung mit ihnen auf. Die Geschichte dieses »Kreises« ist ein wahrhaft verdrängtes Kapitel psychoanalytischer Ideenbildung – im Herzen des analytischen Establishments unterhielten einige der prominentesten Praktiker einen intensiven, jedoch geheimen Gedankenaustausch.

Seit die Gruppe sich in Berlin gebildet hatte, wurde sie über 12 Jahre hinweg von Fenichel beharrlich, beinahe fanatisch geleitet. Als das Exil sie auseinanderriß, hielt er Kontakt mit den einzelnen Mitgliedern durch regelmäßige *Rundbriefe*. Fenichel und sechs weitere Analytiker stellten den Kern der Gruppe dar – er, Edith Jacobson und Annie Reich waren die bekanntesten von ihnen; Kate Friedländer hat in England einen Namen; Barbara Lantos, Edith Ludowyk Gyömröi und George Gero waren weniger bekannt. (Vermutlich gehörte auch Berta Bornstein der Gruppe an.) Sie alle waren ähnlicher Herkunft, und in dieser Hinsicht glichen sie der

ersten Generation von Analytikern. Bruno Bettelheim, ein
Bekannter Fenichels, schrieb neulich über seine Vergangenheit: »Als [1903 geborenes] Kind einer mittelständischen
Familie assimilierter Juden in Wien wurde ich in einer
Umgebung aufgezogen, die in vieler Hinsicht mit der identisch war, welche Freuds Herkunft bestimmt hatte.«[24] Zwar
kamen nicht alle Mitglieder des Kreises um Fenichel aus
Wien; aber sie waren ausnahmslos Abkömmlinge des mitteleuropäischen Bürgertums. Auch der Altersunterschied zwischen ihnen war nicht erheblich; die meisten waren um 1900
geboren: Fenichel 1897; Edith Jacobson 1897; Annie Reich
1902; Kate Friedländer 1903; George Gero 1901; Barbara
Lantos 1894; Edith Ludowyk Gyömröi 1896 und Berta
Bornstein 1899. Schon aus diesen Geburtsdaten ergibt sich
eine gewisse Distanz zu Freud. Dessen Welt ging in den
Verwüstungen durch Krieg, Revolution und ökonomische
Depression zugrunde. Die Mitglieder von Fenichels Gruppe
waren etwa 20 Jahre alt, als der Erste Weltkrieg und die
darauf folgenden Revolutionen das 19. Jahrhundert definitiv
beendeten.

Der vielleicht erste Hinweis in der psychoanalytischen Literatur auf Fenichel findet sich in den *Protokollen der Wiener
Psychoanalytischen Vereinigung*. Siegfried Bernfeld, der damals in der sozialistischen Jugendbewegung eine führende
Rolle spielte, hielt einen Vortrag über Gedichte Jugendlicher. In der Diskussion meldete sich als »Gast« ein Medi-
zinstudent Fenichel zu Wort.[25] Fenichel war damals 20
Jahre alt. Die Diskussion fand während der Ereignisse statt,
die das Leben der politisch orientierten Freudianer nachhaltig beeinflußt haben: Zum Zeitpunkt der Sitzung der Wiener
Vereinigung, am 19. November 1918, war der Erste Weltkrieg gerade eine Woche vorüber; die provisorische Natio-
nalversammlung in Wien hatte unter sechs Jahrhunderte
Österreichisch-ungarischer Monarchie den Schlußstrich gezogen, indem sie wenige Tage zuvor die Republik ausgeru-

fen hatte; die Bolschewiki feierten den ersten Jahrestag der
Russischen Revolution, und ganz Europa bebte von revolutionären Hoffnungen; in Deutschland und Österreich bildeten von der Front heimgekehrte Arbeiter und Soldaten
autonome und selbstverwaltete Räte. Während der folgenden Wochen und Monate wurden »Sowjetrepubliken« in
Budapest und München proklamiert. Die Spartakisten riefen
zur Revolte in Berlin auf. Das brachte rechtsgerichtete Mili-
tärverbände auf den Plan. Politisch motivierte Mordan-
schläge, denen u. a. Rosa Luxemburg zum Opfer fiel, waren
an der Tagesordnung.
Diese Ereignisse hatten eine nachhaltige Wirkung auf das
Leben Fenichels und seiner Freunde. Er, Annie Reich und
Edith Jacobson engagierten sich in der sozialistisch bestimmten jüdischen Jugendbewegung, die in den ersten Jahrzehnten des Jahrhunderts in Deutschland und Österreich
eine bedeutende Rolle spielte; Lantos, Gero und Gyömröi
bewegten sich in Budapest in den studentischen Zirkeln um
Georg Lukács und Karl Mannheim – Lukács übernahm
während der kurzen Ungarischen Revolution 1919 das Amt
eines Kulturkommissars und wurde später einer der prominentesten Marxisten Europas[26]; Mannheim, ein ebenfalls
prominenter Soziologe, war und blieb Sozialist (und Kritiker des Marxismus), seine Frau, Julia Mannheim, wurde
Psychoanalytikerin.[27]
Die Karrieren dieser Freudianer verliefen ziemlich parallel.
In den Jahren zwischen 1915 und 1920 engagierten sie sich
auf der Linken in der Jugendbewegung oder in der Studen-
tenpolitik. In den frühen zwanziger Jahren schlossen sie ihr
Medizinstudium sowie ihre analytische Ausbildung ab und
begannen dann zu praktizieren – die berufliche Tätigkeit trat
in den Vordergrund. In den späten zwanziger Jahren jedoch,
als der Konflikt zwischen Sozialdemokraten, Kommunisten
und Nationalsozialisten die Weimarer Republik erschüt-
terte, betraten sie wieder das Feld der Politik; gleichzeitig

vertieften sie sich in das Projekt einer gesellschaftstheoretisch begründeten Psychoanalyse.

Vor allem faszinierte sie Berlin. Otto Friedrich erklärt diese Faszination folgendermaßen: »Marlene Dietrich, Greta Garbo, Josephine Baker, die grandiosen Produktionen von Max Reinhardts ›Theater der 5000‹, drei Opernhäuser gleichzeitig. [...] Die Premiere von *Wozzeck* und die *Dreigroschenoper* [...]. Beinahe über Nacht war die eher gesetzt wirkende Hauptstadt Kaiser Wilhelms zum Zentrum Europas geworden, das Wissenschaftler wie Einstein und von Neumann, Schriftsteller wie Auden und Isherwood, die Architekten und Designer des Bauhauses anzog. [...] Vor allem aber repräsentierte Berlin in den zwanziger Jahren eine bestimmte Geisteshaltung, ein Gefühl der Freiheit und Heiterkeit.«[28] Attraktiv war es nicht zuletzt für linke Analytiker. Bis zum Jahre 1930 hatten sich sämtliche Mitglieder des Kreises um Fenichel in Berlin niedergelassen[29]; einige von ihnen traten der Kommunistischen Partei bei. Es entstand eine Vielzahl linksstehender analytischer Gruppierungen.

1933, als Hitler zur Macht gelangte, war es damit vorbei. Marxistische Psychoanalytiker, die zudem noch Juden waren, waren dreifach stigmatisiert – als Juden, als Marxisten und als Psychoanalytiker –; sie hatten gute Gründe, auf der Hut zu sein und schließlich das Land zu verlassen. Martin Grotjahn erinnert sich, wie er Ernst Simmel half, aus einem Hinterfenster zu klettern, weil die Nazis unterwegs zu seiner Wohnung waren, um ihn zu verhaften.[30] Fenichel floh nach Oslo, nach Prag und dann nach New York. Friedländer und Lantos ließen sich zuerst in Paris und danach in London nieder. Gyömröi verbrachte einige Jahre in Budapest, bevor sie nach Ceylon auswanderte. Jacobson hielt sich eine Weile in Deutschland auf und wurde verhaftet; später floh sie nach New York.

Damit war ein Kapitel in der Geschichte der Psychoanalyse zu Ende. Freilich nicht ganz und gar. Denn als die Analyti-

ker durch die Emigration über verschiedene Länder verstreut waren, begann Fenichel seine *Rundbriefe*, die ihm
zuweilen als die »schriftliche« Fortsetzung eines Seminars
erschienen, das die Mitglieder der Gruppe in Berlin besucht
hatten. Privat und vorsichtig, so jedenfalls hoffte er, sollten
die Beteiligten auf diesem Wege weiterhin Probleme einer
politisch orientierten Psychoanalyse kritisch erörtern.

In der Geschichte der Psychoanalyse war dies nicht die erste
geheime Gruppierung und nicht das erste System von
»Rundbriefen«. Es gab einen berühmten Vorläufer: Mehrere
Jahre lang hatten Freud und das »Komitee« miteinander
durch »Rundbriefe« Kontakt gehalten. Angesichts schwe-
lender Spaltungstendenzen in der psychoanalytischen Bewegung hatte Ernest Jones vorgeschlagen, daß »wir eine kleine
Gruppe zuverlässiger Analytiker als eine Art ›alte Garde‹ um
Freud« bilden sollten. Freud nahm den Vorschlag begeistert
auf, doch er betonte, das Komitee »müßte [...] streng geheim bleiben«.[31] Neben Freud zählten ursprünglich sechs
Analytiker zum »Komitee«: Rank, Abraham, Sachs, Eitingon, Ferenczi und Jones. Zwischen 1920 und 1924 verstän-
digte sich das Komitee durch »Rundbriefe«.[32]

Auch Fenichels Gruppe war geheim, und auch sie bestand
aus sechs Mitgliedern. Doch genaugenommen kommuni-
zierten sie nicht durch zirkulierende Rundbriefe, vielmehr
sandte Fenichel gleichlautende Briefe an jedes Mitglied, das
dann seinerseits, kommentierend oder ergänzend, direkt
Fenichel antwortete. Fenichel zitierte die Antworten im
nächsten *Rundbrief* oder er faßte sie zusammen. Dieses
Verfahren erleichterte und beschleunigte den Gedankenaustausch, da die Briefe nicht langsam von einem Empfänger
zum nächsten gehen mußten, wobei jeder seinen Kommentar hinzugefügt hätte.

Nur wenige Briefsammlungen gleichen Fenichels *Rundbriefen*. Es wäre allerdings irreführend, sie als Briefe im strengen
Sinne zu bezeichnen. Eher handelt es sich bei ihnen um

Mitteilungen, an die Fenichel selbstlos seine Energien verschwendete. Sie waren weder für die Öffentlichkeit noch für ein breites Publikum bestimmt und zeugten von einer ausgeprägten Leidenschaft für psychoanalytische Begriffsarbeit. Man war nicht auf öffentliche Anerkennung aus, sondern auf gegenseitige Verständigung. Und da es noch keine Möglichkeit gab, preiswert zu fotokopieren, tippte Fenichel seine *Rundbriefe* mit mindestens sechs Durchschlägen und korrigierte sorgfältig die Tippfehler in jedem Exemplar. Jeder Brief wurde numeriert und in ebenfalls numerierte Sektionen eingeteilt. Es gab insgesamt 119 Briefe, die einen Zeitraum von elfeinhalb Jahren umspannen.[33] Fenichel beendete das gewaltige Unternehmen am 14. Juli 1945. In seinem letzten Brief erklärte er, daß sich der Energieaufwand für die Korrespondenz wegen des geringer gewordenen Interesses ihrer Empfänger nicht mehr lohne. Fünf Monate später war Fenichel tot.

Die Briefe waren keineswegs kurz gehalten. Die weniger ausführlichen zählen 10 Seiten; häufig haben sie zwischen 15 und 25 Seiten, gelegentlich sogar 40 bis 60 Seiten. Der längste *Rundbrief* ist 80 Seiten lang; er enthält Fenichels ersten Bericht über die Vereinigten Staaten und war, wie üblich, mit sechs korrigierten Durchschlägen getippt. Aus Oslo, Prag und Los Angeles kamen Fenichels Briefe mit Informationen, mit Thesen und Kommentaren zu den bei ihm eingetroffenen Berichten. Insgesamt umfassen die *Rundbriefe* etwa 3000 Manuskriptseiten oder (wenn sie ungekürzt veröffentlicht würden) vier bis fünf dicke Bände.

Ihrem ursprünglichen Zweck gemäß bildeten theoretische Erörterungen und Debatten den Kern der *Rundbriefe*. Anfangs wurde den Beziehungen der Gruppe zu Wilhelm Reich beträchtliche Aufmerksamkeit geschenkt, denn Fenichel erarbeitete die Konzeption einer politischen Psychoanalyse, die nicht den Spuren Reichs folgte. Ausführungen über Nationalcharaktere und den Ödipuskomplex nahmen brei-

ten Raum ein; sie standen im Zusammenhang mit Untersuchungen, die Fenichel zunächst privat und außerhalb der
Rundbriefe, etwa mit Erich Fromm oder Abram Kardiner,
betrieb. Er berichtete von diesen Untersuchungen in den
Rundbriefen und bat um Stellungnahmen.

Bei mehr als einer Gelegenheit suchte die Gruppe zusam-
menzutreffen. Das war schwierig, weil die Mitglieder weit
verstreut lebten. Immer wieder erwog man deshalb Fragen
der Taktik, da Fenichel nicht wollte, daß sie öffentlich als
geschlossene Organisation auftraten. Vor dem Psychoanaly-
tiker-Kongreß in Marienbad überlegte Fenichel, wo und wie
sich die Gruppe versammeln könnte, ohne Aufsehen zu
erregen. Man debattierte den Vorschlag, sich in ein einige
Kilometer entfernt liegendes Hotel zurückzuziehen. Tatsächlich gelang es der Gruppe, ihre übertriebene Heimlich-
keit zu wahren, nicht nur bei diesem Anlaß – nur wenige
Zeitgenossen und noch weniger Nachfahren erfuhren jemals
von ihrer Existenz.

Während die Literatur über Wilhelm Reich und Erich
Fromm (oft auf der Grundlage ihrer eigenen autobiographischen Entwürfe) ständig wächst, ist über Fenichel so
gut wie nichts geschrieben worden. Dennoch teilte er mit
beiden eine gemeinsame Vergangenheit, die zurückreicht
in die Zeit, als sie in Berlin in derselben Studiengruppe
verbunden waren. Die drei waren die produktivsten, lei-
denschaftlichsten und originellsten der politisch orientierten Freudianer. Daß Fenichel so wenig Beachtung gefunden hat, hängt sicherlich damit zusammen, daß er seine
Reflexionsprozesse erfolgreich zu tarnen verstand – übrigens ein gebräuchliches Verhaltensmuster bei politisch bewußten Psychoanalytikern. Während Reich und Fromm
sich allmählich von Freud abwandten, orientierte sich die
Gruppe um Fenichel streng an der klassischen Analyse.
Ihre öffentlich zur Schau getragene Orthodoxie und ihre

private Häresie sind zentrale Vexierbilder der Geheimgeschichte dieser Disziplin.

Fenichel hat die *Rundbriefe* begonnen, geschrieben und schließlich eingestellt. Er war die treibende Kraft in der Gruppe, die gelegentlich in der Tat als »Fenichels Kreis« bezeichnet wurde – ein Ausdruck, den er nicht mochte. Es handelte sich dabei zwar um einen Kreis geistesverwandter Analytiker, aber auch um eine »one-man show«. Die *Rundbriefe* dienten wohl als Rettungsleine im Exil, doch Fenichel leistete den Löwenanteil der Arbeit, indem er sie verfaßte, komponierte und tippte. Keines der übrigen Mitglieder wendete pro Jahr auch nur annähernd die Zeit und Energie daran, die Fenichel ihnen Monat für Monat widmete.

Ich habe nicht die Absicht, Fenichels Biographie zu schreiben oder gar sein Seelenleben zu erforschen – ein derartiger, lediglich auf die (zudem unvollständige) Kenntnis der Briefe und der Texte gestützter Rekonstruktionsversuch wäre bare Astrologie. Fenichels Bedeutung gründet insbesondere in seiner psychoanalytischen und politischen Arbeit. Als aktives Mitglied der Jugendbewegung, als Jude, Psychoanalytiker, Sozialist und politischer Flüchtling verkörperte er den Geist seiner Zeit, was nicht heißen soll, er sei schlicht das Geschöpf einer bestimmten historischen Konstellation gewesen. Mein Interesse gilt in erster Linie dem Schicksal seiner Projekte und seines Kreises – und dies im Gesamtzusammenhang der Psychoanalyse. Dennoch sind einige Bemerkungen zur Person unerläßlich, wobei sich in einer wichtigen Hinsicht eine Verwandtschaft der Welt Freuds mit derjenigen Fenichels zeigt: die klare Trennung zwischen privater und öffentlicher Sphäre.

Die Sprache der *Rundbriefe* ist in fast allen Teilen unpersönlich, deskriptiv. Fenichel kam in New York als Einwanderer an, reiste quer durch den Kontinent und ließ sich in Los Angeles nieder. Doch der beinahe 80 Seiten lange Brief, den er von Los Angeles absandte, enthält kaum ein Wort über

seine individuellen Reaktionen auf New York, den Mittleren
Westen, auf Kalifornien oder auf die Zustände in Amerika;
er handelt ausschließlich von der Lage der Psychoanalyse in
den verschiedenen Städten. Andererseits hat er sein Leben
lang Gedichte geschrieben, die er offenbar niemandem zu
lesen gab.

Fenichel repräsentierte vorzüglich jene Kultur des jüdischen
Wiener Bürgertums der Jahrhundertwende, die der Welt so
viel gegeben hat. Viele, die dieser Kultur entstammten,
besaßen außerordentliche Selbstdisziplin, großen Wissens-
drang und Talent zur Introspektion. (Es ließe sich unschwer
eine ganze Bibliothek mit Untersuchungen zum Problem
des Judentums in den deutschsprachigen Ländern dieser
Epoche füllen.[34]) Sie (insbesondere diejenigen unter ihnen,
die wie Fenichels Vater aus Osteuropa eingewandert waren)
fühlten sich Deutschland verpflichtet, weil es ihre juristische
Diskriminierung aufgehoben hatte. Sie schätzten die deutsche Kultur, mit der sie sich schließlich identifizierten. (Fenichel füllte in seiner Jugend ganze Notizhefte mit Gedichten von Rilke.)

Wer Fenichel erlebte, war beeindruckt von seiner eminenten
Arbeitsfähigkeit, seinem photographischen Gedächtnis und
seinem scharfen Verstand. Ralph R. Greensons Erinnerungen an Fenichel tragen den Untertitel »Die Enzyklopädie
der Psychoanalyse«. Die 1600 bibliographischen Hinweise
in der *Psychoanalytischen Neurosenlehre* sind, wie Greenson
bemerkt, keine Dekoration, sondern in den Text integriert;
sie bezeugen Fenichels »enormen Wissensfundus und sein
fabelhaftes Gedächtnis«.[35] (Greenson hat vielleicht gar nicht
gewußt, daß Fenichel diese Hinweise gelegentlich als Ersatz
für eine detaillierte Bibliographie betrachtete, die er für den
Band vorbereitet hatte. Die kriegsbedingte Papierknappheit
verhinderte jedoch ihr Erscheinen.) Rudolph M. Loewenstein rühmte in seinem Nachruf Fenichels »außerordentliche
Intelligenz, sein hervorragendes Gedächtnis und seine unge-

wöhnliche Arbeitsfähigkeit«.[36] Bertram Lewin charakterisierte Fenichel als »lebhaften und hellwachen Intellektuellen, einen unermüdlichen Arbeiter und Forscher, einen engagierten und scharfen Beobachter, Bearbeiter und Systematisierer«.[37] Diese Urteile finden in Fenichels veröffentlichten Schriften ihre sachliche Stütze.

Otto Fenichel wurde nur 48 Jahre alt; die letzten 13 Jahre waren von den Unbilden des Exils beschwert, wozu vor allem die ermüdenden Ortswechsel und der Kampf um rechtliche Anerkennung in den verschiedenen Ländern rechnen. Trotz dieser belastenden und schwierigen Umstände blieb Fenichels Produktivität beeindruckend. Die Bibliographie seiner Werke ist etwa 20 Seiten lang und umfaßt mehr als 500 Titel.[38] Unentwegt verfaßte er Aufsätze, Bücher, Rezensionen und Abstracts. Er hat (unabhängig von den *Rundbriefen*) mehr Schriften publiziert als die Mitglieder seines Kreises zusammen. Seine zweite Frau erzählte, daß er sich bisweilen nach dem Abendessen zurückzog und nach einer halben Stunde mit einem Aufsatz wiedererschien, den er anhand einer Reihe vorher zu Papier gebrachter Stichworte geschrieben hatte.[39] Andere Zeugen haben überliefert, daß er sogar in den Pausen zwischen der Behandlung von zwei Patienten Notizen schrieb oder Manuskripte tippte.

Die Disziplin und der Eifer der Generation Fenichels sind heute kaum noch vorstellbar; sie nahm das Gebot und die Chance der Bildung überaus ernst. So führte Fenichel zum Beispiel Buch über jedes kulturelle Ereignis, an dem er teilnahm. In einem damals in Wien üblichen »Konzert- und Theaterbuch«, das als unabdingbar galt, sofern man sich »ernsthaft« der Kunst und dem »Geist« zu widmen wünschte, trug er jedes Detail ein – Namen, Autor, Datum und Ort. Seine Eltern hatten bereits in seiner Kindheit jeden Theaterbesuch notiert, und er hielt diese Liste sogar während des Exils auf dem laufenden. Sie beginnt mit Aufführungen von *Frau Holle, Max und Moritz* sowie *Hänsel und*

Gretel und reicht bis zur 392. Eintragung, dem Musical
Oklahoma, das er in New York im Juni 1945 besuchte.
Fenichel war ein peinlich genauer Registrator. Wüßte man
nichts über seine Veröffentlichungen oder von den *Rund-*
briefen, so könnte man schwerlich glauben, daß er irgend
etwas anderes tat, als Listen zu führen. Er ging darin auf.
Was immer er unternahm oder ihm widerfuhr, es wurde,
häufig mehrfach, notiert und dann an anderer Stelle nochmals vermerkt, zusammengefaßt, graphisch dargestellt, alphabetisch geordnet und numeriert. Selbst die Eintragungen
in seinem »Konzert- und Theaterbuch« sind auf besonderen
Blättern zusätzlich nach Kategorien gegliedert und bewertet
worden. So wurde etwa die Anzahl kultureller Ereignisse
pro Jahr berechnet (mit einem Maximum von 22 Besuchen
1916 und einem Minimum von nur einem im Jahre 1901, als
er erst vier Jahre alt war!) oder die Anzahl kultureller
Ereignisse pro Land (eines in der UdSSR, zwei in Italien
usw.). Fenichel führte auch durchnumerierte Listen über die
Filme, die er sah (insgesamt 530), wobei er jeweils den Ort
des Kinos und die Namen seiner Begleiter mit nannte. Er
dokumentierte jede Eisenbahnreise, wie kurz sie auch immer
gewesen sein mochte, und hatte 1925, als diese Liste offenbar
abbrach, über 800 vermerkt. Jeder Ausflug im Auto wurde
festgehalten, mitsamt dem Ziel, den Stationen unterwegs
und den Begleitern. Die letzte Reise mit der Nr. 859 führte
Fenichel zu Weihnachten 1945 nach Palm Springs in Kalifornien. Eine erhebliche Anzahl weiterer Aufzeichnungen und
Aufzählungen ist wohl rein privat und undurchsichtig, darunter möglicherweise eine Liste der Frauen, mit denen er
geschlafen hat.
Zwei Listen freilich stellen die übrigen in den Schatten. In
der einen notierte Fenichel handschriftlich von 1911 bis zum
Ende seines Lebens Tag für Tag seine Briefschaften. Er
unterhielt eine umfangreiche Korrespondenz und empfing
etwa 10 000 Briefe. Jeder eingetroffene Brief wurde nume-

riert und mit dem Namen des Absenders, dem Datum und dem Herkunftsort versehen. In einer gesonderten Liste wurden die Briefschreiber alphabetisch und mit den Ziffern ihrer Briefe aufgeführt.

Fenichels Begeisterung für Listen hatte in seinem ungewöhnlichen Gedächtnis ihr Korrelat. Seine Freunde wußten, daß er nicht nur ganze Passagen aus Texten von Freud (mit den Seitenzahlen), sondern die gesamten europäischen Eisenbahnfahrpläne zu memorieren vermochte. Seine intellektuelle Leistungsfähigkeit und Disziplin erwiesen sich als äußerst hilfreich in praktischen Belangen. Die strikte Systematisierung seiner Korrespondenz versetzte ihn in die Lage, rasch und treffsicher jeden Brief aufzufinden. Denselben Eifer legte er bei seinen Forschungen und bei seiner Lektüre an den Tag. Was immer er las, er faßte die Lektüre in Notizen zusammen, um den Stoff jederzeit verfügbar zu haben. Wurde er zu einem Thema befragt, so konnte er in wenigen Augenblicken bibliographische Auskünfte geben. Auf dieser soliden Grundlage ruhten seine Bücher und Aufsätze.

Diese Hinweise sollten allerdings niemanden zu der irrigen und unfairen Annahme verleiten, Fenichel sei ein analer oder Zwangs-Charakter gewesen. Denn daß er Listen führte, hatte auch etwas Spielerisches. So veranstaltete er regelmäßig einen Wettbewerb mit Freunden, bei dem die Anzahl der in einem bestimmten Zeitraum empfangenen Briefe nach Stadt und Land gezählt wurde, um einen »Gewinner« zu ermitteln. Und alle, die ihn kannten, berichten von seiner Lebenslust, seinem Vergnügen an Reisen und seinem Humor.[40] Er war kein spröder Systematisierer. Wie Freud war er geistreich in der Unterhaltung und ein begnadeter Witze-Erzähler. Er machte sich über sich selbst lustig und spottete ungehemmt über seine Vorliebe für Fahrpläne und Reiseführer. Seine Freunde bezauberte er mit seinem Humor und seinem Lachen. In Geldangelegenheiten war er großzügig;

Bekannte und Verwandte wurden, wenn es nottat, von ihm
ohne Zögern unterstützt.

Seine Studenten erlebten ihn nicht nur als brillanten Lehrer,
sondern auch als aufmerksamen Zuhörer. Kennzeichnend
für seine Seminare war die intensive Konzentration auf die
Texte. Grotjahn erinnert sich an ein Seminar in Berlin über
Freuds Analyse des Falles Schreber, das ein Semester dauerte
und über den ersten zwei Seiten des Textes verharrte. Greenson beschrieb ein Seminar in Los Angeles, das in dreistündi-
ger Sitzung nicht über das Wort »Libido« am Ende des
ersten Absatzes der ersten der *Drei Abhandlungen zur
Sexualtheorie* von Freud hinausgelangte. »Diese Abende
waren so anregend, daß [...] mehrere von uns bis lange nach
Mitternacht auf dem Bürgersteig vor Fenichels Haus weiter-
diskutierten.«[41] Ein unveröffentlichtes Manuskript bezeugt
Fenichels pädagogische Gründlichkeit – es trägt den Titel:
»175 Diskussionsthemen zu Freuds *Drei Abhandlungen zur
Sexualtheorie* für den Gebrauch in Freud-Seminaren.«

Er nahm niemals ein Blatt vor den Mund und war niemandem erbötig. Daher glaubten viele, er sei streitsüchtig und
intolerant. Doch sein kritischer Geist war durch und durch
demokratisch. Er hörte jedermann zu, und seine Seminare
standen jedem offen. Unverhohlen äußerte er auch Freud
und älteren Analytikern gegenüber abweichende Meinungen. Und er war weder nachtragend noch undifferenziert in
der Ablehnung. Obwohl er, beispielsweise, die theoretischen Arbeiten und den Einfluß von Sándor Rado und Franz
Alexander bekämpfte, die er beide »schrecklich« fand, nahm
er gelegentlich Aufsätze von ihnen achtsam wohlwollend
zur Kenntnis.

Otto Fenichel war eine außerordentliche Persönlichkeit innerhalb der Psychoanalyse. Aus seinen *Rundbriefen* läßt
sich erschließen, daß Freud und die Wiener Analytiker
großen Respekt vor ihm hatten, ihn sogar fürchteten. Unter
dem Schmerz des »Verlusts« von Wilhelm Reich, der in den

zwanziger Jahren als Wunderkind galt, war ihnen sehr daran gelegen, nicht auch noch Fenichel zu verlieren. Doch diese Sorge war unbegründet. Denn Fenichel verschrieb sein Leben vorbehaltlos der Psychoanalyse. Und er ging mit seinen Energien und Gaben nicht haushälterisch um. Obwohl 40 Jahre jünger als Freud, überlebte er diesen nur um sechs Jahre. Sein Hauptwerk, die *Psychoanalytische Neurosenlehre*, erschien im Dezember 1945, als er seinen 48. Geburtstag feierte. Einige Wochen später, am 22. Januar 1946, als er noch immer Glückwunschbriefe zu diesem Buch empfing, ist er gestorben.

KAPITEL II

Frühlings Erwachen:
Analytiker als Dissidenten

Die Mythen der Gebildeten wollen uns glauben machen, die Psychoanalyse sei in der verschlafenen Welt Europas vor dem Ersten Weltkrieg eine reaktionäre Kraft gewesen. Das ist doppelt falsch. Denn erstens standen die Anfänge der Psychoanalyse im Zeichen klarer Reformvorsätze, und zweitens waren in ihrem gesellschaftlichen Umfeld überall Anzeichen einer kulturellen Umwälzung zu erkennen. Der utopische und revolutionäre Geist, den man häufig mit den zwanziger Jahren und mit der Weimarer Republik in Verbindung bringt, war genaugenommen ein hervorstechendes Charakteristikum der Vorkriegs-Periode: Der Kubismus, die atonale Musik, der Futurismus, die moderne Sprachphilosophie ebenso wie die Psychoanalyse machten bereits vor dem Kriege von sich reden, ja, zahlreiche Neuerungen begannen, wie Th. W. Adorno bemerkt hat, in den zwanziger Jahren schon wieder zu verblassen: »Die heroischen Zeiten der neuen Kunst lagen vielmehr um 1910.«[1]
Das einschlägige Zeit-Zeichen vor dem Ersten Weltkrieg war eine Jugendrevolte; sie hinterließ ihre Spuren in der Psychoanalyse. In Mitteleuropa entflohen die Heranwachsenden der Enge des bürgerlichen Lebens und suchten den Weg »zurück zur Natur« und zu einer freieren Existenzweise. Die Unruhe der Jugendlichen (insbesondere der Söhne) sowie ihre Konflikte mit den Vätern und der Schule spiegelten sich sichtbar in der zeitgenössischen Literatur. Schon die Titel mancher Literaturwerke verweisen auf die Intensität der in ihnen dargestellten Spannungen: Walter

Hasenclevers *Der Sohn*, Arnold Bronnens *Vatermord*, Frank Wedekinds *Frühlings Erwachen* und Heinrich Manns *Professor Unrat* – sie alle handeln von dem mannigfaltigen Aufruhr der Jugendlichen, ihrem Aufbruchs- und Ausbruchsverlangen. Einige Psychoanalytiker der zweiten Generation, so etwa Fenichel, Annie Reich, Siegfried Bernfeld und Willi Hoffer, sind in dieser Atmosphäre aufgewachsen und haben sich an der Bewegung aktiv beteiligt.

Es wird häufig vergessen (oder verdrängt?), daß Freud eine Reform der Sexualmoral befürwortete. Insbesondere vor dem Kriege hat er wiederholt vor den individuellen und gesellschaftlichen Kosten einer übertriebenen Sexualunterdrückung gewarnt. Indirekt reklamierte er für sich sogar, an der Befreiung der Jugend mitzuwirken. Anläßlich der Schilderung seines Bruchs mit Carl G. Jung schrieb Freud, der Verzicht des Züricher Psychiaters auf den Begriff einer unbewußten Sexualität habe »es von vornherein unwahrscheinlich« gemacht, »daß die Jungsche Korrektur der Psychoanalyse den Anspruch auf eine befreiende Jugendtat sollte erheben können«. Offensichtlich auf sich selbst anspielend fügte er hinzu: »Endlich sind es nicht die Jahre des Täters, welche hierüber entscheiden, sondern der Charakter der Tat.«²

Der »Charakter der Tat« Freuds bekundet sich in seiner wohl militantesten gesellschaftskritischen Studie: *Die ›kulturelle‹ Sexualmoral und die moderne Nervosität* (1908). Die Anführungszeichen, in denen das Wort ›kulturell‹ hier steht, zeigen die Radikalität von Freuds Fragestellung. »Es ist gewiß nicht Sache des Arztes, selbst mit Reformvorschlägen hervorzutreten«, heißt es da; doch bedürfe es dringlich einer Klärung, »ob unsere ›kulturelle‹ Sexualmoral der Opfer wert ist, welche sie uns auferlegt«. Ihren Preis beschreibt er in fast nietzscheanischem Tonfall: »Im allgemeinen habe ich nicht den Eindruck gewonnen, daß die sexuelle Abstinenz energische, selbständige Männer der Tat oder originelle Denker, kühne Reformer und Befreier heranbilden helfe, weit häufiger brave Schwächlinge, welche später in die große Masse eintauchen.« Auch zweifelte er nicht daran, daß die Sexualunterdrückung Frauen am härtesten trifft, denen daher einzig »die Wahl zwischen ungestilltem Sehnen, Untreue oder Neurose« bleibe.[3]

In dem auf die Veröffentlichung dieser Studie folgenden Jahr – 1909 – hielt Freud Vorlesungen in den Vereinigten Staaten, deren letzte in einem damals keineswegs vertrauten Gedankengang mündete: »Unsere Kulturansprüche machen für die meisten der menschlichen Organisationen das Leben zu schwer. [...] Wir sollten uns nicht so weit überheben, [...] den Sexualtrieb in seinem ganzen Energieausmaß seinen eigentlichen Zwecken zu entfremden.« Und um die Gefahren einer übertriebenen Sexualunterdrückung zu veranschaulichen, schloß Freud seine Vorlesung mit einem Gleichnis: Die Einwohner der kleinen Stadt Schilda besaßen ein außerordentlich kräftiges Pferd, welches jedoch eine große Menge teuren Hafers fraß. »Sie beschlossen, ihm diese Unart schonend abzugewöhnen, indem sie seine Ration täglich um mehrere Halme verringerten, bis sie es an die völlige Enthaltsamkeit gewöhnt hätten. Es ging eine Weile vortrefflich, das Pferd war bis auf einen Halm am Tag entwöhnt, am nächsten Tag sollte es endlich haferfrei arbeiten. Am Morgen dieses Tages wurde das tückische Tier tot aufgefunden; die Bürger von Schilda konnten sich nicht erklären, woran es gestorben war.« Freud fügte hinzu, daß »wir« wohl glauben, das Tier sei verhungert.[4]

Natürlich war Freud kein Radikaler im strengen Sinne. Doch ebensowenig hat er sich mit dem, was im Schwange oder in Geltung war, begnügt, gar abgefunden. Er war, unzweifelhaft, ein Veränderer. Diese Tendenz durchdrang die psychoanalytische Bewegung und machte sie so attraktiv für diejenigen, die mit sozialen, moralischen und sexuellen Normen im Streit lagen. Zu dem Zeitpunkt, da die Analytiker der zweiten Generation sich als Studenten und junge Erwachsene an den gesellschaftlichen Restriktionen stießen, befand sich Freuds Reformanstrengung auf ihrem Höhepunkt – die Rebellion der Jugend und die Intentionen der Psychoanalyse erschienen wesensverwandt.

Freilich, diese Verwandtschaft hatte ihre Grenzen. Geschickt suchte Freud auszugleichen zwischen kulturrevolutionären und politisch gemäßigten Ansprüchen. Er tolerierte, ja ermutigte Häretiker und kühne Theoretiker. Häufig verteidigte er seinen ›soliden‹ Schülern gegenüber Einzelgänger wie etwa den ›wilden‹ Analytiker Georg Groddeck. Doch er war kein Kulturrevolutionär. Wurde er von radikalen Psychoanalytikern angegriffen, so zog er sich auf das Gebiet der Medizin zurück, dessen Einhegungen er sonst nicht respektierte. »Wir sind Ärzte und wollen Ärzte bleiben.«[5] Mit diesen Worten distanzierte sich Freud von Otto Gross, einem mittlerweile vergessenen Dissidenten.

Dennoch waren nach Freuds Auffassung die Grenzen der Psychoanalyse weit gesteckt. Zeitweilig schlossen sie sogar die Position von Otto Gross ein, der im Leben sowohl von Freud wie von Jung eine bedeutende Rolle spielte. Gross (1887–1920) gehörte nicht zur zweiten Generation der Freudianer; er war vielmehr ein Repräsentant jener Welt, in die diese Generation hineinwuchs. Seine Ideen und seine Arbeit bezeugen die Vitalität der klassischen Psychoanalyse, mit der die folgende Generation groß wurde. In Gross besaß die Psychoanalyse ihren ersten entschiedenen Dissidenten, einen Vorläufer von Wilhelm Reich. Trotz seines ungezügelten Denk- und Verhaltensstils, ja vielleicht gerade durch ihn, trat mit Gross eine subversive Psychoanalyse hervor, die von der zweiten Generation dann aufgenommen und systematisiert wurde.

Otto Gross erregte öffentliches Aufsehen, als wenige Monate vor dem Ausbruch des Ersten Weltkriegs die Zeitungen in Wien auf ihren Titelblättern meldeten: »Zwangs-

weise Internierung eines Gelehrten in eine Irrenanstalt.«
Die Meldung, die den Untertitel »Professor Dr. Hans
Gross gegen seinen Sohn« trug, lautete: »Der berühmte
Kriminalist der Grazer Universität und ehemalige Professor an der deutschen Universität in Prag, Dr. Hans Gross,
hat seinen Sohn, Doktor Otto Gross, einen auf dem neuen
Gebiet der Psychoanalyse mit viel Erfolg tätigen Forscher
in Berlin, festnehmen und zwangsweise in einer österreichischen Irrenanstalt internieren lassen. Die Gefangen-
nahme des Dr. Gross war wohlvorbereitet und spielte sich
sehr rasch ab. Eines Tages kamen drei kräftige Männer in
die Berliner Wohnung des jungen Gelehrten, legitimierten
sich als Kriminalbeamte und schafften Dr. Gross unter
Bedeckung auf die Bahn, von wo er in eine österreichische
Irrenanstalt transportiert wurde. Ist Dr. Gross irrsinnig,
hat sein Verhalten diese Maßregel notwendig gemacht?
Kein Vater wird, so sagt man sich, den eigenen Sohn ohne
Not als Irren internieren lassen. In diesem merkwürdigen
Fall jedoch erhebt der gesamte Freundeskreis des jungen
Gelehrten öffentlichen Protest und stellt die Behauptung
auf, daß dem Internierten das schwerste Unrecht ge-
schieht. [...] Eine ganze Reihe von Gelehrten, Künstlern
und Literaten, deren Namen dafür bürgen, daß hier keine
gewissenlose Sensationsmacherei vorliegt, treten unter
schärfstem Protest gegen die gewaltsame Internierung für
Dr. Gross ein.«[6]
Die Geschichte der Verhaftung von Otto Gross, einem
freidenkerischen und undisziplinierten Analytiker, enthält
Material für ein erstklassiges historisches Drama. Als
Hauptakteure könnten in ihm figurieren: Gross senior und
junior, Freud, Jung, Sabina Spielrein, einige expressionisti-
sche Schriftsteller sowie Frieda und D. H. Lawrence. Die
dramaturgische Grundkonstellation würde Hollywood alle
Ehre machen: Drogenabhängigkeit, Selbstmorde, Liebes-
affären. Und als Großkulisse die Welt der Psychoanalyse,

deren Beziehungen zur Bohème, zur Kunst und Politik damals höchst lebendig waren.

Otto Gross und sein Vater waren die ideale Besetzung in diesem Drama eines Generations- und Kulturkonflikts. Als Otto Gross verschwand, hegten seine Freunde keinen Zweifel, daß sie Zeugen eines derartigen Konflikts geworden waren; denn für sie verkörperte Hans Gross eine autoritäre und repressive Gesellschaftsordnung, die von seinem Sohn und wohl auch von der Psychoanalyse in Frage gestellt wurde. Voller Ironie verkündete Franz Jung, ein expressionistischer Anhänger von Otto Gross, daß er dessen Vater, den Professor Gross, unterstütze: »Hans Gross ist alt. Sein Leben ist Angst.«[7]

Als Kriminologe hatte Hans Gross allenthalben Anerkennung gefunden. Noch 1962 erschien eine Ausgabe seines *Handbuchs der Kriminalistik* in Englisch. Im Vorwort heißt es, der Autor besitze »aufgrund langer Erfahrung eine profunde Kenntnis der Praktiken von Kriminellen, Räubern, Landstreichern, Zigeunern und Betrügern ...«[8] In seinem Handeln und mit seinen Theorien huldigte Hans Gross einem martialischen Ordnungswillen. Er errichtete ein Museum, in dem Ausrüstungsgegenstände und Hilfsmittel von Verbrechern ausgestellt wurden, und er empfahl, die »Entarteten«, zu denen er Vagabunden ebenso wie Revolutionäre rechnete, nach Afrika zu deportieren, da sie durch Bestrafung nicht »belehrbar« seien.

Otto Gross personifizierte all das, wogegen sein Vater kämpfte und was er verachtete. Er war ein Anarchist, ein Drogenabhängiger, ein Psychoanalytiker, ein Befürworter der sexuellen und kulturellen Revolution. Er lebte in der Münchner Bohème. Exzessiv war alles, was er tat. So zeugte er zwei Söhne, die im selben Jahr von zwei verschiedenen Frauen geboren wurden und beide Peter hießen. Er hatte eine Affäre sowohl mit Else wie mit Frieda von Richthofen, die später D. H. Lawrence heiratete.[9]

Gross hinterließ einen tiefen Eindruck bei denen, die ihm begegneten. Freud, der ihn einen »hochbegabten und überzeugten Mann«[10] genannt hat, tauschte mit Jung seine Ansichten über Gross aus, denn Jung versuchte, Gross in einer Kurztherapie von seiner Drogenabhängigkeit zu heilen. »Gross ist ein so wertvoller Mensch und ein so starker Kopf«, schrieb Freud an Jung, »daß Ihre Arbeit den Wert einer Leistung für die Allgemeinheit hat.«[11] Ernest Jones, der Gross in einem Café kennengelernt hatte, beschrieb ihn als die »weitestgehende Annäherung an das romantische Ideal eines Genies, die ich je getroffen habe«. Nie zuvor sei er jemandem begegnet, der »mit so durchdringender Kraft die innersten Gedanken anderer erraten konnte«.[12]

Erinnerungen an Gross tauchen wiederholt in Romanen und Memoiren aus der Bohème vor dem Ersten Weltkrieg auf. In Franz Werfels Roman *Barbara oder die Frömmigkeit* ist Gross als Doktor Gebhart dargestellt, eine Figur, die der Libertinage, der Abschaffung der Familie und der kleinbürgerlichen Sexualmoral das Wort redet.[13]

Gross erregte Aufmerksamkeit sowohl durch seine Persönlichkeit wie durch seine Ideen. Unbeirrt predigte er die sexuelle und kulturelle Emanzipation, die er auf psychoanalytische Prinzipien (oder vielmehr auf seine Interpretation dieser Prinzipien) stützte. »Der wahrhaft gesunde Zustand für den Neurotiker sei die sexuelle Immoralität. Damit assoziiert er Sie an Nietzsche«[14] – mit diesen Worten faßte Jung, der Gross behandelte, dessen Vorstellungen für Freud zusammen. Gross kämpfte für eine »neue Ethik«, die auf die »Zertrümmerung der Monogamie« hinauslief.[15] »Autoritäre Institutionen« hätten die Menschheit verkrüppelt, die Lösung der »Kulturkrise« sei deshalb unmittelbar an die vollständige sexuelle Freiheit der Menschen gebunden. Für ihn galt: »Die Psychologie des Unbewußten ist die Philosophie der Revolution.«[16] Damit berührte er ein Thema, das später die radikalen Psychoanalytiker, vor allem Wilhelm Reich,

beunruhigte: Der Glaube an Autorität erschüttere und ver-
zerre sogar die Ziele der Revolutionäre. Die Revolutionen
der Vergangenheit waren deshalb gescheitert, erklärte Gross,
weil die Revolutionäre insgeheim an einem in der patriarcha-
len Familie verankerten Autoritarismus festhielten. Heimlich liebten sie die Autorität, die sie erst umstürzten und
dann, sobald sie dazu in der Lage waren, neu errichteten.
Gross zufolge war allein die Psychoanalyse imstande, die
Kette der patriarchalischen Autoritäten zu zerbrechen. Die
kommende Revolution werde eine Revolution nicht für ein
»Vaterrecht«, sondern für das »Mutterrecht« sein.[17]
Jung war von Gross, der mit seinen Einfällen die ohnehin
schwierige Beziehung zwischen Jung und Freud komplizierte, sehr beeindruckt. Neben Jung selbst, so schrieb
Freud, sei Otto Gross »doch der einzige, der auch etwas
vom Seinen geben kann«.[18] Doch insgeheim schien Freud die
geistige Kreativität von Gross eher zu ängstigen. Und so war
es ihm lieber, daß Gross von Jung behandelt wurde, da er
eine »Schwierigkeit [...] in der unvermeidlichen Aufhebung
der Eigentumsgrenzen am Vorrat von produktiven Ideen«
befürchtete.[19] Aber auch Jung erlag alsbald der Faszination.
»Die Affäre Gross«, berichtete er Freud, habe ihn »in des
Wortes vollstem Sinne aufgezehrt. Ich habe ihm Tage und
Nächte geopfert.« Jung erblickte in den Problemen und
Ideen von Gross weniger einen ›aufregenden Fall‹ als vielmehr ein Spiegelbild seiner selbst und brachte dies unzwei-
deutig zum Ausdruck: »In Gross erlebte ich nun allzuviele
Seiten meines eigenen Wesens, so daß er mir oft vorkam wie
ein Zwillingsbruder.«[20]
Obwohl der Einfluß, den Gross auf Jung ausübte, unmög-
lich zureichend zu erfassen ist, ist er in den komplizierten
Beziehungen oder der »geheimen Symmetrie« zwischen
Jung und Sabina Spielrein bzw. zwischen Spielrein und
Freud sichtbar geworden. Sabina Spielrein war eine junge
russische Patientin Jungs, die später Analytikerin wurde und

mit Freud bekannt war. Zum Zeitpunkt ihrer Affäre mit
Jung[21] hatte sich dieser die Anschauungen von Gross über
freie sexuelle Beziehungen zu eigen gemacht. Spielrein verhielt sich Jung gegenüber ambivalent, der absehbare Einwände seiner Frau vorweg mit dem Argument zu entkräften
suchte, Polygamie sei eine ehrenwerte Angelegenheit.[22]
Spielrein schilderte Freud ihre Lage. Sie beschloß, sich als
Patientin unbeteiligt zu verhalten. Doch Jung erzählte ihr
voller Freude und tief bewegt von Gross und den wichtigen
Erkenntnissen über Polygamie, zu denen er soeben gelangt
sei, und gestand Spielrein, daß er seine Gefühle für sie nicht
länger unterdrücken wolle.[23] Jung bestätigte Freud dies indirekt: »Bei der ganzen Sache haben auch die Ideen von Gross
mir etwas zuviel im Kopfe gespukt.«[24]
Gross erlitt das Schicksal zahlreicher psychoanalytischer
Dissidenten. Als er 1920 im Alter von 43 Jahren starb, wurde
er rasch vergessen. Seine Schriften sind niemals gesammelt
erschienen, und er wird kaum erwähnt. Nur wenige Literaten und Historiker hielten die Erinnerung an ihn wach – zu
ihnen gehörte Franz Jung, den noch in der Emigration in
den Vereinigten Staaten die Nähe der Ideen von Gross zu
denen von Wilhelm Reich sowie die Ähnlichkeit ihrer Lebensgeschichten beschäftigte.[25] Selbst Menschen, die Gross
einmal nahegestanden hatten, haben das Schweigen über ihn
selten gebrochen. Ein Beispiel: Frieda Lawrence hat nur in
einem Brief an Harry T. Moore, den Biographen von D. H.
Lawrence, ihre damals viele Jahre zurückliegende Affäre mit
Gross in dunklen und wenigen Worten angedeutet: »Ich
habe Ihnen nie von einem Freund, einem jungen österreichischen Arzt, erzählt, der bei Freud gearbeitet hat und mein
Leben mit Freud revolutioniert hat. Durch ihn und später
durch mich kannte Lawrence Freud.«[26]
Gross stellt in der Entwicklung der Psychoanalyse mehr als
nur eine Kuriosität dar. Für die Analytiker jener Zeit war er
zwar nicht repräsentativ, und Freud unterstützte ihn nicht in

seinen Auffassungen; aber durch seine Ideen, durch seine Tätigkeit und seinen Kontakt mit Freud und Jung ist er ein anschauliches Beispiel für die Kühnheit und Exzentrizität der frühen Psychoanalyse, für jene Phase ihrer Geschichte, die, obwohl sie nicht von Dauer war, ein gewichtiges historisches Erbe hinterlassen hat und in der die Affinität zur Bohème offensichtlich war. Die zweite Generation der politisch orientierten Freudianer hat daran angeknüpft. Sie brachte auch die Einsichten von Gross zur Geltung und konnte sich dabei auf dieselbe klassische Tradition berufen, in der Gross gestanden hatte.

Der Weg von Gross, der 1920 starb, zur zweiten Generation von Analytikern, den politisch engagierten Freudianern, führt auf ein neues Gebiet. Diese Generation bestand nicht mehr aus einzelnen Dissidenten oder am Rande der Gesellschaft lebenden Bohèmiens, sondern war eine beachtliche Gruppierung *innerhalb* der Psychoanalyse. Politisch, intellektuell und sozial waren Fenichel, Reich, Fromm, Bernfeld und Simmel keinesfalls Außenseiter. Sie hatten Verbündete und nahmen als Lehrer wie als Autoren einen bedeutenden Platz in der Psychoanalyse selbst ein. Doch als sie sich durchzusetzen begannen, war Gross buchstäblich vergessen. Da er unter Analytikern keine Anhänger besaß, verschwand auch sein Werk. Das heißt, in der Theoriearbeit mußten die politisch engagierten Freudianer zunächst wieder von vorn anfangen. Zweifellos hatten Alfred Adler und Paul Federn (und einige andere) soziale Kategorien in die Psychoanalyse eingeführt, doch ohne großen Erfolg und ohne Kontinuität. Adler rückte bald von der Psychoanalyse ab, und Federn entwickelte seine kritischen Ideen nicht weiter.[27] Die politisch orientierten Freudianer mußten daher zwangsläufig auf die klassischen Texte der Psychoanalyse zurückgreifen, da ihnen eine politisch verbindliche psychoanalytische Literatur nicht vorlag.

Mehr als Texte aber dienten ihnen ihre eigenen Erfahrungen

zur Richtschnur. Die Jugenderlebnisse einer jeden Generation prägen mit Notwendigkeit deren zukünftige Konflikte
und Pläne, ja sogar ihre Sprache und Gefühlslage. Für die
zweite Generation von Psychoanalytikern, die um 1900
geboren wurde, waren folgende Ereignisse von prägender
Bedeutung: die deutsche Jugendbewegung und der Erste
Weltkrieg mitsamt den nachkommenden Revolutionen.
Es waren diese Ereignisse, die ihre Jugend erfüllten und an
denen ihre Auffassung von der Psychoanalyse sich bildete.
Niemals sahen sie in der Psychoanalyse ein medizinisches
Konzept oder ein Gewerbe, stets einen Versuch, einer aus
den Fugen geratenen Welt durch Deuten und Handeln Sinn
zu verleihen. Ihr Leben besaß nicht jene Kohärenz und
Stabilität, die es ihnen gestattet hätte, die Analyse zum
Vehikel einer bequemen Karriere zu machen. Sie betrachte-
ten sie vielmehr als Herausforderung. Eine bedeutende psychoanalytische Zeitschrift dieser Generation trug den Titel
Psychoanalytische Bewegung und signalisierte damit auch
ein außerwissenschaftliches, ein gesellschaftliches Gestal-
tungsinteresse. Diese Anhänger Freuds haben das Engagement ihrer Jugendzeit niemals verabschiedet. Als sie Analytiker wurden, änderte sich lediglich ihr Vokabular. Der Erste
Weltkrieg hatte ihren Lebenszusammenhang aufgerissen,
und im Rückblick wurde ihnen deutlich, daß sich Europa nie
wieder von seinen Gewalttätigkeiten erholen würde. Nach
Auschwitz, Hiroshima und dem »totalen Krieg« fällt es
heute schwer, sich die Schrecken des Ersten Weltkriegs zu
vergegenwärtigen. Wir haben uns zu sehr an die Zerstö-
rungsprozesse gewöhnt, die er entfesselt hat. »Das massen-
hafte Blutbad des zwanzigsten Jahrhunderts begann mit dem
Ersten Weltkrieg. Ungefähr 6000 Menschen wurden Tag für
Tag, mehr als 1500 Tage lang, getötet. Insgesamt fielen ihm
etwa 10 Millionen Menschen zum Opfer.«[28] Doch nicht nur
massenhafter Tod und tödliche Technik, sondern auch die
Mobilisierung der Zivilbevölkerung bestimmten den Ersten

Weltkrieg. In der Geschichte der Kriege markiert er einen qualitativen Sprung, der die früheren militärischen Auseinandersetzungen zwischen den Nationen geradezu exotisch und harmlos erscheinen ließ. Stefan Zweig schreibt in *Die Welt von Gestern*: »Was wußten 1914, nach fast einem halben Jahrhundert des Friedens, die großen Massen vom Kriege? Er war eine Legende, und gerade die Ferne hatte ihn romantisch und heroisch gemacht. Sie sahen ihn immer noch aus der Perspektive der Schullesebücher und der Bilder in den Galerien: blendende Reiterattacken in blitzblanken Uniformen, der tödliche Schuß jeweils mitten durchs Herz, der ganze Feldzug ein schmetternder Siegesmarsch – ›Weihnachten sind wir wieder zu Hause‹, riefen im August 1914 die Rekruten lachend den Müttern zu.«[29] Diesem Bild machte der Erste Weltkrieg ein Ende, und er beendete zugleich die Ordnung des 19. Jahrhunderts. Als Biograph und Romanschriftsteller ist Stefan Zweig ein guter Zeuge dieses katastrophalen Zusammenbruchs; denn er war zugleich sein Opfer. Wie viele der Analytiker entstammte er einer wohlhabenden jüdischen Familie Wiens. Die Zeit vor dem Krieg erschien ihm als »das goldene Zeitalter der Sicherheit«: »Alles in unserer fast tausendjährigen österreichischen Monarchie schien auf Dauer gegründet, [...] alles hatte seine Norm, sein bestimmtes Maß und Gewicht, [...] alles stand in diesem weiten Reiche fest und unverrückbar an seiner Stelle [...]. Niemand glaubte an Kriege, an Revolutionen und Umstürze. Alles Radikale, alles Gewaltsame schien bereits unmöglich in einem Zeitalter der Vernunft.«[30] Diese Welt der Sicherheit und der schöpferischen Vernunft, in der Stefan Zweig aufgewachsen war und in der er sich zu Hause fühlte, zersprang im Feuer des Ersten Weltkriegs wie ein kostbares Gefäß. Für Zweig, für seine Generation und ihre Nachfahren erlangte die Zivilisation nie wieder die existentielle Bedeutung, die sie zuvor gehabt hatte. Den letzten Beweis dafür erbrachten der Nationalsozialismus und der

Zweite Weltkrieg. Auch Zweig war nun endgültig heimatlos. Kurz nachdem er 1942 sein Buch der Erinnerungen in Brasilien abgeschlossen hatte, beging er, erschöpft und hoffnungslos, Selbstmord.

Die politisch engagierten Freudianer waren 15 bis 20 Jahre jünger als Zweig (1881–1942), und in ihren Augen hatte bereits die Jugendbewegung das »goldene Zeitalter« abgebrochen. Die anderen Ereignisse, der Krieg und die auf ihn folgenden Revolutionen, erschienen ihnen wie ein einziger Schock; denn die Jugendbewegung, an der sich diese Freudianer beteiligten, dauerte für sie von etwa 1915 bis 1920 und fiel mit der Periode von Krieg und Revolution zusammen. Fenichels erste Schriften aus der Zeit der Jugendbewegung stammen von 1916, seine letzten sind von 1920 und zeugen vom Ende des Krieges und von den gescheiterten Hoffnungen auf eine Neuordnung der Gesellschaft. Die Jugendbewegung hatte aus solchen Hoffnungen ihre Kraft gezogen. Gleichzeitig hatte sie Ideen wachgerufen, wie sie von Otto Gross vorgetragen worden waren. Derselbe Antagonismus, der Gross sein Leben lang umgetrieben hatte: die Empörung gegen eine ebenso repressive wie heuchlerische Sozialordnung, ist auch in der Jugendbewegung am Werk gewesen.

Europa und die Vereinigten Staaten waren immer wieder einmal, zuletzt in den sechziger Jahren, Schauplätze von Jugendbewegungen. Die Jugendbewegungen der ersten und sechsten Dekade des 20. Jahrhunderts sind einander durchaus ähnlich. Beide entwickelten eine ausgeprägte »Jugendkultur«; beide protestierten gegen die Formen, die Inhalte und den Konformismus des bürgerlichen Lebensstils; beide träumten den Traum vom »freien Menschen« in einer »freien Gesellschaft«.

Anfänglich hatten die deutschen und österreichischen Jugendgruppen wenig Interesse an Politik; es kam ihnen vielmehr darauf an, der städtischen Zivilisation zu entfliehen. Doch von ihrem Ursprung im »Wandervogel« der Jahrhundertwende breitete sich die Jugendbewegung aus zu einer »grundsätzlichen Revolte gegen jede Autorität«.[31] Die Forderung nach »Rückkehr zur Natur« fand Resonanz insbesondere bei den protestantischen und vorwiegend in den Städten versammelten Mittelschichten. Die Wandervögel riefen Volkslieder und Volksbräuche wieder ins Gedächtnis, erkundeten die deutschen Landschaften und entdeckten oder erfanden eine neue, offene Lebensführung. Nationale (und nationalistische) sowie romantische Stimmungen gewannen allmählich die Oberhand. Man beschwor die »reinen und natürlichen« Beziehungen zwischen den Menschen in einer idealisierten Vergangenheit. In dem Maße, wie der »Wandervogel« sich zu einer »Bewegung« auswuchs, bildeten sich zahlreiche einander befehdende Zirkel heraus: Schulreformer, utopische Sozialisten und Zionisten ebenso wie Nationalisten, Antisemiten und Antifeministen. Sein Einfluß machte sich sogar bei der Gründung der Internationalen Jugendherbergsbewegung im Jahre 1907 geltend. Und in der englischen Pfadfinderbewegung, die freilich sehr viel konformistischer war als die deutsche Jugendbewegung, traten dieselben sozialen Spannungen zutage.[32]

Der linke Flügel der deutschen Jugendbewegung bot all jenen Jugendlichen eine politische Heimat, die sich der konventionellen Politik widersetzten. Statt sich für sexuelle *oder* kulturelle *oder* schulische Reformen zu entscheiden, verfolgten diese Gruppierungen diese Vorhaben gleichzeitig. Von der Psychoanalyse erwarteten sie sich dabei theoretische Unterstützung. Manche Anhänger der Jugendbewegung, von Siegfried Bernfeld bis zu Rudolf Ekstein, wurden denn auch Psychoanalytiker.[33] Nach dem Ersten Weltkrieg vertrat Bernfeld, damals einer der Führer der österreichischen Jugendbewegung, die Auffassung, die Psychoanalyse trage zur Klärung der sexuellen Revolte der Jugend bei. Um seine These zu erhärten, zitierte er einen Aufsatz des neunzehnjährigen Otto Fenichel.[34]

Jugendliche, die sich mit der Psychoanalyse beschäftigten, waren jedoch nur eine Minderheit in der zunehmend zersplitterten Jugendbewegung. Um die Spannungen zu entschärfen, verabredete man ein gemeinsames Treffen. Es fand im Oktober 1913 statt und erwies sich als das entscheidende Ereignis in der Geschichte der Jugendbewegung. Sein Zeitpunkt, die Hundertjahr-Feier der Völkerschlacht zu Leipzig, des deutschen Sieges über Napoleon, signalisiert eine nationalistische Tendenz; sein Ort, der Hohe Meißner bei Kassel, symbolisiert die kultische Verehrung der Natur ebenso wie die Distanzierung von der offiziellen Feier auf dem historischen Schlachtfeld.

Die verschiedenen Gruppen, die auf dem Hohen Meißner zusammenkamen, repräsentierten ebenso viele politische Gesinnungen.[35] Und obwohl es nicht gelang, die Differenzen beizulegen, entstand aus ihnen eine neue und stärker politisch orientierte Gruppierung: die Freideutsche Jugend. Von ihr ging die bekannte Meißner-Formel aus, die die Einheit der Jugendbewegung begründen sollte. Diese Formel war vage genug, um im Sinne jeder Gruppe interpretiert werden zu können. Fenichel zitierte sie häufig: »Die Freideutsche Jugend will aus eigener Bestimmung, vor eigener Verantwortung, mit innerer Wahrhaftigkeit ihr Leben gestalten.«[36]

Fenichels Schriften und Tätigkeiten bewegten sich während dieser Zeit im Umkreis von drei Teilnehmern des Treffens auf dem Hohen Meißner: Gustav Wyneken, Siegfried Bernfeld und Alfred Kurella. Politisch stehen deren Namen jeweils für das Programm einer Schulreform, einer Umwandlung der Gesellschaft und einer sexuellen Befreiung. Alle drei waren durch vielfältige persönliche Beziehungen miteinander verbunden. So redigierte Bernfeld eine Zeitschrift, deren Herausgeber Wyneken war; Fenichel veröffentlichte in einer von Wynekens Zeitschriften sowie in Bernfelds eigener Zeitschrift; Kurella unterstützte Wyneken nicht weniger, als Fenichel sich für Kurella verwendete. Psychoanalytikern ist namentlich wohl immerhin Bernfeld vertraut, der mit Studien über Freud hervorgetreten ist, die Ernest Jones sehr gelobt hat.[37] Während des Ersten Weltkriegs, als Fenichel eng mit ihm zusammenarbeitete, hat Bernfeld sich energisch für die Belange des Zionismus, des Sozialismus und der Psychoanalyse eingesetzt. Er war ein begabter Organisator und ein wortgewaltiger Redner. Unermüdlich gründete er politische Vereinigungen, veranstaltete Seminare und rief Institutionen ins Leben, die oft nicht von Dauer waren. Wie viele Führer der Jugendbewegung interessierte er sich leidenschaftlich für pädagogische Probleme und entwickelte Alternativen zur herkömmlichen Schule, z. B. die sogenannten Sprechsäle, in denen sich Jugendliche frei von Bevormundung und von den Vorurteilen ihrer Klasse zusammenfinden konnten.[38] Freud hat Bernfeld einmal den vielleicht besten Kopf unter seinen Schülern und Anhängern genannt – er sei mit überlegenen Kenntnissen ausgestattet, ein hervorragender Redner und ein eindringlicher Lehrer.[39]

Das Leben von Bernfeld und Fenichel nahm einen ähnlichen Verlauf. Beide wuchsen in jüdischen Familien in Wien auf, besuchten die dortige Universität und schlossen sich dem linken Flügel der Jugendbewegung an, wobei der um fünf Jahre ältere Bernfeld deutlicher als Organisator hervortrat. Beide waren geistig frühreif und fielen bald durch scharfsinnige Beiträge zur Psychoanalyse auf. Beide blieben ihren dezidierten politischen Idealen treu und zählten zur psychoanalytischen Linken. Beide übersiedelten nach Berlin, emigrierten in die Vereinigten Staaten und starben in Kalifornien. Und beide sind heute als politische Theoretiker vergessen.

Bernfeld rühmte Fenichel für seinen Aufsatz »Sexuelle Aufklärung«, der in einer Schriftenreihe zur Jugendbewegung erschien und von Max Hodann herausgegeben wurde, der Jahre später Reichs »Sexpol«-Programm nachdrücklich för-

derte.[40] Der Aufsatz »Sexuelle Aufklärung« stützte sich auf
einen Fragebogen, mittels dessen Fenichel als Schüler die
sexuellen Erfahrungen Jugendlicher ermittelt hatte, und versuchte eine vorläufige Auswertung der 54 eingegangenen
Antworten.[41] In seinem Vorwort rief Hodann die Leser auf,
zu wissenschaftlichen Zwecken weitere Antworten an Fenichel zu schicken. In ihnen sollten die Geschlechtszugehörig-
keit der Einsender, der Zeitpunkt ihrer »sexuellen Aufklärung« sowie deren Umstände und Folgen beschrieben werden. Fenichel hat von der Vorliebe für Statistik, die sich
bereits in diesem frühen Aufsatz bekundete, nie mehr abge-
lassen – 15 Jahre nach dieser ersten Erhebung verfaßte er
einen statistischen Bericht über die therapeutischen Ergebnisse des Berliner Psychoanalytischen Instituts.[42]

Obwohl er sich schon in dieser frühen Schrift von psychoanalytischen Einsichten leiten ließ, war es Fenichel klar, daß
bei einer Berufung auf die Psychonalyse zu Zwecken der
Sexualreform Zurückhaltung geboten war. Mit Freud argumentierte er, daß die äußeren Faktoren der sexuellen Aufklärung häufig überschätzt und die inneren Faktoren unterschätzt würden. Nach seinen Beobachtungen waren Jugendliche durchaus imstande, Informationen über die Sexualität
zu verstehen und zu verarbeiten, wenn sie psychisch darauf
vorbereitet worden waren. Derartige Informationen riefen
zwangsläufig Ängste wach – vor der Pubertät würden sie
verdrängt, ignoriert oder vergessen, doch mit dem Beginn
der Pubertät seien Jugendliche innerlich auf sexuelle Aufklärung vorbereitet.[43] Dieses Entwicklungsschema könnte Se-
xualreformer leicht in Verlegenheit bringen, da es von der
Annahme ausgeht, äußere Reformen seien für das Sexual-
leben eines Individuums irrelevant. Fenichel bemühte sich,
diese Annahme abzuschwächen. Obwohl die Auswirkungen
sozialer Erfahrungen zuweilen übertrieben würden, seien
sie, so meinte er, keineswegs bedeutungslos. Die übliche
Sexualerziehung sei verheerend; ebenso verheerend seien

allerdings die Schäden, die Eltern ihren Kindern zufügten, indem sie über die Sexualität Stillschweigen bewahrten, um die Kinder nicht zu verstören. Belastungen ließen sich nicht durchweg verhindern. Doch »alle unsere Konflikte entspringen der Sexualität, und wenn es nun gelingt, die Sexualität selbst zu bejahen, sie klar und einsichtig zu machen, [...] so ist das das einzige Mittel, unnötige Ambivalenzen zu vermeiden.«[44]

Als Beispiel für die Gefahren einer unvollständigen sexuellen Aufklärung diente Fenichel Frank Wedekinds *Frühlings Erwachen*. Das Drama gehörte zu Fenichels Lieblingslektüre, und in fast jedem Aufsatz, den er in jenen Jahren schrieb, hat er es erwähnt. 1920 veröffentlichte er eine Studie über das Stück in der Zeitschrift *Der Neue Anfang*, die den Ideen von Bernfeld und Wyneken nahestand. Übrigens teilten damals zahlreiche Jugendreformer Fenichels Enthusiasmus für Wedekinds Drama. Dessen Thema ist die Sexualität Jugendlicher, die durch die autoritäre Haltung und die Gefühllosigkeit der Erwachsenen beschädigt wird. Das Stück, fünfzehn Jahre lang von der Zensur der Pornographie geziehen und unterdrückt, ist erstmals 1906 aufgeführt und danach ununterbrochen mehrere Jahre lang gespielt worden.[45]

Während die Lehrer in *Frühlings Erwachen* rüde karikiert sind (sie heißen Sonnenstich, Fliegentod und Knochenbruch), erscheinen die Elternfiguren als zwar wohlmeinende, aber von Konventionen gegängelte Leute. Nicht zufällig hat Fenichel an diesem Drama und an den ihm eingezeichneten Verhaltensweisen mehrfach seinen sozialanalytischen Verstand erprobt; immer wieder entzündete sich seine Aufmerksamkeit insbesondere an der großen, aufschlußreichen Szene, in der die vierzehnjährige Wendla ihre Mutter flehentlich um sexuelle Aufklärung bittet: »Nicht böse werden, Mütterchen; nicht böse werden! Wen in der Welt soll ich denn fragen als dich! Bitte liebe Mutter, sag es mir! [...] schilt mich nicht, daß ich so etwas frage.«

Die Mutter versucht ihr Bestes und verharrt doch, schamvoll
und beschämend, in den Ungereimtheiten gesellschaftlich
eingespielter Ammenmärchen.[46]
Das Stück steckt voll jugendlicher Opfer. Gequält von sexu-
ellem Verlangen und von Unwissenheit bringt Moritz sich
um, nachdem er auf dem Gymnasium nicht versetzt worden
ist. »Wenn ich nicht bestehe, trifft meinen Vater der Schlag
und meine Mutter hat einen Zusammenbruch« – mit diesem
Satz hatte er zuvor seine Not und Verstrickung angezeigt;
Melchior, sein bester Freund, wird vom Schulbesuch ausgeschlossen, weil er Moritz eine selbstverfaßte Aufklärungs-
schrift gegeben hat; Wendla stirbt an einer Abtreibung.
Fenichel verteidigte Wedekind gegen den Vorwurf, das
Stück habe mit der Realität des Gymnasiallebens nichts
gemein. Beiläufig erwähnte er, daß auch ihm der Ausschluß
vom Gymnasium angedroht worden sei. Doch daß er so
nachdrücklich für Melchior Partei ergreift, der wegen sexueller Aufklärung seiner Mitschüler von der Schule gewiesen
wird, hat vermutlich noch andere Gründe. Melchior ist der
beste (und wohl auch widerstandsfähigste) Schüler seines
Gymnasiums. Anspielungen auf einen Vortrag, den er Moritz hält, tauchen regelmäßig in Fenichels frühen Aufsätzen
auf. (»Du glaubst in Sicherheit zu sein, wenn du ungerührt
an der Szylla des ganzen religiösen Unfugs vorbeisegelst,
und dann taucht auf einmal die Charybdis der Ahnungen
und bösen Vorzeichen auf, um dich zu verschlingen.«) Und
schließlich ist Melchior die einzige Figur in dem Stück, die
nicht zerbricht; er wird zwar bestraft, aber nicht besiegt.
Im selben Zeitabschnitt, da er sich mit *Frühlings Erwachen*
beschäftigte, vollendete Fenichel ein Manuskript mit dem
Titel *Sexualfragen in der Jugendbewegung*, das nie veröffentlicht wurde.[47] Erhalten ist lediglich das letzte Kapitel,
das die Argumentation an typischen Konflikten bündelt und
der Jugendbewegung beträchtliche Erfolge in ihrem Kampf
gegen die alltägliche Vertuschung und Verdrängung der

Sexualität attestiert, obschon, wie Fenichel schreibt, sowohl die Politik als auch die Religion den Aufklärungsprozeß offen behinderten. 1920 dann rezensierte er ausführlich ein Buch zur Sexualethik, das sich an jüngere Juden wandte und für eine drakonische Sexualmoral der Reinheit, Askese und Keuschheit im Namen der jüdischen Tradition plädierte. Fenichel kritisierte das Buch in Grund und Boden. Der scharfe Ton, den er anschlug, veranlaßte den Herausgeber der Zeitschrift zu einer redaktionellen Bemerkung – man sei in diesem Falle von der üblichen Praxis, Besprechungen nicht von direkt Betroffenen zu erbitten, abgewichen, da es der Redaktion wünschenswert erschienen sei, ein Mitglied der jüdischen Jugendbewegung zu Wort kommen zu lassen.[48] »Im Namen unserer Freundinnen, im Namen des Judentums und im Namen des Geistes«, schrieb Fenichel in der Rezension, »protestieren wir aus tiefster Seele gegen die Gleichstellung von Prostitution und vorehelichem Geschlechtsverkehr.« Die in dem Buch empfohlene Askese begünstige notwendig neurotische Einstellungen, ja sie werde gerade jenen kulturellen Vorstellungen zum Schaden gereichen, die sein Autor zu fördern trachte. »Wir sind jüdische Jugend. Und wir können es weder als jüdisch noch als jugendlich ansehen, uns irgendwelchen Autoritäten blind, nur weil es Autoritäten sind, zu unterwerfen. [...] Keine Tradition mehr gilt uns als heilig! [...] Wir wollen nicht sein, was unsere Väter waren, sondern das, was noch nie gewesen ist. ›Jüdisch‹ sind uns nicht Ghettositten und nicht einmal Sitten des alten Erez Israel, jüdisch ist uns der Kern unserer eigenen Seele in uns, jüdisch ist uns keine Vergangenheit, sondern alle Zukunft!«[49] Fenichel schloß seine Besprechung mit dem Hinweis, daß die wenigen Sätze über Sexualethik in Siegfried Bernfelds *Das Jüdische Volk und seine Jugend* unvergleichlich gründlicher, jüdischer und jugendlicher seien als das ganze von ihm rezensierte Buch. Die ›jüdische Frage‹ war, in der Tat, ein ebenso wichtiges

wie beunruhigendes Thema der Jugendbewegung in
Deutschland und Österreich.[50] Deren – oft verblasene –
Naturmetaphysik und ihre Deutschtümelei kippten immer
wieder um in bösartigen, aggressiven Nationalismus und
Antisemitismus. Das Wiederaufleben des Antisemitismus
nach dem Treffen auf dem Hohen Meißner bewog Bernfeld
zur Gründung einer Vereinigten jüdischen Jugend in Wien.[51]
Mit Unterstützung von Martin Buber rief er 1918 eine
österreichische Konferenz jüdischer Jugendlicher ins Leben.[52] Er gründete ferner eine neue Zeitschrift, *Jerubbaal*,
sowie eine jüdische Jugendorganisation, den »Orden Jerubbaal«. Den Auskünften des Psychoanalytikers Willi Hoffer
zufolge, der Bernfeld bei der Arbeit in einem jüdischen
Kinderheim eine Zeitlang beistand, war *Jerubbaal* mehr als
ein »literarisches Sprachrohr«; es war der »Schlachtruf«
jener Jugend, die sich einer »Sache« verschrieben hatte.[53] In
seinem Einleitungsaufsatz erklärte Bernfeld, die Zeitschrift
wolle die jüdischen Jugendlichen ermutigen, ihre eigentümlichen Werte zu erkennen, zumal die jüdischen Erwachsenen
nichts anderes im Sinn hätten, als ihre Kinder zu vollkom-
menen Bourgeois zu erziehen, während gleichzeitig die
Nichtjuden unaufhörlich die Juden verfolgten und beleidig-
ten.[54] Die Zeitschrift wurde nach einem Jahr eingestellt.
Unklar ist, ob Fenichel dem »Orden Jerubbaal« angehörte;
er war jedoch zweifelsfrei Mitglied einer Nachfolgeorganisa-
tion[55] und Mitarbeiter der Zeitschrift. Sein Beitrag zum
Jerubbaal mit dem Titel »Esoterik« (1919) spiegelt unverkennbar die Zeichen des Expressionismus, Einflüsse Nietzsches und der politischen Unruhen der Zeit nach dem Ersten
Weltkrieg in Deutschland. Fenichel begriff, wie Nietzsche,
den Esoteriker nicht als Mystiker. Der Esoteriker war ge-
heimnisvoll; doch sein Geheimnis war keines der Innerlich-
keit. Die Unannehmlichkeiten in Kauf nahmen und philosophische Strenge nicht fürchteten, die wahrhaft Ernsten und
Aufrichtigen, hatten Zutritt zu diesem Geheimnis. Unzu-

gänglich blieb es allerdings den Philistern und Furchtsamen. Seine wichtigste Lektion bestand in der Verpflichtung zur Aufrichtigkeit, eine Lektion, welche die wirklich Eingeweihten verstanden. Fenichel verfocht nicht den Kniefall vor dem Irrationalen; er suchte nach den Formen und Fundamenten einer offenen, beweglichen Rationalität. Deshalb wandte er sich auch gegen ein konventionelles und akademisches Verständnis von Sozialismus. Eine oberflächliche, schematische und schematisierende Politik sei außerstande, die tieferen Antriebskräfte von Willen und Begehren zu erreichen. Fenichel sah die Politik und die Politiker von tödlicher Routine bedroht. Sobald die Menschen angesichts einer unheilvollen Verfassung der Welt sich selbst zu vergessen begannen, wurden sie nach seiner Meinung zu ihren eigenen Feinden: zu »Politikern«. Politik existiere um der Menschen willen und nicht die Menschen um der Politik willen. Und er zitierte in diesem Zusammenhang die Formel vom Hohen Meißner von der Selbstbestimmung des Lebens »vor eigener Verantwortung, mit innerer Wahrhaftigkeit«. Zwar sei richtig, daß die Menschen etwas zu essen haben müssen, bevor sie ihre kulturellen Fähigkeiten entfalten können. Aber allzu oft diene dieses Argument zur Rechtfertigung kulturellen Desengagements. Man müsse wissen, was man wolle. Es bedürfe einer Orientierung. Rationalismus sei dazu ein Mittel, nicht das Ziel, und Parteiprogramme seien keine Hilfe. Worauf es ankomme, sei »Selbstachtung, Selbstwertung und Selbständerung«. »Aufhören mit Schwindeln vor sich selbst.« »Uns gilt nichts Heiliges mehr. Kein Dogma und kein Überkritisierbares. [...] Nur was der Verstand zu rechtfertigen vermag, hat Daseinsberechtigung.«[56] In dem an Nietzsche und den Expressionismus gemahnenden Tonfall des Aufsatzes »Esoterik« klingen zugleich Gedanken von Alfred Kurella und Gustav Wyneken an. Als deren Wege sich mit dem Fenichels kreuzten, befanden alle drei sich in einem Lebensabschnitt, der für sie wenig typisch war – sie näherten sich damals dem politischen Expressionismus. Heute ist wohl nur Kennern des Kommunismus der Name Kurella bekannt. In seinen mittleren Lebensjahren nahm er die sowjetische Staatsbürgerschaft an und wurde dann ein hochrangiger Funktionär in Ostdeutschland – er hatte sich damit ziemlich weit von den Positionen der Jugendbewegung entfernt.[57] Während des Ersten Weltkriegs jedoch propagierte er die sexuelle Befreiung, den Expressionismus und die Ideen der äußersten Linken. Keineswegs ein konventioneller Marxist, erregte er mehr Aufmerksamkeit durch ein Handbuch für das Gitarrespiel und seine Vorstellungen von freier Liebe als im Klassenkampf. Er beteiligte sich an der Jugendbewegung, entschied sich aber bald für die Politik. Im Jahre 1919 reiste er nach Moskau, begegnete dort Lenin und trat nach seiner Rückkehr in die Kommunistische Partei ein.[58]

Anders als Kurella, der einzig für die sexualreformerische und politische Linke Bedeutung besaß, übte Wyneken erheblichen Einfluß auf die gesamte Jugendbewegung aus.[59] Er war ein Reformpädagoge, der die Freie Schulgemeinde Wickersdorf mitbegründete – im Gegensatz zur vorherrschenden Einstellung der deutschen Pädagogik war diese Schule entschieden demokratischen und humanitären Werten verpflichtet. Wyneken war jedoch mehr als ein lokal bedeutsamer Erneuerer des Erziehungswesens, nämlich ein eindrucksvoller Redner und Propagandist. Er war maßgeblich beteiligt am Entwurf einer »Jugendkultur«, in der er eine sinnvolle und autonome Alternative zur Welt der Erwachsenen und der Philister erblickte. Durch Wyneken fand der linke Flügel der Jugendbewegung seine Sprache und sein Programm, obwohl Wyneken selbst kein Sozialist war.

Gegen Ende des Krieges, in einer Atmosphäre allgemeiner Irritation und Unruhe, verwischten sich die Grenzen zwischen den Programmen der Erziehungsreform, der sexuellen Befreiung und der kulturellen Emanzipation zugunsten gemeinsamer Projekte. Als die Schulverwaltung Wyneken maßregelte und entließ, wurde er von Kurella in Schutz genommen.[60] Beide wandten sich nun der expressionistischen Linken zu. Beide standen in Verbindung mit der Zeitschrift *Der Aufbruch*, die offen gegen die Fortsetzung des Krieges und für die Freiheit der neuen Kunst Stellung bezog. Zu ihren Mitarbeitern zählte auch der Anarchist Gustav Landauer, der später, während der Revolution in Bayern, ermordet wurde.[61]

Konventionelle Vorstellungen von Geist und Politik, Liebe und Klassenkampf vermögen den Interessen von Kurella und seinen Mitstreitern nicht gerecht zu werden. Sie suchten die Jugendbewegung auf sozialistische und, später, kommunistische Werte einzuschwören in der Annahme, die Jugend stelle selbst eine gesellschaftliche Klasse dar, die sich gegen das Bürgertum wendete.[62] Doch auch hinter ihrem politischem Vokabular stand die Sprache der Jugendbewegung. Wenn Kurella forderte, die Jugend solle sich auf die Seite des Proletariats schlagen[63], dann war sein Ziel nicht der Sozialismus, sondern die »Gemeinschaft«.[64] Die Gruppe, der er sich anschloß, die »Entschiedene Jugend«, träumte nicht von einem proletarischen Staat, sondern verlangte nach einer Partei der Jugend.[65] Politik und Kultur wurden in einem innigen Zusammenhang gesehen. Entscheidende Themen, die nachmals Marxisten wie Lukács und Karl Korsch beschäftigten, hat der radikale Teil der Jugendbewegung vorweg formuliert: Politische Veränderung, sofern sie nicht auch die menschlichen und kulturellen Beziehungen ergreift, bleibt leer und blind. Und: Die Änderung dieser Beziehungen kann nicht bis zum Sieg der sozialistischen Revolution vertagt werden.

Kurella und seine Freunde hielten politischen und sozialen Wandel in gleichem Maße für erforderlich. Kurella sprach von einem »neuen Menschen« und einer kulturellen Umwälzung, welche die politische Umstrukturierung begleiten, ihr

möglichst voraufgehen sollte.[66] Solche Ideen waren in der
»Entschiedenen Jugend«, die sich später der Kommunistischen Partei angliederte, an der Tagesordnung. »Die kulturellen Bestandteile der kommunistischen Gesellschaft dürfen
und können nicht bis zum politisch-ökonomischen Sieg des
Kommunismus warten«, stellte das Programm der »Entschiedenen Jugend« fest. Die Bourgeoisie kündige ihre zukünftigen politischen Siege stets durch kulturelle Innovatio-
nen an, und die Kommunisten hätten diesem Beispiel zu
folgen.[67]

Zu den Grundelementen des Freiheitsverlangens, auf die
nicht verzichtet werden durfte, zählte eine Sexualreform. In
dieser Frage lehnte sich Fenichel eng an Kurella an, der,
unbeschadet seiner linksradikalen Ansichten, eine Art sexueller Mystik befürwortete, die er aus dem Begriff einer
»Körperseele« entwickelte. In Berlin und Wien predigten
Anhänger Kurellas sexuelle Emanzipation und freie Liebe[68],
und in Zeitschriften der Jugendbewegung sowie in expressionistischen Organen erläuterte er selbst diese nahezu reli-
giöse Lehre.[69] Kurella polemisierte gegen sexuelle Askese,
die in Kreisen der Jugendbewegung hohes Ansehen genoß –
die natürlichen Triebe der Menschen sollten ungehindert
zum Ausdruck gelangen, was jedoch nicht Promiskuität
bedeute, denn körperliche Vereinigung sei von geistiger und
seelischer Berührung untrennbar. Obwohl Kurella der sexuellen Emanzipation, insbesondere der vorehelichen Sexualität vehement das Wort redete, drohte das Thema der Befreiung in den mystischen Dimensionen seiner Lehre zu verschwinden.

Fenichel sympathisierte mit den Vorstellungen Kurellas und
schloß sich dessen Kreis an. In einer von Kurella herausgegebenen Schrift bezeichnete er unumwunden die Lehre von
der »Körperseele« als Wendepunkt in der Geschichte der
Jugendbewegung. Vor Kurella habe die Jugendbewegung die
Worte von der »eigenen Bestimmung« und der »inneren

Wahrhaftigkeit«, die in der Formel vom Hohen Meißner enthalten sind, nicht wirklich ernstgenommen. Die Literatur zur Sexualität bestehe bis auf wenige Ausnahmen aus Albernheiten. Kurella erst fordere die Jugend auf, das zu werden, was sie ist. Fenichel zitierte ihn mit den folgenden Worten: »Denn nur wenn wir wagen, auszusprechen und in der Tat zu erfüllen, was ist, wenn wir unser ganzes Sein auf uns nehmen [...], werden wir den ersten Schritt in ein neues Land tun.«

Fenichel übersetzte die Formel vom Hohen Meißner in die Sprache der Sexualtheorie. Innere Wahrhaftigkeit, eigene Bestimmung und eigene Verantwortung bekamen so einen subversiven Sinn. Jede ernsthafte Überprüfung der Formel, so meinte Fenichel, münde zwangsläufig in einen Appell zur »Transformation der Sexualität«. Kurella habe den Weg gewiesen, nun sei es nötig, den nächsten Schritt zu tun und die Theorie mit den Tatsachen in Übereinstimmung zu bringen. Eigene Bestimmung bedeute Bestimmung der eigenen Sexualität. Es gebe keine transzendenten ethischen Normen. Die Sexualität sei relativ, komplex und einzigartig. Solange die Gesellschaft keinen Schaden nehme, sei jedes Sexualverhalten, seien auch nicht-monogame Beziehungen zu akzeptieren. Nicht die Sexualität, vielmehr die Askese sei zerstörerisch: »Die Umwertung der Sexualität allein kann unserem heutigen krankhaften Zustand Abhilfe verschaffen.«[70]

Ein Text mit dem bescheidenen Titel »Gedanken zu Luserkes Buch« beschloß in Fenichels Laufbahn jene Periode, die mit dem Aufsatz »Esoterik« begonnen hatte. Er signalisiert Fenichels Abschied von den Tätigkeiten und Hoffnungen seiner Jugend, die letzte schriftliche Explikation revolutionärer Ansinnen. Luserke, ein Reformpädagoge, war der Nachfolger Wynekens in Wickersdorf.[71] Sein Buch, das Fenichel Anlaß zu einer Stellungnahme bot, war durch und durch von der bereits vergangenen Revolution in Deutsch-

land gekennzeichnet: »Wir wollen keine solche Reform, wir
wollen Revolution der Schule.«[72] Doch Fenichel erwähnte
das Buch nur beiläufig. Dem Geist seines Aufsatzes »Esoterik« folgend ist die Besprechung eine Meditation im Sinne
Nietzsches über die Ereignisse in Deutschland. Sie gelangt
zu dem Schluß, daß während der letzten neun Monate die
Hoffnungen der Jugend zerstoben seien, die zwar den Krieg
ertragen habe, aber an dieser großen Enttäuschung zugrunde
gehen werde. Was geschah, so fragte er, seit dem November
1918, als die Jugend an Gustav Landauer, die Revolution
und die Macht des Geistes geglaubt hatte? Alles endete mit
Morden, Gerichtsverfahren und Gustav Noske.[73]
Auch die »Gedanken zu Luserkes Buch« bekunden Unzufriedenheit mit der konventionellen, ja sogar mit der radikalen Politik. Fenichel schrieb hier nicht nur die Politik ab,
sondern er erklärte kategorisch politische Wandlungen für
nicht ausreichend. Revolutionäre müßten ebenso sich selbst
wie die gesellschaftlichen Zustände verändern. Erneuerung
finde nur dann statt, wenn sie sowohl die kulturellen Symbo-
le als auch die Subjekte durchdringe. In einem Artikel von
Eckart Peterich über Luserkes Buch wurde ähnlich Bilanz
gezogen: »Als die Revolution ausbrach, traten wir Anhänger
Wynekens und der Jugendkulturbewegung in ihre Reihen
ein«; doch alle Anstrengungen waren vergebens. »Wir
wandten uns den revolutionären Parteien zu und versuchten,
deren Schulprogramme maßgeblich zu beeinflussen«; aber
eine Niederlage folgte der anderen. Auch Peterich ver-
knüpfte mit der Arbeit von Luserke die Hoffnung auf
Wiederherstellung des authentischen Sozialismus von Landauer und Marx.[74]
In seiner Rezension des Buches zeichnete Fenichel ein düste-
res Bild vom zeitgenössischen Deutschland. Verzweiflung,
Chaos und Galgenhumor beherrschten die Öffentlichkeit.
Nach der betäubenden Verausgabung von Energien griffen
nun Enttäuschung und Resignation um sich. Doch Fenichel

warnte davor, sich durch Rufe wie »Lang lebe die Revolution!« von der Aufdeckung der Wahrheit ablenken zu lassen. Für den Zusammenbruch machte er nicht ausschließlich die Behörden und die Polizei verantwortlich. Die Ursachen seien ebensowohl innerliche wie äußerliche: Mehr als durch Noske werde jeder durch sich selbst besiegt. Fenichel beschrieb nicht das Ende der Politik, sondern das Ende der konventionellen Politik. Er wünschte eine Erneuerung des Erziehungswesens und der Utopie, der Bemühungen, die Menschheit selbst zu verändern. »Nicht die Bolschewiken sind radikal, aber Luserkes Buch ist es. [...] Die neue Erziehung schafft den neuen Menschen und dieser erst die neue Welt.«[75]

In einer Passage in den »Gedanken zu Luserkes Buch« ist Fenichels Position kurz und bündig dargelegt. Obwohl in ihr Marx nicht zitiert wird, scheint sie dessen Prinzipien zu entsprechen. Sie faßt die Erfahrungen der Jugendbewegung anschaulich zusammen. Der junge Marx hatte geschrieben: »Radikal sein ist die Sache an der Wurzel fassen. Die Wurzel für den Menschen ist aber der Mensch selbst.« Und Marx fuhr fort, die Kritik der Religion müsse notwendig zum Umsturz der Verhältnisse führen, die den Menschen erniedrigen.[76]

Monate nach der Niederlage der Revolution in Deutschland und 75 Jahre nach den Bemerkungen von Marx modifizierte Fenichel deren Akzent. Marx hatte die utopischen Pädagogen kritisiert; Fenichel kehrte zu ihnen zurück: »Keine Revolution ändert etwas am Wesen, solange sie nur die Institutionen ändert und nicht auch die Menschen, die in diesen Institutionen leben sollen. Sind diese Funktion jener, so doch auch jene dieser! Die Weltänderung sei radikal, sie greife an den Wurzeln an. Die Wurzel ist der Mensch. Die Änderung des Menschen ist die Erziehung. So ist uns der Weg gegeben.«[77]

KAPITEL III

Das Berliner Institut:
Die Politik der Psychoanalyse

Als Fenichel 1922 von Wien nach Berlin übersiedelte, um seine psychoanalytische Ausbildung zu beenden, geriet er in eine Atmosphäre scharfer politischer Auseinandersetzungen und explosiver sozialer Konflikte. Vom Ende des Ersten Weltkriegs bis zum Brand des Reichstags wurde die Weimarer Republik von Gewalttätigkeiten heimgesucht. Während ihrer fünfzehnjährigen Existenz von 1918 bis 1933 kam es immer wieder zu politischen Attentaten und zu Putschversuchen, die die liberal Gesinnten in Angst und Schrecken versetzten, sowie zu ökonomischen Krisen, unter denen die Arbeiterschaft und die Mittelschichten schwer litten. 1922 entsprach ein Dollar 4500 Mark; 1923 hatte er einen Wert von 4,2 Billionen Mark. Zwar erholte sich die Wirtschaft, nicht aber das Volk. Nach weiteren sieben Jahren fügte die nächste ökonomische Katastrophe, die Weltwirtschaftskrise von 1929, der vom Krieg verängstigten Bevölkerung ein schweres Trauma zu.

Es war in jenen Jahren nicht möglich, sich vom öffentlichen Leben fernzuhalten. In dem Maße, wie sich in den frühen dreißiger Jahren die ökonomische Lage verschlechterte und die Nazis mehr und mehr Zulauf erhielten, wurden selbst diejenigen in die Konflikte hineingezogen, die der Politik gewöhnlich indifferent gegenüberstanden. Es ging um etwas, das jedermann unmittelbar einsichtig war: die Erhaltung der Demokratie. Neutralität in dieser Auseinandersetzung war kaum möglich. Und die jungen politisch engagierten Psychoanalytiker, die bereits die Jugendbewegung, den Ersten

Weltkrieg und die Nachkriegsrevolutionen erlebt hatten, mußten daran schwerlich erinnert werden. Sie hatten sich der Psychoanalyse zugewandt, um die Welt zu reformieren. Als die Weimarer Republik dem Nationalsozialismus, dem Zusammenbruch oder einer Revolution entgegentrieb, versuchten sie – Fenichel, Reich, Bernfeld, Fromm und Dutzende anderer –, die politischen Gehalte ihrer Disziplin zu präzisieren. Sie trafen in Berlin zusammen. Die politisch und kulturell spannende und gespannte Atmosphäre dieser Stadt übte in den Jahren nach 1920 eine große Anziehung aus. Auch erleichterte die geographische Entfernung zu Freud die Entwicklung theoretischer und politischer Häresien, die in seinem unmittelbaren Einflußbereich wohl rasch gebrochen worden wären. Ein aus Berlin stammendes Analytiker-Ehepaar hat einprägsam beschrieben, wie gründlich in Wien die Schüler Freuds vom Schatten des Giganten bedeckt waren. In Berlin dagegen hatten aufmüpfige Analytiker das Gefühl, frei zu sein.[1] Viele der Berliner Analytiker wurden später tatsächlich zu Dissidenten – unter ihnen Karen Horney, Franz Alexander und Melanie Klein –, während die Wiener theoretisch (und politisch) konservativ blieben – so etwa Heinz Hartmann, Robert Waelder und Ernst Kris. Wilhelm Reich, der von Wien nach Berlin wechselte, hielt die Berliner Analytiker in sozialen Fragen für weitaus progressiver als die Wiener.[2]

Das von Anhängern Freuds 1920 in Berlin gegründete Institut war älter als das entsprechende Institut in Wien.[3] Studenten aus allen Teilen der Welt bewarben sich am Berliner Institut, das einen hervorragenden Lehrkörper besaß, dem neben Karl Abraham auch Otto Fenichel und Melanie Klein angehörten.[4] Als Zentrum psychoanalytischer Ausbildung konnte Wien mit Berlin niemals konkurrieren; erst nach der Machtergreifung Hitlers verlagerte sich der Schwerpunkt psychoanalytischer Aktivität für kurze Zeit nach Wien.[5]

Auszeichnendes Merkmal des Berliner Psychoanalytischen

Instituts war seine gesellschaftliche und politische Offenheit
– von Anfang an herrschte ein fast missionarischer Gemein-
sinn. Es sollte auch jenen Bevölkerungsschichten das Tor
zur Therapie öffnen, denen die finanziellen Mittel dazu
fehlten. Anläßlich seines zehnjährigen Bestehens bemerkte
Freud, das Berliner Institut habe es unternommen, »unsere
Therapie jener großen Menge von Menschen zugänglich zu
machen, die unter ihren Neurosen nicht weniger leiden als
die Reichen, aber nicht im Stande sind, die Kosten ihrer
Behandlung aufzubringen«.[6] Dieses Vorhaben war mehr als
nur der rituelle Ausdruck öffentlicher Wohltätigkeit. Max
Eitingon und Ernst Simmel, die Gründer des Instituts, waren sozial denkende Männer. Sie wollten verhindern, daß in
den Genuß einer Kur lediglich vermögende Neurotiker kamen. Simmel selbst war Sozialist, und auch seine Aktivitäten
stellen die engen Verbindungen zwischen Sozialismus und
Psychoanalyse unter Beweis.
Obwohl er fünfzehn Jahre älter war als Fenichel, verlief
Simmels Leben im großen und ganzen wie das seines jüngeren Mitarbeiters.[7] Von der Gründung des Berliner Instituts
und des ersten psychoanalytischen Sanatoriums im Schloß
Tegel bis zum Vorsitz des Vereins Sozialistischer Ärzte
stand Simmels Tätigkeit unter sozialistischen Vorzeichen.[8]
Wie Fenichel starb er in Kalifornien, und wie die anderen
politisch engagierten Freudianer trat er in den Vereinigten
Staaten politisch wenig in Erscheinung. Gegen Ende seines
Lebens organisierte er ein Symposium über den Antisemitis-
mus als »soziale Krankheit«, vielleicht die letzte große Ver-
sammlung der politisch orientierten Freudianer, die übrigens
Simmel, Fenichel und Bernfeld mit Max Horkheimer und
Th. W. Adorno zusammenbrachte.[9]
Freud schätzte Simmel sehr und trug ihm die Mitgliedschaft
in seinem ersten »Komitee« an. »Wirklich wüßte ich [...] in
Berlin niemand, der durch die Echtheit und Intensität seiner
Gesinnung die Aufnahme in jenen Kreis – wenn er noch

bestünde – so verdienen würde wie Sie.«[10] Von einem der
häufigen Besuche Freuds in dem außerhalb Berlins gelege-
nen Sanatorium Simmels gibt es eine schöne Geschichte, die
Freud als sarkastischen Sozialkritiker zeigt. Simmel berichtet: »Als wir einmal über das Gelände des Sanatoriums
gingen, gelangten wir zu der Stelle, an der ein großer Schä-
ferhund angekettet war. Ich wußte, daß er bösartig war und
nur nachts freigelassen wurde, um das Grundstück zu bewa-
chen. Ich warnte Freud davor, sich ihm zu nähern. ›Bleiben
Sie bitte von dem Hund weg, Herr Professor. Er ist sehr
bösartig.‹ Freud schenkte mir ein mildes mahnendes Lä-
cheln, ging ruhig auf den Hund zu und ließ ihn frei. Während das riesige Tier dankbar an dem eher zarten Gelehrten
emporsprang und er seinen neuesten Anhänger liebevoll
tätschelte, sagte Freud zu mir: ›Wenn Sie ihr Leben lang an
der Kette lägen, wären Sie auch bösartig!‹«[11]
Ein Vortrag, den Freud 1918 hielt, ist die wohl schärfste
Mahnung an die gesellschaftliche Verpflichtung der Psychoanalyse; er regte Simmel und Eitingon zur Gründung des
Berliner Instituts an. Freud behauptete, daß die große Masse
der Menschen ebensosehr unter Neurosen leide wie die
kleine Zahl Wohlhabender. Die Notwendigkeiten der eigenen Existenz beschränkten die Arbeit der Analytiker auf die
Klasse der Besitzenden. Doch: »Irgend einmal wird das
Gewissen der Gesellschaft erwachen und sie mahnen, daß
der Arme ein ebensolches Anrecht auf seelische Hilfelei-
stung hat wie bereits jetzt auf lebensrettende chirurgische.«
Die »phantastische« Vorstellung, die Freud daran knüpfte,
war die einer künftig kostenlosen psychoanalytischen Behandlung.[12]
Daß Freud 1918 diese Vision ausgerechnet in Budapest beim
Namen nannte, geschah vielleicht nicht ganz zufällig. Wie
im übrigen Europa gab es damals auch in Ungarn Anzeichen
eines revolutionären Wandels. Wenige Wochen nach Freuds
Vortrag wurde in Budapest die Republik ausgerufen; wenige

Monate später sandte Lenin der ungarischen Sowjetrepublik
seine Grüße. Lenin mag nicht geahnt haben, daß die ungari-
sche Sowjetrepublik Ferenczi eine Stelle an der Universität
Budapest antrug, die erste akademische Berufung in der
Geschichte der Psychoanalyse.[13] Die Ernennung währte jedoch nicht länger als das Regime – nämlich etwa hundert
Tage.

Dem Vorbild von Freuds Traumphantasie folgend gründe-
ten Simmel und Eitingon das Berliner Institut, um minder
Begüterten eine psychoanalytische Behandlung zu ermög-
lichen.[14] Eitingon beklagte später, in einer Sprache, welche
die etablierte Psychoanalyse nie wieder gebrauchte, den
Rückgang der wirklichen »Proletarier« und den Anstieg der
bürgerlichen Intellektuellen unter den Patienten des Instituts.[15] Schon Ernest Jones beobachtete, daß das Institut zwar
ursprünglich den Armen diente, aber sein Augenmerk allmählich zunehmend auf die Ausbildung von Psychoanalytikern richtete.[16]

Obwohl sich das Institut liberale und soziale Wertvorstel-
lungen zu eigen gemacht hatte, meinten sich die jüngeren
Analytiker durch seinen Formalismus und durch seine hier-
archische Struktur an offenen politischen Diskussionen ge-
hindert. Aus diesem Grund organisierte Fenichel, der dem
Lehrkörper angehörte, ein Seminar außerhalb des Instituts:
das sogenannte »Kinderseminar«, ein Betätigungsfeld der
jüngeren Dissidenten unter den Analytikern[17], auf dem,
nach Fenichels eigenen Worten, eine »völlig kameradschaft-
lich-demokratische Ordnung« galt.[18] Diese Einrichtung
währte ebensolange wie das Institut, genauer: bis die meisten
der Analytiker vor dem Nationalsozialismus flüchteten.

Über den Ursprung des Seminars gibt es unterschiedliche
Darstellungen. Nach Simmels Schilderung bot Fenichel ein
Seminar an, das von einigen der älteren Analytiker wegen
seiner Engführung auf den Zusammenhang von Psychoanalyse und Sozialismus kritisiert wurde. Fenichel habe die

Kritik zurückgewiesen und einige jüngere Lehranalytiker und Ausbildungskandidaten zu Protesten ermuntert. »Seine Reaktion war: ›Was soll's? Wenn ihnen unsere Art nicht paßt, dann werden wir uns wie unartige Kinder benehmen.‹ Von da ab war das Seminar unter dem offiziellen Titel ›Kinderseminar‹ bekannt.«[19] In Fenichels eigener Darstellung klingt die Geschichte anders: Eitingon sei der Meinung gewesen, die jüngeren Ausbildungskandidaten könnten von Diskussionen außerhalb des offiziellen Lehrplans profitieren. Fenichel habe diesen Vorschlag aufgegriffen, und im November 1924 sei das »Kinderseminar« zum ersten Male zusammengetreten.[20]

Fenichel und Harald Schultz-Hencke dominierten das Seminar.[21] Man versammelte sich im Abstand von jeweils ein paar Wochen in den Privatwohnungen der Teilnehmer. Nach Fenichels sorgfältigen Aufzeichnungen fanden 168 Treffen statt, bei denen die Zahl der Teilnehmer zwischen 5 und 20 schwankte. Der Titel des Vortrags, den Fenichel im Oktober 1933 auf dem letzten Treffen vor der Auflösung der Gruppe hielt, spricht für sich: »Psychoanalyse, Sozialismus und die Aufgaben der Zukunft«. Kollegen, die mit Fenichel eng zusammenarbeiteten, nahmen an dem Seminar teil: die Ehepaare Reich und Bornstein, Francis Deri, Edith Jacobson, Barbara Lantos, Kate Friedländer, Erich Fromm u. a.

Das »Kinderseminar« vertrat kein eigentümliches politisches Konzept. Zumindest lassen die Titel der Vorträge und die Themen der Diskussionen keine genaue politische Ausrichtung erkennen. Die Zwanglosigkeit und die Meinungsverschiedenheiten innerhalb des Seminars beförderten jedoch die Bildung einer kleinen und im engeren Sinn politisch orientierten Gruppe – nach Angaben von Edith Jacobson spaltete sich eine linke Fraktion vom »Kinderseminar« ab und organisierte private Zusammenkünfte; sie zählte neben Jacobson Fenichel selbst, das Ehepaar Reich, Fromm und Gero zu ihren Mitgliedern. »Wir beschäftigten uns insbe-

sondere mit therapeutischen ›Charakter‹-Problemen, erör-
terten Reichs Theorien sowie sozio-psychologische Fragen.«[22]

Unter dem Druck der politischen Verhältnisse wurden die
Diskussionen der Psychoanalytiker zunehmend mehr als
bloß ein unterhaltsamer geistiger Zeitvertreib. Der ökonomische Kollaps 1929 und die Drohung des Nationalsozialismus ließen die Gespräche und ihre Teilnehmerschaft nicht
unberührt. »Berlin befand sich in einem Zustand des Bürger-
kriegs«, schrieb Isherwood in *The Berlin Stories*. Die ökonomische Depression hatte verheerende Auswirkungen in
Deutschland und gab den Nationalsozialisten Auftrieb.
Mehr als die Hälfte der Arbeitskräfte war ohne Beschäftigung. 1930 wurden die Nationalsozialisten zur zweitstärk-
sten Partei und errangen sechseinhalb Millionen Stimmen.
Die Krise trieb viele Intellektuelle nach links. »Die Reichs-
hauptstadt fieberte«, erinnerte sich Gustav Regler in *Das
Ohr des Malchus*. »Wir wohnten in einem Block, der mit
Hilfe von Subventionen gebaut und nur für Künstler bestimmt war. Es waren billige Wohnungen, und doch be-
zahlte kaum einer seine Miete. [...] Die Künstler aßen von
Seifenkisten, über die sie Zeitungen gebreitet hatten. [...]
Man mußte das allgemeine Elend so nah gesehen haben, um
nur zu leicht einer revolutionären Idee zu verfallen. Es gibt
keine komplizierte, etwa ideologische Erklärung meines
Beitritts zur Kommunistischen Partei. Alle Sicht wurde
vereinfacht zu dem einen Satz: So kann es nicht weiter-
gehen!«[23]

Aber es ging so weiter. Und in dieser Atmosphäre trafen sich
Reich, Fromm, Fenichel, Bernfeld und andere, um über die
politische Bedeutung der Psychoanalyse nachzudenken. Seit
den frühen Versuchen von Gross oder Federn hatte sich die
Lage drastisch verändert. Regelmäßig traten nun Gruppen
politisch engagierter Psychoanalytiker zusammen. Eröffnet
wurden die neuen Bemühungen um eine politische Psycho-

analyse von Bernfeld. Sein Buch *Sisyphos oder die Grenzen der Erziehung* (1925) sprach vielen Analytikern, die sich gegen die Orthodoxie auflehnten, aus dem Herzen: »Nicht die Marxisten und die Freudianer, sondern Marx und Freud«[24] hatten recht.

In der kleinen Berliner Welt der Psychoanalyse bildeten die politisch engagierten Freudianer eine enge Gemeinschaft. Die Namen derjenigen, die 1926 bei einem Vortrag von Bernfeld versammelt waren, lassen das dichte Netz ihrer Beziehungen erahnen – Bernfeld sprach vor dem Verein Sozialistischer Ärzte über »Sozialismus und Psychoanalyse«; Ernst Simmel und Barbara Lantos beteiligten sich an der Diskussion. Bernfeld, Simmel und Lantos arbeiteten mit Fenichel zusammen. Mit Bernfeld war Fenichel seit vielen Jahren bekannt. Lantos schloß sich Fenichels innerem Kreis an und war später eine der Empfängerinnen der *Rundbriefe*. Simmel war ein Freund Fenichels und ermöglichte es diesem schließlich, in die Vereinigten Staaten zu emigrieren. Fenichel selbst schrieb nach der Veröffentlichung des Vortrags eine Rezension, in der er Bernfeld dafür lobte, die »Probleme« unvergleichlich genauer als seine Vorgänger erkannt zu haben.[25]

Ab 1930 waren sämtliche Mitglieder der Gruppe Fenichels in Berlin versammelt und nahmen an den Aktivitäten der politisch engagierten Freudianer teil. Edith Jacobson hatte ihre medizinische Ausbildung in München abgeschlossen und war nach Berlin übergesiedelt, um eine Lehranalyse zu beginnen.[26] Annie Reich, die mit Fenichel in der österreichischen Jugendbewegung tätig gewesen war, lebte mit ihrem Mann, Wilhelm Reich, in Berlin.[27] Kate Friedländer hatte ihr Medizinstudium beendigt und war 1926 dem Berliner Institut beigetreten.[28] Der Ungar George Gero hatte zwar 1924 seine analytische Ausbildung in Berlin begonnen, sie jedoch unterbrochen, um Philosophie zu studieren; 1930 kehrte er an das Berliner Institut zurück.[29] Die übrigen Ungarn, Bar-

bara Lantos[30] und Edith Ludowyk Gyömröi[31], waren ebenfalls über Wien nach Berlin gekommen.

In Berlin sah man sich alsbald mit der schwierigen politischen Situation in Deutschland konfrontiert und mußte
einige schwierige Entscheidungen treffen. Denn nicht nur
hatte die Bedrohung durch die Nationalsozialisten zuge-
nommen, sondern Sozialdemokraten und Kommunisten be-
kämpften sich jetzt gegenseitig. Die Kommunisten richteten
wütende Angriffe gegen die Sozialdemokraten. In dieser
Lage mußten die politisierten Psychoanalytiker zwischen
Sozialdemokraten und Kommunisten wählen.

Viele der Berliner Analytiker, so etwa Simmel und Bernfeld,
näherten sich den Sozialdemokraten an[32], die um Reich und
Fenichel hingegen neigten der Kommunistischen Partei zu.
Reich wurde Parteimitglied. Auch Barbara Lantos ist vermutlich der Partei beigetreten; sie hatte einen Kommunisten
geheiratet, der nach dem Zusammenbruch der ungarischen
Räterepublik in die Sowjetunion geflohen war. Edith L.
Gyömröi, die das Berliner Institut zunächst als »zu rot«
abgelehnt hatte, wurde ebenfalls Mitglied der Kommunistischen Partei und dann, wie Wilhelm Reich, während der
ersten Jahre des Exils aus der Partei ausgeschlossen.[33] Ungeklärt ist, ob Edith Jacobson und Kate Friedländer in die
Partei eingetreten sind.

Wenn sich Fenichel von einem radikalen Anhänger der
Jugendbewegung und Sozialisten zum Kommunisten entwickelt hätte, wäre dies nicht überraschend gewesen. Doch
es ist nicht sicher, ob er sich je der Kommunistischen Partei
angeschlossen hat. Die letzte Arbeit von ihm, die noch auf
die Jugendbewegung anspielt, der Aufsatz »Psychoanalyse
und Metaphysik« aus dem Jahre 1923, handelt von dem
Entwurf einer neuen Ethik[34]; die erste Arbeit von ihm, die
sich mit dem Zusammenhang von Psychoanalyse und Sozialismus beschäftigt, stammt von 1928. Doch selbst wenn sich
Fenichel in den folgenden Jahren der Kommunistischen

Partei nicht angeschlossen hat, so sympathisierte er jedenfalls mit ihrer Politik und mit der Sowjetunion – ein »fellow-
traveller«.
Mehrmals besuchte er die Sowjetunion. Nach einem dieser
Aufenthalte veröffentlichte er einen knappen Bericht über
seine Eindrücke in einer Strafanstalt für Jugendliche, Bolschewo, außerhalb von Moskau. Bolschewo unterschied sich
nach seiner Meinung grundlegend von ähnlichen Einrich-
tungen in kapitalistischen Ländern. Es sei unverkennbar, wie
angenehm die Organisation des Lebens dort sei. Die jungen
Leute in Bolschewo seien voller Eifer und Stolz. Es herrsche
dort eine Atmosphäre der Freiheit und des gegenseitigen
Wohlwollens.[35]
Mit seinem Enthusiasmus für Bolschewo befand sich Fenichel in hervorragender Gesellschaft. Eine ganze Armee
westlicher »fellow-travellers« schlenderte durch dieses
Schaufenstergefängnis, das die Sowjets ihnen offerierten.
André Gide, Sidney und Beatrice Webb, Harold Laski und
viele andere berichteten mit warmen Worten von dem alltäg-
lichen Kommunismus in Bolschewo. Gide stellte fest, daß
»nichts lehrreicher, beruhigender und ermutigender sein
könnte als dieser Besuch«.[36] In ihrem Buch *Soviet Communism: A New Civilization* gelangen Sidney und Beatrice
Webb zu dem Schluß, Bolschewo komme dem Ideal »einer
Behandlung jugendlicher Strafgefangener« näher »als irgend
etwas anderes auf der Welt«.[37] Aber Bolschewo war ein
inszenierter Bluff für westliche Besucher.[38] Nur wenige von
ihnen mochten das wahrhaben. David Caute bemerkt in
seiner Untersuchung *The Fellow-Travellers*, »daß die Mehrzahl der Besucher direkt nach Bolschewo mit seinen Mo-
dellfabriken, Büchereien und Erziehungswerkstätten geführt
wurden. [...] Erst nach seiner Rückkehr nach Frankreich
entdeckte Gide, daß Bolschewo von privilegierten Spitzeln
bevölkert war«.[39]
Seit Beginn der dreißiger Jahre beschäftigte sich Fenichel mit

den Problemen einer marxistischen Psychoanalyse. Er hielt
wiederholt Vorträge über die gesellschaftlichen Implikationen der Psychoanalyse vor linksorientierten analytischen
Gruppen, der Psychoanalytisch-Marxistischen Gruppe, der
Analytisch-Marxistischen Gruppe und dem Marxistisch-
Analytischen Arbeitskreis. Fenichels letzter Vortrag in Berlin, bevor er ins Exil ging, handelte von dem Verhältnis
zwischen Psychoanalyse und Sozialismus; der Titel seines
ersten Vortrags in Oslo lautete »Psychoanalyse und Marxismus«.

Die Schriften, die er in dieser Periode veröffentlichte und in
denen sich seine Interessen widerspiegeln, sind nicht um-
fangreich. Zu ihnen gehören eine Rezension der Sonder-
nummer einer psychoanalytischen Zeitschrift, die der Politik
gewidmet war, ein Aufsatz über Erich Fromm und mehrere
Besprechungen der Arbeiten von Wilhelm Reich. Der erste
Artikel über die Psychoanalyse der Politik bezichtigt René
Laforgue der unlauteren Vermengung psychoanalytischer
und politischer Gedankengänge – Laforgue habe zwischen
dem Individuum und der Gesellschaft nicht unterschieden;
er rechtfertige soziales Elend und autoritäre Strukturen im
Namen eines Sadomasochismus der Massen.[40] Ein längeres,
unpubliziertes Manuskript von Fenichels Kritik an Laforgue
zeigt deutlich konventionelle marxistische Argumentations-
muster und, in der Verteidigung der Sowjetunion, nahezu
parteioffizielle Vorurteile.

Mit besonderer Anteilnahme hat Fenichel die Arbeiten von
Fromm und Reich verfolgt. So rühmte er beispielsweise
Fromms programmatischen Aufsatz, der den Untertitel trägt
»Bemerkungen über Psychoanalyse und Historischen Materialismus« und in der Zeitschrift für Sozialforschung erschienen war[41]: Fromms Denkansatz sei für eine gesellschaftlich
interessierte Psychoanalyse von grundlegender Bedeutung.
Wenn man den Einwand erhebe, es sei für »soziologisch
neutrale« Psychoanalytiker nicht möglich, sich auf den noch

umstrittenen historischen Materialismus festzulegen, dann müsse auch die Gegenfrage gestellt werden, wie eine soziale Arbeit der Psychoanalyse ohne gesellschaftliches Engagement möglich sein solle.[42]

Regelmäßig rezensierte Fenichel Reichs Schriften, wobei er Lob oft durch Kritik dämpfte. Das Buch *Der triebhafte Charakter*, 1925 erschienen, hielt er für außerordentlich anregend; unglücklicherweise leide es an vielen Stellen unter formaler und terminologischer Ungenauigkeit.[43] In den frühen dreißiger Jahren ließ Fenichel keinen Zweifel daran, daß er im wesentlichen mit Reichs Position übereinstimmte. Reich, so stellte er fest, besitze den Mut, den Verbindungen zwischen Sexualmoral und dem kapitalistischen System nachzuspüren.[44] Und dessen Buch *Geschlechtsreife. Enthaltsamkeit. Ehemoral* nannte er den ersten »Versuch, psychoanalytische Erkenntnisse zur marxistischen Kritik der gesellschaftlichen Sexualordnung heranzuziehen«.[45] In einer ausführlichen Rezension zu *Die Funktion des Orgasmus* bekräftigte Fenichel jedoch nicht nur die Thesen von Reich, sondern verwies zugleich auf Differenzen, die später zum Zerwürfnis der beiden führen sollten. Die klinische Darstellung hielt er für gelungen, die theoretische Deutung für unzulänglich. Nach Fenichels Auffassung entwarf Reich ein unvollständiges Konzept der Angst; er verzichte zu schnell auf eine psychologische zugunsten einer somatischen und biologischen Erklärung. Auch Reichs These, das Proletariat leide unter geringeren sexuellen Verdrängungen als die herrschende Klasse, fand Fenichel nicht einleuchtend. Daß der Sadismus der herrschenden Klasse auf deren eigener sexueller Verdrängung beruhe und daß diese die Unterwerfung des Proletariats erleichtere, sei, so Fenichel, kein ernstzunehmendes soziologisches Argument. Er stellte die Frage, »ob [...] Reich nicht wieder etwas übertreibt, wenn er befriedigenden Sexualverkehr für eine *conditio sine qua non* seelischer Gesundheit ansieht. [...] Es gibt Menschen, die ohne

besondere neurotische Störungen sexuell unbefriedigt leben,
ja es scheint uns, als ob die Fähigkeit, ein Stück Unbefrie-
digtheit ohne Störungen zu ertragen, gerade als Kriterium
der vollen Gesundheit anzusehen wäre«.[46]

Diese Rezension bringt jene Probleme zur Sprache, die
schließlich den Faden zwischen Fenichel und Reich zerrei-
ßen sollten. Und sie ist ein Beweis dafür, daß theoretische
Differenzen ihren politischen Auseinandersetzungen im Exil
voraufgingen. Fenichel verdächtigte Reich theoretischer
Simplifizierungen sowie des Biologismus und der Fetischi-
sierung der genitalen Sexualität. Doch diese Einwände vermochten das Verhältnis der beiden Männer zueinander offenbar nicht zu trüben. Denn Fenichel empfahl Reichs »Dialektischer Materialismus und Psychoanalyse« nachdrücklich
den Lesern, die Reich vielleicht nicht so weit folgen mochten
wie er selbst. Weitere Arbeiten Reichs, so meinte Fenichel,
würden wohl insbesondere von sozialistisch orientierten
Psychoanalytikern begrüßt werden.[47]

Reichs Studie »Dialektischer Materialismus und Psychoanalyse« war in der offiziellen kommunistischen Zeitschrift
Unter dem Banner des Marxismus erschienen. Deren Herausgeber gaben zu Protokoll, daß sie Reichs Einschätzung
der Psychoanalyse nicht teilten.[48] Die sowjetische Bereit-
schaft zur Rezeption der Psychoanalyse war in der Tat von
kurzer Dauer; 1930 war sie längst erloschen.[49] Von den
Sowjets niemals wirklich toleriert, wurde Reich schließlich
aus der Kommunistischen Partei ausgeschlossen.

Wie die Feindschaft der Sowjets gegenüber der Psychoanalyse Fenichels politische Auffassungen beeinflußte, läßt sich
nur vermuten. Nach 1932 waren seine Äußerungen über die
Sowjetunion meist vage. Es gibt keinen Grund anzunehmen,
daß er privat an unkritischer Zustimmung festhielt. Ironisch
berichtete er später, die russische Analytikerin Vera Schmidt
habe ihm erzählt, die »kollektiv erzogenen Kinder ihrer
Schule« wiesen keinen Ödipuskomplex auf. Als Fenichel

ihren Mann fragte, wie die Kinder ihn nennten, antwortete er: »Papa«. Für Fenichel war dies ein ausreichender Hinweis, um Vera Schmidts Anspruch in Zweifel zu ziehen (LI/ 15. Oktober 1938/9).

In der Undeutlichkeit von Fenichels politischen Stellungnahmen scheint ein Merkmal seines gesamten Werks auf. Aus methodologischen Erwägungen zog er bedachtsame Forschung unverblümten politischen Erklärungen allemal vor. Marxismus und Psychoanalyse galten ihm gleichermaßen für wissenschaftliche Disziplinen. Beide bedienten sich nach seiner Meinung wissenschaftlicher Verfahren und waren in der Lage, bürgerliche Wissenschaftler durch überprüfbare Prinzipien und Ergebnisse zu überzeugen. Folglich brauchten marxistische Psychoanalytiker keine politischen Glaubensbekenntnisse abzulegen, da solide und gemeinschaftliche Begriffsarbeit den Skeptikern die Gültigkeit ihrer Forschungen nachdrücklich unter Beweis stellen würde. Nur so könnten die politisch engagierten Freudianer dem Skeptizismus in genau derselben Weise begegnen, wie Freud den Zweifeln an seiner Lehre begegnet war.

Als Methodologie oder Taktik führte dieser Vorsatz zu einer Zweiteilung der Arbeit Fenichels. Auf der einen Seite war er unzweideutig einer politischen Psychoanalyse verpflichtet; auf der anderen Seite schrieb er unablässig psychoanalytische Aufsätze, in denen sich so gut wie keine Andeutung seiner politischen Einstellung findet. Während der Jahre in Berlin machte er sich einen Namen als scharfsinniger Kenner der psychoanalytischen Literatur, der zwischen unterschiedlichen Auffassungen genau zu differenzieren wußte. Doch seine einschlägigen Arbeiten griffen nicht auf das Denk- und Beobachtungsfeld des Marxismus über. Zuweilen berührten sich beide Forschungsansätze – in seinen bedeutenderen psychoanalytischen Schriften bezog Fenichel sich regelmäßig auf politische und gesellschaftliche Sachverhalte, mehr aber auch nicht. Er war mit dem Nachweis zufrieden, daß

die Psychoanalyse durch die Soziologie ergänzt werden
müsse.

Die Spannungen zwischen beiden Analysestilen und der
Versuch, theoretisch zwischen ihnen eine Balance herzustel-
len, sind an den beiden wichtigsten Schriften abzulesen, die
Fenichel 1931 in Berlin veröffentlichte: *Perversionen, Psy-
chosen, Charakterstörungen* sowie *Hysterien und Zwangsneurosen.* Es sind dies die ersten Lehrbücher, die Fenichels
Reputation begründeten. (Gemeinsam wurden sie auf Englisch unter dem Titel *Outline of Clinical Psychoanalysis*
veröffentlicht.) Die Einleitung zum ersten Band geht auf die
historischen Begleitumstände der Neurosen ein und wendet
sich scharf gegen deren »Biologisierung«. Es sei, heißt es
dort, falsch und gefährlich anzunehmen, die Neurose habe
ihren Ursprung in der biologischen Situation des Kindes.
Nicht der Ödipuskomplex selbst, sondern besondere Erlebnisse entzünden nach Fenichels Meinung die Neurose, und
diese Erlebnisse haben historische Grundlagen, etwa im
Verhalten von Eltern und Lehrern. Folglich verändern sich
Neurosen mit den sozialen und moralischen Strukturen
einer Gesellschaft. Die Psychologie sei hier inkompetent. Es
gelte daher festzuhalten, »daß die Neurosenätiologie keine
rein individuell-medizinische Angelegenheit ist, sondern einer soziologischen Ergänzung bedarf. Wie könnte etwa der
Ödipuskomplex voll verständlich werden ohne Berücksich-
tigung von Geschichte und Funktion der Familie?«
Fenichel explizierte die gesellschaftliche und historische
Problematik des Themas in der Einleitung gerade deshalb,
weil er sie im Text nicht weiter berührte. Dieser Punkt
werde, so schreibt er, hier abgehandelt, »weil im folgenden
sehr wenig davon die Rede sein wird und weil er dennoch
nicht vergessen werden darf«. Auf ihn werde nicht näher
eingegangen, so erklärte er, weil er noch immer das »dunkel-
ste« Gebiet der Psychoanalyse sei. Der einzelne Arzt sei
nicht in der Lage, »gesellschaftliche Veränderungen« herbei-

zuführen; er könne bestenfalls Einzelnen helfen.[50] Erst gegen Ende des zweiten Bandes, in jenem Teil, der sich mit Charakterstörungen befaßt, wandte sich Fenichel wieder gesellschaftlichen Fragestellungen zu. Seine *Rundbriefe*, die er im Exil begann, widmete er jedoch gerade auch diesem »dunkelsten« Gebiet der Psychoanalyse.

KAPITEL IV

Exil:
Die geheimen Freudianer und ihre *Rundbriefe*

Am 30. Januar 1933 ernannte Präsident Hindenburg Adolf
Hitler zum deutschen Reichskanzler. Nur wenige Wochen
später ging das Reichstags-Gebäude in Flammen auf. Die
Verfolgung von Juden, Linken und Gegnern des Nationalsozialismus begann. Für die Verhafteten richteten die Nazis
Lager ein, die Hermann Göring als »Konzentrationslager«
bezeichnete. Schon im März gründete Heinrich Himmler ein
»Modell«-Lager in Dachau. Weihnachten 1933 waren in den
Konzentrationslagern bereits 27 000 Menschen interniert.
Diese Ereignisse lösten eine panikartige Flucht von Juden
und Angehörigen der Linken aus. Drei Viertel derjenigen,
die 1933 flohen, ließen sich, da sie an eine baldige Rückkehr
glaubten, in den Nachbarländern Deutschlands nieder. Lucy
Dawidowicz schreibt dazu: »Vernünftige Leute waren sicher, daß Hitler sich nicht lange halten könne, daß Anstand,
Rationalität und politische Ordnung sich durchsetzen würden, ja müßten.«[1] Insbesondere denjenigen, die sich in der
Mitte ihres Lebens und auf dem Gipfel ihrer Karriere befanden, fiel die Entscheidung, Deutschland zu verlassen, überaus schwer. Hannah Tillich, die Frau von Paul Tillich,
erinnert sich an die »ermüdenden Debatten« unter ihren
Freunden: »Paulus mußte entscheiden, ob er bleiben konnte,
ohne sein eigenes Leben und, wichtiger noch, das Leben
seiner Freunde im politischen Untergrund zu gefährden.
Stundenlang liefen wir über die Asphaltstraßen der großen
Stadt. [...] Das Urteil lautete ›Weggehen‹. [...] Wir sagten
einem Freund Lebewohl, der uns ein Glas Wein einschenkte

[...]. Uns zu Ehren und zu unserem Abschied hatte er seine
beste Flasche entkorkt. Wir tranken darauf, daß wir mit
dem, was uns erwartete, fertig würden. In der folgenden
Nacht beging unser Gastgeber Selbstmord.«[2]

Angehörige der Linken verließen das Land als erste. Doch
der offiziell erklärte Antisemitismus zwang alsbald auch die
Juden zur Abreise. Und als im Mai 1933 der Bücherverbren-
nung die Werke von Freud zum Opfer fielen, sahen sich
viele Psychoanalytiker veranlaßt, ins Exil zu gehen. Wilhelm
Reich ließ sich in Kopenhagen nieder, wohin ebenfalls George Gero auswanderte. Fenichel flüchtete nach Oslo, wo er
zwei Jahre blieb, bevor er nach Prag ging. Friedländer und
Lantos emigrierten nach Paris und übersiedelten später nach
London. Annie Reich floh nach Prag. Edith Jacobson wollte
ihre Patienten nicht im Stich lassen; nach einer Aussprache
mit Gero in Kopenhagen kehrte sie gegen dessen Rat nach
Deutschland zurück, wo sie bald danach verhaftet und ein-
gesperrt wurde.

Die Vertreibung aus Mitteleuropa versetzte die Psychoanalytiker in einen Schrecken, von dem sie sich nie mehr
erholten. Daß die Psychoanalyse im Exil und insbesondere
in den Vereinigten Staaten prosperierte, täuscht über dieses
Trauma hinweg. Ihre kühnsten Theoretiker entfalteten niemals wieder die intellektuelle Kraft, die sie in den Jahren vor
Hitlers Machtergreifung ausgezeichnet hatte. Die Stunde des
Exils läutete den Rückzug aus der Theorie ein. Analytiker,
die um Visa und Einreiseerlaubnisse betteln mußten, waren
verständlicherweise kaum in der Lage, den psychoanalytischen Diskurs voranzutreiben – nach 1930 bewegte er sich
unter einer Wolke von Konservativismus fort.

Dieser Konservativismus war nicht eine bloße Laune oder
eine sich selbst verstärkende geistige Tendenz; er war vor
allem eine Vorsichtsmaßnahme, die sich allenthalben in der
Profession geltend machte. Man hatte weder die Zeit noch
die Energie, noch die Neigung, das psychoanalytische Esta-

blishment herauszufordern. Der Rückzug aus der Begriffsarbeit geschah indes auch nicht zufällig oder spontan. Gewiß
mit Billigung, vielleicht sogar infolge einer Initiative von
Freud schloß 1934 die Internationale Psychoanalytische
Vereinigung Wilhelm Reich, ihr prominentestes Mitglied auf
dem linken Flügel, aus. In der kleinen »community« der
Psychoanalyse war dies eine klare Lektion: Psychoanalyse
und politische Radikalität sollten miteinander unvereinbar
sein.

So organisierten sich die politisch interessierten Anhänger
Freuds unter ungünstigen Bedingungen. Sie sahen sich der
zögerlichen Aufnahmebereitschaft der Berufsverbände und
der Ungastlichkeit der westlichen Demokratien gegenüber
radikalen Exilanten aus Mitteleuropa konfrontiert. Daß sich
Fenichels Kreis als geheime Gruppe etablierte, muß in diesem Kontext gesehen werden. Von Beginn an war die
Gruppe sowohl in sich selbst als auch in ihrem Außenver-
hältnis von Spannungen gezeichnet. Tatsächlich bemühte sie
sich zunächst, sich mit Wilhelm Reich und seinen Anhängern über ein gemeinsames Programm zu verständigen. Der
Versuch scheiterte. Also bildeten die Anhänger Fenichels
eine eigenständige Gruppe, die sich auf eine politisch orientierte Psychoanalyse verpflichtete.

Der Ausbruch des Nationalsozialismus verschärfte gegenläufige Tendenzen innerhalb der Psychoanalyse. Manche
Analytiker befestigten ihre politischen Positionen, andere
tauchten in Fachinteressen unter, wieder andere, darunter
vor allem politisch orientierte Freudianer im Exil, verzichteten angesichts der harten Realität des siegreichen Faschismus
auf die Fortführung gesellschaftskritischer Reflexionsprozesse. Reich gründete bald eine neue Zeitschrift für »politische Psychologie«; mit Unterstützung von Fenichel bestritt
er die erste Nummer fast allein. Eine editorische Notiz
markierte Reichs Militanz – knapp und bündig wurde mitgeteilt, daß die Zeitschrift einen marxistischen Ökonomen als

Mitarbeiter suche, daß sich aber weder Revisionisten noch Reformisten bewerben sollten.[3]

Der Nationalsozialismus seinerseits verstärkte den Versuch des psychoanalytischen Establishments, sich von der Politik fernzuhalten. Mit dem Zerfall des Berliner Psychoanalytischen Instituts wurde wieder der Kreis um Freud in Wien zum Zentrum der Psychoanalyse. Den Wiener Analytikern widerstrebte nicht nur die Allianz zwischen psychoanalytischer und sozialkritischer Problemwahrnehmung; sie hielten einen politisch inspirierten psychoanalytischen Diskurs insgesamt für bedenklich, und sie glaubten, daß die Psychoanalyse der Unterdrückung entgehen könne, indem sie sich unauffällig und politisch neutral verhielt. Beide Richtungen traten bald in offenen Gegensatz zueinander. Der Konflikt führte zum Ausschluß von Reich aus der offiziellen Psychoanalytischen Vereinigung und zur Bildung von Fenichels Geheimzirkel.

Als sich die politisch orientierten Freudianer im Exil neu formierten, suchten sie nach einem gemeinsamen Programm. Sie hofften, die psychoanalytische Bewegung möglicherweise nach links hin öffnen zu können. Seiner Leistungen in der Vergangenheit, seiner unerschöpflichen Energien und faszinierenden Persönlichkeit wegen fiel die Führungsrolle Reich zu.[4] Von 1924 bis 1930 hatte er in Wien mit Freuds stillschweigender Unterstützung ein allseits anerkanntes Seminar über Probleme der Therapie geleitet. In seinem Buch *Charakteranalyse* (1933) entwickelte er eine bemerkenswerte Deutung der Charakterstruktur. Seit den späten zwanziger Jahren hatte er die Annäherung von Marxismus und Psychoanalyse betrieben, seine Studie »Dialektischer Materialismus und Psychoanalyse« bot die bisher umfassendste Darstellung dieses Themas. Zugleich beschäftigte er sich intensiv mit praktischen Fragen einer Sexualreform. Gemeinsam mit anderen, gleichgesinnten Analytikern hatte er in Wien unter der Schirmherrschaft einer Sozialistischen

Gesellschaft für Sexualberatung und Sexualforschung mehrere Kliniken eröffnet.

In Berlin erweiterte Reich seine Aktivitäten. Angeregt
durch Bronislaw Malinowskis anthropologische Arbeiten
schrieb er ein Buch: *Der Einbruch der Sexualmoral*, in
dem er die Ursprünge sexueller Verdrängung aufhellte. In
einer Vereinigung für proletarische Sexualpolitik brachte er
Gruppen zusammen, die sich mit Problemen der Sexualreform befaßten. Er gründete einen Verlag, in dem schließlich sein Buch *Massenpsychologie des Faschismus* erschien –
ein ebenso aufstörendes wie schlüssiges Werk.[5] Gleichzeitig
agierte er in linksgerichteten psychoanalytischen Zirkeln
und Diskussionszusammenhängen. Er trat der Kommunistischen Partei bei, die ihn in derselben Zelle einsetzte
wie Arthur Koestler. Nach Koestlers Schilderung gingen
die Mitglieder der Zelle, um Stimmen zu werben, von Tür
zu Tür: »Wir verkauften die Weltrevolution wie Staubsau-
ger.«[6]

Zweifellos war Reich eine energische und beherrschende
Figur in der psychoanalytischen Bewegung. Selbst seine
Gegner attestierten ihm Brillanz, freilich eine irregeleitete.
Und bevor er sich dem Marxismus zuwandte, machte er
sogar auf Freud großen Eindruck. Sein Vortrag über die
Prävention von Neurosen, behauptete Reich, habe Freud zu
seiner Schrift *Das Unbehagen in der Kultur* bewogen. Er sei
es gewesen, so sagte er, der sich in der Kultur »unbehaglich«
fühlte.[7] Während der Sitzung der Wiener Psychoanalytischen Vereinigung, in deren Verlauf Reich ungestüm und
geistreich seine Ideen verfocht, hat Richard F. Sterba zum
ersten und einzigen Male Freud wütend und autoritär erlebt.[8]

Reich war, in der Tat, schwierig und streitsüchtig. So gelang
es ihm denn auch nicht, die politisch bewußten Freudianer
zusammenzuhalten. Die Gruppe spaltete sich. Die einen
folgten Reich, und deren Geschichte ist nahezu mit dessen

Biographie identisch; die anderen scharten sich um Fenichel, und deren Geschichte liegt bislang im Dunkel.

Es mag erstaunlich erscheinen, daß Fenichel einen Arbeitskreis ins Leben rief, der Reich herausforderte und seine Konzeption in Zweifel zog. 1933 war Reich in der Öffentlichkeit und in der Politik sehr viel bekannter als Fenichel; doch unter den übrigen gesellschaftskritisch argumentierenden Analytikern war Fenichel der prominenteste. (Siegfried Bernfeld entzog sich vorübergehend den Fraktionen, da er gegen Reich und nur für Freud Partei ergriffen hatte.[9]) Fenichel hatte zehn Jahre lang das »Kinderseminar« geleitet, und das hatte ihn in Kontakt mit den jüngeren und politisch engagierten Analytikern gebracht. Er hatte einen vielbeachteten Überblick über die Psychoanalyse publiziert und wurde allgemein für seine Klarsicht und seine umfassenden Kenntnisse gelobt. An Disziplin, Energie und Intelligenz, wenngleich nicht an Eigensinn und Begeisterungsfähigkeit, war er Reich durchaus ebenbürtig.

Reich und Fenichel hatten eine ähnliche Herkunft. Es schien ihnen vorherbestimmt, entweder zusammenzuarbeiten oder miteinander in Streit zu geraten. Beide wurden im selben Jahr (1897) geboren; die Väter beider waren Juden aus Galizien, die sich mit der deutschen Kultur identifizierten[10], und beide hatten einen einzigen Bruder. Beide besuchten die Medizinische Fakultät der Universität Wien, und beide machten im Abstand von einem Jahr (1921 und 1922) das Abschlußexamen.[11] Als sie gerade zwanzig geworden waren, hielten beide Vorträge vor der Wiener Psychoanalytischen Vereinigung. Beide leiteten mehrere Jahre lang Seminare, die erhebliche Beachtung fanden (Reichs Seminar über Psychoanalytische Therapie und Fenichels »Kinderseminar«). Im übrigen lernte Reich durch Fenichel seine erste Frau, Annie Pink, kennen.

In den Jahren 1933 und 1934 suchten die Gesellschaftskritiker unter den Freudianern ein einheitliches Programm für eine »Opposition« innerhalb der psychoanalytischen Bewegung zu entwickeln. Reich und Fenichel waren nach Skandinavien geflohen. Dort beteiligten sie sich an Zusammenkünften, die der Klärung der wissenschaftlichen Positionen und der politischen Taktik dienten. Nach seiner Ausweisung aus Dänemark und Schweden ging Reich im Oktober 1934 nach Oslo, wo Fenichel sich bereits niedergelassen hatte. Fenichel verließ Oslo etwa ein Jahr später in Richtung Prag. Dies signalisierte den endgültigen Bruch zwischen den beiden und die Konsolidierung des Fenichel-Kreises.

Der Gegensatz zwischen den Gruppierungen um Fenichel und um Reich hatte gewiß persönliche ebenso wie theoretische und politische Ursachen. Die Stichhaltigkeit der gegenseitigen persönlichen Vorwürfe ist heute schwer nachzuprüfen. In seiner Autobiographie behauptet Reich, Fenichel sei den Belastungen der politischen Oppositionsarbeit nicht gewachsen gewesen und habe sich eine »Falle« gestellt, als er eine Führungsrolle beanspruchte. »Ich war des naiven Glaubens, daß Fenichel wirklich meinte, was er versprach«, als er die Leitung übernahm und seine Solidarität erklärte. Doch Fenichel, so argumentiert Reich, sei es nur um persönliche Macht zu tun gewesen. Er habe sich geweigert, Reichs wissenschaftliche Leistungen anzuerkennen. »Fenichel bemächtigte sich meiner Entdeckungen, aber suchte meine Theorie mit Stillschweigen zu übergehen.« Überdies habe Fenichel sich durch seine, Reichs, Therapieerfolge bedroht gefühlt. Auch habe er Gerüchte über Reichs Geisteskrankheit in Umlauf gebracht.[12]

Fenichels *Rundbriefe* widmen diesen persönlichen Querelen wenig Raum. Allerdings war Reichs stacheliges Temperament selbst bei seinen Anhängern gefürchtet. »Bereits zu jener Zeit [den frühen dreißiger Jahren, R. J.] gab es für ihn nur absolute Parteinahme«, schrieb Ilse Reich, seine dritte Frau. »Man war entweder für ihn oder gegen ihn [...] und diejenigen, die ihm nahestanden, mußten ihm

entweder folgen oder sich von ihm abwenden.« Ilse Reich
teilte nicht die Auffassung von Annie Reich, seiner ersten
Frau, daß ihr Mann seit den späten zwanziger Jahren an
einer Beeinträchtigung seiner psychischen Gesundheit
litt.[13]

Auch in der Gruppe um Fenichel schien man Reich für
seelisch unausgeglichen zu halten. 1933 reisten Fenichel und
Edith Gyömröi nach Kopenhagen zu einer der zahlreichen
Besprechungen, die sie mit Reich wegen der Formulierung
eines gemeinschaftlichen Programms hatten. »Wir trafen
Wilhelm Reich und gingen am Strand spazieren. Dabei
wurde endlos geredet. Reich, der uns zu jener Zeit sehr viel
bedeutete, erzählte uns vom Entwurf eines neuen Buches, an
dem er damals arbeitete. Es handelte sich um den Beginn der
Orgon-Theorie. Fenichel und ich wagten nicht, uns anzu-
gucken, denn kalte Schauer liefen uns den Rücken hinab.
Plötzlich hielt Reich inne und sagte: ›Kinder, wenn ich
meiner Sache nicht so sicher wäre, würde es mich anmuten
wie eine schizophrene Phantasie.‹ Wir sagten nichts. Nicht
einmal auf der Rückfahrt sprachen wir darüber. Für uns
beide war es ein großer Kummer und ein großer Verlust.«[14]

Es ist unnötig, dem Thema zu viel Bedeutung beizumessen
oder es zu vermeiden. Bei Fenichel und anderen politisch
engagierten Anhängern Freuds verdichtete sich die Überzeugung, daß Reich einen psychischen Zusammenbruch er-
litten hatte, und dies war wohl der Hauptgrund für die
Bildung eines eigenen Kreises von Analytikern. Unveröffentlichte Erinnerungen enthüllen eine ziemlich verbreitete
Übereinstimmung in bezug auf Reichs psychische Verfassung[15], die hier nicht bewertet werden soll. Aus denselben
Erinnerungen geht freilich auch hervor, daß Reich weiterhin
ein Mann von außerordentlicher Faszinationskraft blieb.
Nach seiner Übersiedlung nach Oslo gewann er eine große
Schar von Anhängern, während es Fenichel nicht gelang,

norwegische Sympathisanten um sich zu versammeln, und deshalb nach Prag ging.[16]

Gewiß ist zu überlegen, ob Reichs seelische Konfliktlage durch seine katastrophale Lebenssituation verursacht oder verschlimmert worden sein kann. Reich war der Hiob der psychoanalytischen Bewegung; er wurde von allen Seiten angegriffen. Brieflich brachte er seine Nöte auf die Formel: »Zusammenbruch an allen Fronten, Enttäuschung über frühere Abwehrstellungen ebenso wie große persönliche Schwierigkeiten.«[17]* Im Exil zerbrach seine Ehe mit Annie Reich; sie ging mit den Kindern nach Prag, während er zunächst nach Kopenhagen zog. Daß Annie Reich zu dem Kreis um Fenichel gehörte, hat ihren Mann wahrscheinlich verbittert und dazu beigetragen, daß sich die Kluft zwischen Reich und Fenichel vergrößerte.

Die Rückschläge, die Reich erlitt, könnten wohl jeden aus dem Gleichgewicht bringen. Als er 1933 aus Berlin floh, war das psychoanalytische Establishment bereits im Begriffe, ihn zu ächten. Er hielt sich zunächst in Wien auf, wo man ihm nahelegte, die Psychoanalytische Vereinigung zu verlassen. Gleichzeitig wurde ihm mitgeteilt, daß er sich »hier in Österreich von Vorträgen und Diskussionen bei politischen und insbesondere kommunistischen Zusammenkünften fernzuhalten habe«.[18]* Sein Buch *Charakteranalyse* lag bereits in Fahnenabzügen vor, als der offizielle psychoanalytische Verlag, offenbar auf Ersuchen Freuds, die Publikation nachträglich ablehnte und Reich damit zwang, es im Selbstverlag herauszubringen.[19] Ironischerweise gibt es in dem Buch keinerlei ausdrückliche Hinweise auf politische Gegenstände. Heute halten es viele Analytiker für unentbehrlich.[20]

[*Nicht in allen Fällen war es möglich, den ursprünglichen deutschen Wortlaut nach den Notizen von Jacoby zu ermitteln. An den fortan mit * gekennzeichneten Stellen mußten Passagen aus dem Englischen rückübersetzt werden. *Anm. d. Üb.*]

Reichs Lage besserte sich nicht, nachdem er Wien verlassen hatte. In Dänemark, seinem ersten Exilland, wurde er ständig von den Behörden belästigt, und schließlich verweigerte man ihm die Aufenthaltserlaubnis. Eine Zeitschrift, die einen Aufsatz von Reich veröffentlicht hatte, wurde wegen Pornographie verklagt, obwohl der Aufsatz bereits in einem deutschen psychoanalytischen Journal erschienen war. Man entfesselte gegen den angeblich berüchtigten Berliner Sexualwissenschaftler eine Pressekampagne. Als Freud gebeten wurde, Reich öffentlich in Schutz zu nehmen, lehnte er ab. Reich floh nach Schweden, wo er sich bald wieder in der gleichen Situation befand. Abermals machte man ihm Schwierigkeiten und verweigerte ihm die Aufenthaltserlaubnis. Fast gleichzeitig wurde er sowohl aus der Kommunistischen Partei wie auch (und das war besonders schlimm) aus der Internationalen Psychoanalytischen Vereinigung ausgeschlossen. Einer seiner Biographen gelangt zu dem Schluß: »Innerhalb von achtzehn Monaten war er aus drei Ländern, von der dänischen kommunistischen Partei (der er nie beigetreten war) sowie aus der Psychoanalytischen Vereinigung verstoßen.«[21]

Auf diesen schwankenden Boden von Niederlagen und Ausschlüssen versuchten Reich und Fenichel die Pfeiler der Zusammenarbeit oppositioneller Psychoanalytiker zu setzen. Der Ausschluß von Reich aus der Internationalen Psychoanalytischen Vereinigung auf dem Kongreß in Luzern im August 1934 verstärkte ihre Bemühungen. Reich, Fenichel und andere gleichgesinnte Freudianer trafen sich regelmäßig, um sich über Arbeitsprinzipien zu verständigen. Die Opposition folgte Reich und befaßte sich mit den Problemen einer politischen Psychoanalyse. Innerhalb des Bündnisses jedoch schwelten die Kontroversen fort. Der Bruch zwischen Reich und Fenichel war nicht abzuwenden. Dies war die Geburtsstunde der *Rundbriefe*.

Nach Reichs Darstellung der Ereignisse wurde Fenichel der

historischen Konstellation niemals gerecht. Es sei ihm nicht
gelungen, eine Gruppe zu bilden, die Reich nachdrücklich
verteidigt hätte. Statt dessen habe Fenichel die Probleme
verfälscht oder unschlüssig vertagt und sich schließlich zu-
rückgezogen. Fenichel habe befürchtet, das Schicksal Reichs
teilen zu müssen und aus der Psychoanalytischen Vereinigung ausgeschlossen zu werden. Reich sagte dazu: »Der
wirkliche Grund ist, daß er das Risiko, ausgeschlossen zu
werden, nie einzugehen bereit war. Er hätte sich an die
Öffentlichkeit wenden sollen, statt sich hinter der Ausrede
zu verstecken, daß man zunächst größeren Einfluß gewinnen müsse. Wie denn? Indem man jede Auseinandersetzung
vermied und die eigene Arbeit herunterspielte.«[22]*
Fenichel rekapitulierte in den *Rundbriefen* eine Unterhaltung mit Reich, in deren Verlauf Reich seinen Vorwurf
wiederholte, er sei auf dem Kongreß in Luzern alleingelas-
sen worden, und Fenichel habe sich gescheut, Freud offen
zu kritisieren, weil er fürchtete, selber ausgeschlossen zu
werden. Fenichel stimmte dem teilweise zu: »Das Wichtigste, was ich gegenwärtig für die psychoanalytische Bewegung tun kann, ist, mich nicht hinauswerfen zu lassen.«
Reich beschuldigte Fenichel zudem, den Kern der Kontroverse nicht begriffen zu haben, und fügte hinzu, in Wirklichkeit sei er, Reich, der Urheber von Fenichels Kreis
in Berlin gewesen. Da seine eigene politische Tätigkeit zuviel Zeit in Anspruch genommen habe, habe er Fenichel
gebeten, die interessierten Analytiker auf dem laufenden
zu halten – daraus sei dann Fenichels Gruppe entstanden
(XI/2. Februar 1935/1)*. Reich hat seine Auffassung später
folgendermaßen zusammengefaßt: »Fenichel sah nicht,
daß es nicht darum ging, daß einige Freunde eine Oppositionsbewegung ins Leben riefen. Er begriff nicht, daß es
nicht um persönliche Rücksichtnahme, sondern um die
klare Formulierung einiger entscheidender grundlegender
Probleme ging. Er versuchte, die Opposition soweit wie

möglich in einer Weise zu führen, daß niemand von ihrer Existenz Kenntnis erhielt. Sie sollte ›geheim‹ sein. Diese Opposition sollte aus ›marxistischen Analytikern‹ bestehen.«[23]

Was die Geheimhaltungs-Praxis betrifft, hatte Reich recht. Fenichel und sein Kreis wünschten eine direkte Konfrontation mit dem psychoanalytischen Establishment zu vermeiden, und als Gruppe hielten sie sich bedeckt. Ob dabei vor allem Ängstlichkeit bestimmend war, ist zumindest fraglich. Fenichel antwortete Reich: »Ich glaube selbstverständlich, daß es nicht geheimzuhalten ist, daß wir miteinander korrespondieren und untereinander unsere Meinungen austauschen.« Die Art und Weise jedoch, in der dieser Austausch stattfinde, »wer an ihm teilnimmt und welche Meinungen zum Ausdruck gebracht werden«, müsse geheimgehalten werden.[24]*

Reich als den »offenen und ehrlichen« und Fenichel als den »vorsichtigen« Charakter einzustufen, würde die Tatsachen verfälschen. Reich forderte eine Opposition, die sich ausschließlich auf seine Konzepte, nämlich auf seine Orgasmus-Theorie stützen sollte; ja, er verwahrte sich sogar dagegen, die Gruppe marxistisch zu nennen.[25] »Für eine Oppositionsbewegung gab es kein anderes Programm als das meine.«[26] Ein Vortrag, den Fenichel in Oslo hielt und in dem es hieß, daß seit Freuds *Drei Abhandlungen* nichts Wesentliches zur Sexualität geschrieben worden sei, provozierte Reich. Er vermutete, Fenichel habe seine, Reichs, Orgasmus-Theorie bewußt ignoriert. Für ihn war das keine Bagatelle, denn ihm zufolge »entwickelten sich historisch alle Unterschiede exakt aus dieser Frage«.[27]*

Reich kannte nur *einen* Weg zur Erkenntnis; Fenichel wollte sich diesem Anspruch nicht beugen. »Fenichel wollte sich niemals unzweideutig auf mein wissenschaftliches Programm verpflichten.« Reich zählte zu diesem Programm seine Orgasmus-Theorie ebenso wie die »Sexual-

ökonomie« und »Sexualpolitik«, die zwar »Berührungs-
punkte mit der Psychoanalyse« hätten, aber ein »unabhän-
giges Gebiet« bezeichneten.[28]
Fenichel fand Reichs Theorien zunehmend weniger akzeptabel. In den *Rundbriefen* schrieb er dazu: »Reichs Brief ist
insofern zuzustimmen, als eine Plattform, von der aus wir
unsere Oppositionsarbeit fortführen können, definitiv aus-
gearbeitet werden muß. [...] Eine derartige Plattform sollte
keine umfassenden Konzepte wie Reichs Auffassungen vom
Todestrieb und von der Angst enthalten, an die dogmatisch
zu glauben wäre.«[29]*
Aus mindestens zwei Gründen mochte Fenichel den Vorstellungen Reichs nicht bedingungslos folgen: Er stimmte
mit ihnen nicht hinreichend überein, und sie erschienen ihm
nicht weit genug konzipiert, um eine einheitliche Opposition auf sie gründen zu können. Reich dagegen hielt es für
selbstverständlich, daß die Gruppe auf seine Theorien eingeschworen werden müßte.
Da die Verständigung mit Reich immer schwieriger wurde
und da er strikt Unterwerfung unter eine Theorie verlangte,
die mehr und mehr sowohl die Psychoanalyse wie auch den
Marxismus hinter sich ließ, scheuten selbst seine Freunde
und Schüler allmählich davor zurück, ihn zu unterstützen.
Fenichel entschied sich, die Führung einer Gruppe von
Analytikern zu übernehmen, die Reichs Theorie nicht frag-
los akzeptieren mochten, die nicht willens waren, die offizielle Psychoanalytische Vereinigung offen anzugreifen, und
denen es darauf ankam, die Probleme einer sozial und
politisch engagierten Analyse auszuloten.
Die *Rundbriefe* bezeugen Fenichels unermüdliche Anstrengung, diese Gruppe von Analytikern zu festigen und an der
Idee einer politischen Psychoanalyse festzuhalten. »Trotz
aller Hindernisse«, schrieb er in einem Brief, »sind diese
Rundbriefe für die Einheit der Analytiker unserer Richtung
unerläßlich.« Er »übertrieb« die Bedeutung des kleinen

Kreises nicht, meinte jedoch, daß man mit einem »größeren
Kreis« Kontakt aufnehmen sollte. Untereinander sollten sie
Aufsätze und Artikel in Rohfassung, Manuskripte für den
»Hausgebrauch« austauschen. Die Gruppe sollte als »Kinderseminar der marxistischen Psychoanalyse in schriftlicher
Form« fungieren. So würde sie sich ganz allmählich ausbreiten. Fenichel bat alle Mitglieder, Destillate ihrer eigenen
Korrespondenz, Notizen und Informationen einzusenden,
die für ihr gemeinsames Vorhaben belangvoll sein konnten
(XI/12. Februar 1935/3–5).* Theoretisch sollte sich die politische Psychoanalyse sowohl von professionellen Analytikern als auch von professionellen Politikern oder Marxisten
abgrenzen. Wie er gelegentlich Arnold Zweig erklärte,
kämpfte die Gruppe »unablässig an zwei Fronten« – gegen
Analytiker, die kein Verständnis für die gesellschaftliche
Wirklichkeit, und gegen die Marxisten, die kein Verständnis
für die Wirklichkeit des Individuums hatten (? XXIX/7. Juli
1936/14).*

Ohne Unterstützung und in wechselnden Exilstationen
tippte Fenichel elfeinhalb Jahre lang alle drei bis sechs
Wochen einen *Rundbrief* und schickte ihn an die sechs
Analytiker. Sorgfältig korrigierte er jedes Exemplar. Allein
die Arbeitsleistung des Zusammenstellens, Tippens und
Korrigierens beweist Fenichels außerordentliche Disziplin
und sein unverbrüchliches Engagement.

Die Empfänger antworteten Fenichel direkt, und er zitierte oder exzerpierte ihre Antworten in den folgenden *Rundbriefen*. Er zitierte jedoch häufig auch aus Briefen der umfangreichen Korrespondenz, die er selbst unterhielt. Aus
persönlichen oder politischen Gründen nannte er selten die
Quellen dieser Materialien, sondern referierte einfach die
Nachrichten über die Lage der Psychoanalyse, die ihm aus
London oder Chicago ebenso wie aus Brasilien, Argentinien
oder Rumänien zugeflossen waren. Bisweilen zitierte er
Briefe von »Dritten«, die weder an ihn gerichtet waren noch

von ihm stammten und die man ihm zur Kenntnis gebracht
hatte.

Diese Art des Austauschs setzte Geheimhaltung voraus,
denn nur so konnte sich eine ungehemmte Diskussion entfalten. Oft riet Fenichel den übrigen Gruppenmitgliedern,
im Umgang mit seinen Briefen extreme Diskretion und
Sorgfalt walten zu lassen (XVII/30. August 1935/10). »Man
vergesse nicht, wie unangenehm es wäre, wenn solche
›Rundbriefe‹ in unberufene Hände fielen! [...] Ich habe im
allerersten Rundbrief darum gebeten, diese nach Lektüre zu
verbrennen. Wer das nicht tun will, hebe sie wenigstens so
sorgfältig auf, daß kein Unberufener sie zu Gesicht bekommen kann.« (XXIII/3. März 1936/13) So sind denn nur
wenige Kopien erhalten geblieben.

In ihrer Gliederung folgten die Briefe keinem festgelegten
Plan. Da sie als theoretisches Forum und als Kommunika-
tionshilfen dienten, unterschieden sie sich stark nach Länge
und Inhalt der einzelnen Abschnitte. In manchen Sektionen
finden sich Auseinandersetzungen, Vorträge und Rezensionen, während in anderen nur Kurznachrichten, Ankündi-
gungen von Publikationen oder Tätigkeitsberichte stehen
(vgl. die im *Anhang* beschriebenen vier Beispiele.)

Die *Rundbriefe* sind eine unerschöpfliche Fundgrube an
Informationen zur Geschichte und Theorie der Psychoanalyse. Fenichel unterrichtete fortlaufend darüber, wer wo sich
befand, welche Seminare und Vorträge gehalten wurden und
welche Kontroversen gerade im Gange waren. Er gab detaillierte Schilderungen von sämtlichen Fachkongressen, insbesondere denen in Marienbad und Chicago, an denen er selbst
teilgenommen hatte. Ausführlich kommentierte er jeweils
die organisatorischen Entscheidungen der Internationalen
Psychoanalytischen Vereinigung und, als er in den Vereinigten Staaten war, der American Psychoanalytic Association.

Er erwies sich als unermüdlicher Leser. Regelmäßig ver-

merkte und kommentierte er in den *Rundbriefen* die neuere
psychoanalytische Literatur, insbesondere soweit sie sich auf
soziale oder politische Sachverhalte bezog. Während er in
Prag lebte, formulierte er z. B. mehrfach Zusammenfassun-
gen von Aufsätzen, die im *American Journal of Sociology*
erschienen waren. Gelegentlich nahm er eigene längere Rezensionen von Büchern auf; sie befaßten sich beispielsweise
mit den Arbeiten von Freud *(Der Mann Moses und die
monotheistische Religion)*, mit Büchern über das Verhältnis
von Marxismus und Psychoanalyse (Bartletts *Marxism and
Psychoanalysis*), aber auch mit Werken zu relativ entlegenen
Themen (Arnolds *Folklore of Capitalism*). Daneben bot er
Rat und praktische Informationen an – für diejenigen, die
sich um eine Einreise in die Vereinigten Staaten bemühten,
tippte er eines Tages einen drei Seiten langen Musterlebens-
lauf.

Die frühen *Rundbriefe* kommen häufig auf Reich zu sprechen. Immer wieder nahm Fenichel Rezensionen zu Reichs
neuesten Publikationen, Berichte über seine Aktivitäten und
Darstellungen der Intrigen des psychoanalytischen Establishments auf. Die Gruppe wahrte im großen und ganzen
im Hinblick auf Reich eine gewisse Kontinuität. Doch obwohl man sich regelmäßig mit seinem Werk beschäftigte,
wurden die Sympathien in dem Maße schwächer, wie Reich
seine eigenen Theorien revidierte. Schließlich verweigerte
man die persönliche Zusammenarbeit mit ihm, verteidigte
ihn jedoch nach wie vor gegen die offizielle Analyse.
Fenichel zitierte in den *Rundbriefen* einen längeren Brief
eines Analytikers seiner Gruppe, der den Kreis um Reich
verlassen hatte. Dieser Brief war an Reich gerichtet und
brachte die Position der Anhänger Fenichels zum Ausdruck.
Sein Verfasser erklärte, daß er jede organisatorische Verbindung mit Reich ablehne, sich aber nicht als dessen Feind,
sondern als seinen Freund betrachte. »Es ist nur Ihre fixe

Idee, daß jeder, der nicht vollständig mit Ihnen übereinstimmt, Ihr Feind sei.« Er sei nicht bereit, sich auf die Charakteranalyse und die Sexualökonomie »einschwören« zu lassen. »Doch in Oslo hatte ich den Eindruck, daß eine Diskussion mit Ihnen nicht mehr sehr leicht ist. Allem Anschein nach herrscht eine Atmosphäre, in der eine wissenschaftliche Diskussion kaum gedeihen kann. Ein Opponent – und jeder ist ein Opponent, der nicht von vornherein überzeugt ist – wird kaum gehört, da unterstellt wird, daß er Unrecht hat und sich unterwerfen muß. Dies ist offenbar Ihre Einstellung Fenichel gegenüber.« (XIII/4. April 1935/14) Von Fenichel, so fuhr dieser Analytiker fort, sei jedoch zu lernen, und die unablässige Herabsetzung Fenichels durch Reich sei verurteilenswert. Zumindest in einem Punkt habe Fenichel recht: Reichs phänomenologische Beschreibung des Orgasmus sei unvollständig; neurotische Symptome führten zu Störungen der Sexualität, und diese Beziehung sei nicht einfach umkehrbar (XIII/4. April 1935/4).*

Wenngleich Fenichel Reichs Beiträge zur Psychoanalyse nicht verwarf, distanzierte er sich mehr und mehr von den, nach seiner Meinung, in ihnen versammelten Simplifizierungen. Zustimmend besprach er Reichs *Massenpsychologie des Faschismus*, gab jedoch zu bedenken, ob Reichs Kritik des ökonomischen Reduktionismus nicht Gefahr laufe, in den entgegengesetzten Fehler zu verfallen, also in einen sexuellen Reduktionismus. Reich zerteile die Sexualität in ihre historischen und ökonomischen Komponenten, und seine »Sexualpolitik« bleibe weit hinter seinen eigenen Einsichten zurück. Wenn Reich annehme, daß »durch irgend eine Art von ›Sexualpolitik‹ die gesamte Menschheit direkt in den Himmel oder zumindest zur revolutionären Aktion geführt werden« könne, dann messe er der Sexualität die Bedeutung eines Allheilmittels bei.[30] Mit wachsender Besorgnis beobachtete Fenichel Reichs Publikationen. Er konnte nicht ver-

stehen, was »Muskelanalyse« oder »vegetative Therapie« zur
Entwicklung der Psychoanalyse sollte beitragen können.
Reichs Aufsatz »Experimentelle Untersuchung der elektri-
schen Funktionen von Sexualität und Angst«[31] hielt er für
absolut fragwürdig (XXXVI/? Mai 1937/13).

In einer Reihe von Vorträgen, die er 1936 in Wien hielt (und in
Englisch unter dem Titel *Problems of Psychoanalytic
Technique* veröffentlichte), erklärte Fenichel, daß er »im
wesentlichen« mit Reichs *Charakteranalyse* übereinstimme,
obschon auch hier dessen Neigung zu »schematischen Ver-
einfachungen« hervortrete. Seitdem habe Reich jedoch »eine
unbefriedigende Entwicklung genommen, die ihn ganz von
der Psychoanalyse weggeführt« habe.[32] 1937 dann pflichtete
er unverhohlen der Meinung eines anderen Analytikers bei:
»Reichs Arbeiten sind weit übertrieben. Reich selbst ist
monoton und vollständig meschugge. Einige von seinen
Theorien sind freilich sehr interessant, ja fast genial, aber im
großen und ganzen müssen vernünftige Menschen [...] ihn
ablehnen.« (XXXIV/17. März 1937/8)

Trotz dieser beträchtlichen theoretischen und politischen
Differenzen verteidigte Fenichel Reich, dem diese Verteidigung freilich unzureichend schien. Als das Wiener psychoanalytische Establishment Reich angriff, kam Fenichel ihm
zu Hilfe. Angemessen war dies insofern, als derartige Ver-
lautbarungen besonderes Gewicht hatten. Die Präsenz
Freuds in Wien verlieh ihnen das Siegel der Legitimität und
Orthodoxie.

1934 rezensierte Robert Waelder, ein Wiener Analytiker und
Mitherausgeber der *Imago*, Reichs neue Zeitschrift.[33] Seine
Argumentation griff weit über die Zeitschrift hinaus in die
allgemeine Beurteilung von Reichs Beiträgen zur Psychoanalyse sowie die Einschätzung seiner Entwicklung. Unmittelbar nach Reichs Ausschluß aus der Internationalen Psychoanalytischen Vereinigung publiziert, hatte Waelders
Aufsatz den Beiklang einer offiziellen Stellungnahme.

Waelder hegte keinerlei Sympathien für eine politische oder
gar marxistische Psychoanalyse. Er schrieb, es sei unzuläs-
sig, Wissenschaft (Psychoanalyse) und Politik miteinander
zu vermischen. Und er begründete seine Einwände mit dem
Umstand, daß Wilhelm Reich, der der Psychoanalyse, vor
allem durch seine klinische Arbeit, große Dienste geleistet
hatte, nunmehr eine politisch orientierte Psychoanalyse vertrat. Einstige Dienste seien aber kein Freibrief für alle Zeit:
»So muß denn mit aller Klarheit gesagt werden, daß die hier
vorliegenden ›wissenschaftlichen‹ Bestrebungen mit der Psychoanalyse nichts mehr zu tun haben, daß niemand, der
Reich auf seinem Wege folgt, mehr Recht hat, sich noch auf
die Psychoanalyse zu berufen.«[34]
Reich interpretierte die Rezension vor allem deshalb als
offizielle Verlautbarung zu seinem Ausschluß, weil keinerlei weitere Begründungen im Druck erschienen. Auch Fenichel hatte in Reichs Zeitschrift einen Aufsatz veröffentlicht[35]; doch da Waelder bei seinem allgemeinen Angriff
auf Reich und die Zeitschrift Fenichel nicht erwähnt hatte,
folgerte Reich, Fenichel habe sich mit den Autoritäten in
Wien zusammengetan.[36] Fenichel wies diese Verdächtigung
als absurd zurück und schrieb Reich, sie erinnere ihn an
die Geschichte von dem deutschen Arbeiter, der einem
jüdischen sozialistischen Agitator entgegnete: »»Ja, Sie sind
Jude, da haben Sie es leicht, denn die Juden halten immer
zusammen.‹ Und der Jude antwortete: ›Oi, wie die reichen Juden mit mir zusammenhalten!‹« (XVII/30. August
1935/3).
In Wirklichkeit hatte Fenichel zu diesem Zeitpunkt längst
eine Erwiderung zugunsten von Reich entworfen, die er
zunächst in den *Rundbriefen* in Umlauf brachte, wo sie
diskutiert wurde. Dann sandte er sie an Waelder zur Veröffentlichung in der *Imago*. Fenichel erklärte in diesem Text,
viele Kollegen teilten Reichs Engagement. Und er verlangte
Aufklärung, warum Marxismus und Psychoanalyse mitein-

ander unvereinbar sein sollten. Nebenbei korrigierte er
einige von Waelders Äußerungen zum Marxismus (XII/
? März 1935/3).
Waelder antwortete sehr spät. Er entschuldigte sich deswe-
gen und gab zu verstehen, daß Fenichels Brief große Verlegenheit hervorgerufen habe. Die Entscheidung, ob Fenichels
Erwiderung veröffentlicht werden sollte, sei extrem schwierig. Um die Verantwortung nicht allein tragen zu müssen,
habe er Ernst Kris, den zweiten Herausgeber, hinzugezogen.
In naher Zeit würden Kris und er Fenichel offiziell davon in
Kenntnis setzen, ob es möglich sei, die Erwiderung abzu-
drucken. Sodann erläuterte Waelder auf mehreren Seiten,
was er in seiner Rezension hatte sagen wollen. Er bedauerte
einige unglückliche Formulierungen, die offenbar zu Mißverständnissen Anlaß gegeben hätten. Schließlich erhob er
die Forderung, Fenichel solle seine Replik zurückziehen
(XVI/6. Juni 1935/1).
Fenichel scheint eine offizielle Ablehnung nie erhalten zu
haben; doch er beantwortete diesen inoffiziellen Brief. Er
gab keine Handbreit nach. Zunächst stellte er fest, er sehe
keinen Grund, der Forderung zu entsprechen, seine Erwiderung zurückzuziehen, denn damit werde Waelder nur von
der Verantwortung befreit, sie abzulehnen. Waelders Rezension mache vor allem deshalb eine Erwiderung erforderlich,
weil sie den Verdacht entstehen lasse, es handle sich um eine
Stellungnahme der Internationalen Psychoanalytischen Vereinigung. Der Umstand, daß die bei Reichs Ausschluß ange-
kündigte öffentliche Verlautbarung bisher nicht erfolgt sei,
verstärke diesen Verdacht. Fenichel schrieb: »Ich gebe zu,
daß die Begründung: ›Wir halten Reich für pathologisch‹
nicht publizierbar ist, sie darf aber dann nicht durch eine
andere ersetzt werden, die fälschlich Reichs marxistische
Gesinnung für unvereinbar mit der Psychoanalyse erklärt;
so daß dann diejenigen Kollegen, die *in diesem Punkt* mit
Reich einer Meinung sind, den Eindruck erhalten, auch sie

wären in der Internationalen Psychoanalytischen Vereinigung unerwünscht.« (XVI/6. Juni 1935/1)
Zwei Folgerungen ergeben sich aus diesem Austausch von
Stellungnahmen. Erstens: Fenichel verteidigte auch weiterhin Reich und das Projekt einer politischen Psychoanalyse;
zweitens: Waelder und die Wiener Analytiker mühten sich,
Fenichel zu beschwichtigen. Und tatsächlich endete der
Austausch der Argumente nicht mit Fenichels Replik: Waelder fuhr fort, sich zu rechtfertigen, Erklärungen nachzu-
schieben und Erkundigungen einzuziehen – doch er gab
nicht nach.
Gleichzeitig lehnte er Fenichels Aufsatz »Der Bereicherungs-Trieb« zur Veröffentlichung ab.[37] Freilich, die Wiener
unternahmen sehr entschlossen Anstrengungen, Fenichel bei
der Stange zu halten. Warum?
Ohne weitere Dokumente in dieser Sache ist es schwer, die
genaue Einstellung der Wiener Analytiker zu Reich und
Fenichel zu ermitteln. Einerseits kehrte sich Fenichel in dem
Maße, wie Reichs Marxismus aggressiver wurde, deutlich
gegen ihn. Andererseits muß man sich vergegenwärtigen,
daß Reich nicht nur ein fähiger Analytiker war, sondern sich
in den zwanziger Jahren durch seine klinische Arbeit, durch
seine Seminare und Schriften als der wohl Begabteste seiner
Generation ausgezeichnet hatte, sein »Verlust« an den Marxismus für die Wiener Hüter der Psychoanalyse also sehr
schmerzlich war. Vermutlich waren sie nun sorgsam darauf
bedacht, einen ähnlichen Konflikt im Falle Fenichels zu
vermeiden. Denn wie Reich war auch Fenichel mehr als nur
ein talentierter Analytiker. Er verfügte über eine erstaun-
liche Vielfalt von Kenntnissen, er schrieb gut und häufig,
äußerte sich nachdrücklich zu theoretischen Fragen und
buckelte vor niemandem. Kurz, Fenichel war eine Kraft, mit
der man rechnen mußte. Und die Psychoanalyse konnte es
sich nicht leisten, ihre fähigsten Praktiker zu verlieren.
Freuds Rolle in diesen Auseinandersetzungen ist unklar,

doch sicherlich verhielt er sich nicht passiv.[38] Insgesamt
jedenfalls bemühte sich die Wiener Gruppe, die Beziehungen zu Fenichel ungetrübt zu halten.

Indizien dafür sind Fenichels Reise nach Wien sowie die
Tatsache, daß die Wiener ihn um einen größeren Aufsatz
baten. Nicht lange nach dem Briefwechsel mit Waelder reiste
Fenichel von Oslo nach Prag und besuchte unterwegs verschiedene Städte. In Wien traf er mit mehreren Analytikern
zusammen, unter ihnen Bergler, Kris, Lampl, Federn und
Waelder. Fenichel erwähnte in den *Rundbriefen* nur ganz
selten persönliche Erlebnisse, von seinem Aufenthalt in
Wien jedoch vermeldete er eine gewisse Ehrerbietung ihm
gegenüber: »man hatte das Gefühl, daß alle mich ein wenig
fürchteten.« (?XIX/17. Oktober 1935/6)
Fenichel hatte einen Brief an Edward Bibring und Ernst Kris
gerichtet, worin er auf die »Krise« und Verwirrung der
zeitgenössischen Psychoanalyse zu sprechen kam. Dieser
Brief nun bildete die Grundlage einer längeren Diskussion
zwischen Fenichel und den Herausgebern der *Imago* sowie
der *Internationalen Zeitschrift für Psychoanalyse* (Kris,
Waelder, Bibring, Hartmann). Nach der Diskussion hatten
die Herausgeber eine Konferenz mit Freud – der Darstellung
von Kris zufolge die erste in drei Jahren. Mit Freuds »voll-
ständiger Zustimmung« übermittelten sie Fenichel das An-
gebot, einen kritischen Überblick über den zeitgenössischen
Erkenntnisstand der Psychoanalyse in Form einer Broschüre
zu schreiben (XX/23. November 1935/2). Fenichel bediente
sich eines marxistischen Strategie-Begriffs, um die Bedingungen dieses Angebots zu erläutern: Er und die Wiener
Gruppe wollten eine »Volksfront« bilden. Man werde in-
terne Meinungsverschiedenheiten (über den Todestrieb
z. B.) begraben und sich gegen gemeinsame Kontrahenten
verbünden, gegen den verhängnisvollen Einfluß von Melanie
Klein, Ferenczi und der amerikanischen Analyse.
Dem Titel und der Konzeption nach sollte der mit Fenichel

vereinbarte Beitrag dem Muster zweier vorausgegangener
Überblicksdarstellungen folgen, dem »Bericht über die Fort-
schritte der Psychoanalyse in den Jahren 1909–1913«[39] und
dem »Bericht über die Fortschritte der Psychoanalyse in den
Jahren 1914–1919«.[40] In beiden Fällen handelt es sich um
Werke, an denen mehrere Autoren beteiligt waren. Seit dem
letzten Bericht, der Aufsätze von Rank, Ferenczi und Theodor Reik enthielt, war nichts Ähnliches erschienen. Sowohl
Fenichel selbst als auch die Wiener Gruppe faßten den
Arbeitstitel »Fortschritte der Psychoanalyse 1930–1936« als
Signal einer grundlegenden Auseinandersetzung mit der
zeitgenössischen Psychoanalyse auf. Daß Freud und die
Wiener Gruppe bereit waren, einem einzigen Autor ein
derartiges Projekt zu überantworten, beweist ihr Vertrauen
zu Fenichel.

Nicht Fenichels Sachkompetenz, sondern seine politische
Einstellung war beargwöhnt worden. In den Diskussionen,
die zur Vorbereitung des Projekts geführt wurden, brachten
die Wiener ihre Befürchtung zum Ausdruck, Fenichel
könnte in seinem Überblicksreferat allzu kritisch und partei-
lich vorgehen. Kris beschrieb die Gefahr, daß in dem Bericht, der von den »Fortschritten« der Psychoanalyse handeln solle, überwiegend von deren Rückschritten die Rede
sein könnte. Freud teilte diese Besorgnis und ließ Fenichel
durch die Wiener Herausgeber wissen, daß auch andere
Standpunkte gehört werden müßten. Indirekt warnte er
Fenichel, »zu sehr die Einzelheiten der nassen Flecken, die
auf den Wänden erscheinen«, darzustellen, »statt aufzuwei-
sen, woher das Wasser in die Wohnung eindringe« (XIX/
17. Oktober 1935/1). Schließlich riet er Fenichel, auf Polemik und Grobheiten zu verzichten.

Die Verhandlungen blieben von Argwohn überschattet, bis
Fenichel einen Teil seiner Arbeit im Konzept vorlegte. Die
Herausgeber reagierten sehr positiv darauf. Sie beurteilten
den Entwurf als »außerordentlich *beeindruckend*«. Zu eini-

gen geringfügigen und minder geringfügigen Punkten brachten sie jedoch Kritik vor und machten Änderungsvorschläge. Sie erinnerten Fenichel an Materialien, die er übergangen hatte, und monierten angelegentlich den Tonfall des Entwurfs. Fenichel wurde gebeten, seinen eigenen Standpunkt »objektiver« wiederzugeben. »Das muß nicht heißen, daß auf Kritik verzichtet werden soll, sondern betrifft ausschließlich die Akzentverteilung und die Tönung.« (XXIII/ 3. März 1936/3)

Fenichel nahm das übergangene Material gern auf, doch der Rat, seine Kritik einzuschränken oder sie weniger scharf zu artikulieren, wurmte ihn. Er schrieb an die vier Herausgeber: »Freilich gefällt mir Eure Formulierung wenig: ›Das muß nicht heißen, daß auf Kritik verzichtet werden soll‹, da ja meine Überzeugung, daß und wie sehr beim heutigen Stand der Psychoanalyse an den verschiedensten Stellen Kritik notwendig ist, überhaupt der Anlaß war, an eine derartige Arbeit heranzugehen. Ich möchte die Kritik nicht in Form von langatmigen Polemiken, nicht in Form von Gerede über Kleinigkeiten machen, sondern meinen Standpunkt, womöglich ›objektiv‹, dem der anderen entgegenstellen, meine aber doch, daß im ganzen Kritik der Hauptinhalt der ganzen Arbeit sein wird.« (XXIII/3. März 1936/3)

Bedauerlicherweise verraten die vorhandenen Unterlagen nichts über den Fortgang des Projekts. Die Arbeit wurde nie veröffentlicht und ist nur in Gestalt eines unvollständigen Manuskripts überliefert. Wahrscheinlich waren die Wiener Herausgeber und Fenichel in eine Sackgasse geraten. Möglicherweise verhinderten andere Faktoren – etwa die Not des Exils – den Abschluß des Manuskripts bzw. seine Veröffentlichung.

Das Manuskript beginnt mit der Feststellung, daß eine »neutrale« Rekapitulation psychoanalytischer Forschungen im Stile der älteren Berichte nicht mehr von Nutzen sei. Ausmaß und Verwirrung des gegenwärtigen psychoanalytischen

Wissens geböten nicht nur, dieses Wissen zu ordnen, sondern machten Kritik unabdingbar.

Das Manuskript gibt eine Übersicht über die Ich-Psycholo-
gie und setzt dann zu einer ausführlichen Kritik an Melanie
Klein an. Deren Fallgeschichten mangele es, wie Fenichel
schreibt, an Substanz; sie ignoriere das Alltagsleben ihrer
Patienten, so als könne sie direkt Zugang zum Unbewußten
gewinnen; sie führe psychische Ereignisse allzu unter-
schiedslos auf den Ödipuskomplex zurück, der dadurch zu
einer Leerformel werde, und sie wende eine späteren Ent-
wicklungsphasen angemessene Terminologie unbedacht auf
frühere Phasen an. Fenichel hält Klein jedoch die Entdek-
kung der destruktiven Objektstrebungen der frühesten
Kindheit zugute. Er schließt mit dem generellen Bedenken,
die englischen Analytiker machten sich der Überbewertung
der Biologie schuldig, das soziale Moment der Neurose sei
von ihnen in den Hintergrund verbannt worden. Zwar
hingen Abwehrhaltungen mit physiologischer Hilflosigkeit
zusammen, aber sie ließen sich nicht unvermittelt aus lebens-
geschichtlich frühen Konstellationen ableiten. »Neurosen –
und gerade darin besteht die Entdeckung der Psychoanalyse
– sind die Folge von Erlebnissen.«[41]*

Das Scheitern von Fenichels Verhandlungen mit der Wiener
Gruppe über seine Kritik nahm die Zukunft vorweg. Seine
Beziehungen zur offiziellen Psychoanalyse wurden zunehmend kühler, obwohl sie nie abbrachen. Die politisch engagierten Freudianer igelten sich ein und vertieften sich in die
Theoriearbeit. Sie tauschten Manuskripte, Ideen und Projekte aus, doch nur wenig davon gelangte an die breite
Öffentlichkeit des Fachs. Als das Exil andauerte, verschanz-
ten sie sich nach außen. Die Hoffnung auf die Entwicklung
einer politischen Psychoanalyse wurde fallengelassen. Man
begnügte sich damit, die klassische Analyse zu verteidigen.

KAPITEL V

Das Unbehagen an der Psychoanalyse:
Freudianer gegen Freudianer

Fenichel hielt seinen Kreis über die Verhandlungen mit Wien sowie über die Lage der Psychoanalyse dort auf dem laufenden, da er regelmäßig von Prag nach Wien reiste. Zu den Wiener Ereignissen, auf die er sorgfältig einging, zählte die Feier zu Freuds 80. Geburtstag im Jahre 1936, die mehrere Tage währte, mit vielen Festreden.[1] Ernest Jones behauptete in seiner Eröffnungsansprache, die Ära der deutschen Psychoanalyse sei zu Ende, die englischsprachigen Länder hätten jetzt die Führungsrolle übernommen. Fenichel mochte diese Beurteilung nicht akzeptieren. In seinem Kommentar teilte er lapidar mit, der auf Jones' Rede folgende Vortrag von Mrs. Riviere, einer englischen Anhängerin von Melanie Klein, habe den eklatanten Gegenbeweis geliefert. – Auch die Rede von Thomas Mann zu Ehren Freuds beeindruckte ihn nicht sonderlich. Unzufrieden war er mit dem Referat von Ludwig Binswanger; der habe so gesprochen, als hänge ein Kirchenchor an seinen Lippen. Fenichel erinnerte sich in diesem Zusammenhang an eine Bemerkung von Freud: »Andere Leute werden vom Wein trunken. Dieser Binswanger aber wird von alkoholfreien Getränken trunken.« (XXVI/18. März 1936/5) Freud, der an den Feierlichkeiten nicht teilnahm, sandte Binswanger nach Lektüre seines Vortrags eine diplomatisch abgefaßte Notiz: »Im Lesen freute ich mich Ihrer schönen Diktion, Ihrer Gelehrsamkeit, des Umfangs Ihres Horizonts, des Taktes im Widersprechen. [...] Natürlich glaube ich Ihnen doch nicht.«[2] In Wirklichkeit ging es damals um das Schicksal der Psycho-

analyse unter der Herrschaft des Faschismus. Denn nach
1933 hatte die Psychoanalyse in Deutschland weder aufgehört zu existieren noch waren alle Analytiker ins Ausland
geflohen, ja viele von ihnen, sogar einige, die ins Exil gegan-
gen waren, hofften, die Psychoanalyse würde unter eingeschränkten Bedingungen überleben können. Fenichel berichtete aufmerksam von den Bemühungen der Deutschen,
das Berliner Institut und die Psychoanalyse neu aufzubauen.
Er teilte seinem Kreis mit, in Gegenwart von Ernest Jones
sei der Vorschlag erwogen worden, Juden in der deutschen
Sektion der Internationalen Psychoanalytischen Vereinigung
auf den Status von »Gästen« zu relegieren.[3]
Verständlicherweise hatte die Gruppe um Fenichel wenig
Sympathie für Versuche, das Ansehen des Berliner Instituts aufzupolieren. 1935 erhielten mehrere Mitglieder Ein-
ladungen von Felix Boehm, dem Präsidenten der Deutschen Psychoanalytischen Gesellschaft, in denen sie gebeten
wurden, zum fünfzehnten Jahrestag der Gründung des
Berliner Instituts Glückwünsche zu senden. Fenichel hatte
einst zum zehnten Jahrestag einen Vortrag gehalten, und
Freud hatte zu dem aus diesem Anlaß veröffentlichten
Buch ein Vorwort geschrieben. Die Erwähnung von Freud
in Publikationen des Instituts war jetzt untersagt; Juden
wurden nicht mehr akzeptiert. Boehm selbst ließ sich in
einigen Belangen auf das Ideologiegeschäft der Nazis ein.[4]
Auf seine Einladung reagierte Edith Gyömröi mit einem
Glückwunschtelegramm im Auftrag des Fenichel-Kreises:
»Anläßlich der 15. Jahreswende gedenken die ehemaligen
Mitarbeiter in Liebe der alten Pflegestätte der freien For-
schung und wünschen ihr weiteres Gedeihen unter der
alten Flagge.« (XII/? März 1935/5)
Die alte Flagge war freilich längst niedergeholt worden. Bis
zum Juni 1936 war es im Berliner Institut zwischen den
Deutschen und den verbliebenen Juden zum vollständigen
Bruch gekommen. Fenichel berichtete davon detailliert, wo-

bei er nur selten seine Quellen offenlegte. Später bekannte
er, daß er und Edith Jacobson in verhängnisvoller Weise
unrecht gehabt hatten mit ihrer Annahme, der psychoanalytische Diskurs könnte auch mit eingeschränkten Rechten in
Deutschland fortgeführt werden. Richtig wäre es gewesen,
so meinte er jetzt, dem Vorschlag Reichs zu folgen und die
Deutsche Psychoanalytische Gesellschaft im Frühjahr 1933
aufzulösen: »Ich muß gestehen, daß ich und E. J. [Edith
Jacobson] im Gegensatz zu Reich damals den entgegengesetzten Standpunkt vertraten.« (XXXVI/? Mai 1937/5)
Freilich, die durchaus der seinen vergleichbare Unfähigkeit
des psychoanalytischen Establishments, die Realität des Nationalsozialismus beizeiten zu durchschauen, schockierte
Fenichel. An dem Tage, als die Nazis in Wien einmarschierten, notierte er: »Die Analytiker scheinen sich diesbezüglich
nicht anders zu verhalten als die übrige Wiener jüdische
Bürgerschaft. Einer kurzen, sehr heftigen Panik folgt eine
große Zuversicht zur gegenwärtigen Regierung.« Daß die
österreichischen Analytiker sich weigerten, zu fliehen, hatte
genau damit zu tun und war zugleich der Ausdruck einer
weiteren (von Fenichel nicht geteilten) Fehleinschätzung,
nämlich daß »ein Zerfall der Wiener Gruppe [...] einen
Zerfall der Psychoanalyse überhaupt« bedeuten könnte
(XLIV/14. März 1938/4).
Das Unvermögen oder die Weigerung, die Struktur des
Nationalsozialismus rechtzeitig zu erkennen, erwies sich für
das psychoanalytische Establishment als ziemlich kostspie-
lig; es versäumte, beträchtliche Teile seines Besitzes in Sicherheit zu bringen. Fenichel hat dazu eine aufschlußreiche
Geschichte überliefert: »Als Vorfeier zum 80. Geburtstag
Freuds geschah etwas, was den braven Analytikern wieder
einmal die Augen über das Verhältnis des Faschismus zur
Psychoanalyse öffnen könnte, und uns über die immer noch
vorhandene Blindheit der braven Analytiker. Obwohl es
jetzt drei Jahre her ist, daß in Berlin Freuds Bücher ver-

brannt wurden, ließ der Internationale Psychoanalytische
Verlag den Hauptteil seiner Büchervorräte drei Jahre lang
weiter in Leipzig. Nunmehr wurden sie auf Anordnung der
Regierung beschlagnahmt und der Vernichtung zugeführt. –
Der materielle Verlust für den Verlag soll außerordentlich
groß sein, und er beabsichtigt (bei deutschen Gerichten!)
eine Klage einzureichen.« (XXVI/18. Mai 1936/4) Jones erläuterte später den Vorfall: »Ich telegraphierte sofort an den
Polizeipräsidenten in Leipzig und erklärte, daß die Lagerbe-
stände des Verlags einer internationalen Organisation gehörten, aber das hielt sie selbstverständlich nicht von der Be-
schlagnahme und Vernichtung der Bücher ab.«[5]
Der wachsende Druck des Faschismus war nun allenthalben
zu spüren, bei der Gruppe um Fenichel insbesondere, nachdem Edith Jacobson 1936 verhaftet und in ein städtisches
Gefängnis gesteckt worden war. In einem Aufsatz, der ihre
Internierungserfahrungen darstellt: »Observations on the
Psychological Effect of Imprisonment on Female Political
Prisoners«, heißt es, daß dieses Gefängnis – zum Glück für
sie – minder streng reglementiert war als die Konzentrationslager.[6]
Monatelang erwog man in der internationalen psychoanalytischen Gemeinschaft Pläne, wie ihre Freilassung zu bewerk-
stelligen sei. Als sie nach einer Erkrankung vorübergehend
das Gefängnis verlassen durfte, halfen einige Prager Analytiker, sie heimlich über die Grenze in die Tschechoslowakei
zu bringen.
Die Verhaftung von Edith Jacobson hatte die Ängste der
Wiener Analytiker verstärkt. Doch Freud hoffte immer
noch, die österreichischen Behörden würden das Land und
die Psychoanalyse dort vor dem Zugriff des Nationalsozialismus schützen. Um jedes Aufsehen zu vermeiden, bestimmte man 1935, daß Analytiker und Ausbildungskandidaten sich nicht an illegalen politischen Aktivitäten beteili-
gen sollten. Eine Kandidatin, Marie Langer, die später nach

Argentinien emigrierte, geriet mit dieser Bestimmung in Konflikt und wurde um ein Haar von der Wiener Gruppe ausgeschlossen, nachdem die Polizei sie für kurze Zeit sistiert hatte.[7] Insgesamt und in Anbetracht der schwierigen politischen Lage erschienen Fenichel die Restriktionen, mit denen die Wiener Gruppe ihre Mitglieder belegte, nicht als sonderlich lästig (XXVII/? 30. August 1936/5).

Der heraufziehende Faschismus brachte den Kreis um Fenichel von seinem ursprünglichen Vorhaben, der Fundierung einer gesellschaftlich und politisch engagierten Psychoanalyse, nicht ab. Man versuchte im Gegenteil, aus der Exilsituation für die Theoriebildung Nutzen zu ziehen. Einer der Empfänger der *Rundbriefe* wies darauf hin, daß die Exilanten über die seltene Gelegenheit verfügten, ein vielfältiges Sample von Fallstudien vergleichend untersuchen zu können. Da sie sich nun in mehr als einem halben Dutzend fremder Kulturkreise bewegten, sei es möglich, anhand neuer Fälle ein altes Thema der politischen Psychoanalyse erneut und sorgfältig zu bearbeiten: die relative Bedeutung von Geschichte und Natur für den Aufbau der Psyche. Man könne sich also Fragen der folgenden Art zuwenden: Gibt es nationale Charakterstrukturen? Variieren Charakterstrukturen von Kultur zu Kultur?

George Gero, der in Kopenhagen lebte, eröffnete die Diskussion. Er ließ keinen Zweifel daran, daß das Unbewußte »international« sei, daß jedoch die skandinavische Charakterstruktur sich klar von der deutschen oder ungarischen unterscheide, weil jeweils unterschiedliche Muster der Erziehung und der Überich-Bildung zugrunde liegen. In Ungarn etwa bedrohe der typische kleinbürgerliche Vater seine jugendliche Tochter mit physischer Gewalt, wenn sie sexuelle Konventionen verletze. Im Gegensatz dazu ließen die Väter in Skandinavien ihren Töchtern viel Freiheit, bürdeten ihnen freilich auch mehr Verantwortung auf. Offensichtlich spielten Schuld und Über-Ich eine je verschiedene Rolle in

Skandinavien und in Ungarn bei der Prägung von Charakterstrukturen (XII/? 11. März 1935/2).

Fenichel stimmte Gero zu, warnte jedoch vor einem »Reduktionismus à la Géza Róheim«, der Kulturen unter Ge-
sichtspunkten der Individualpsychologie interpretierte und
sie, reichlich schematisch, als oral, anal und genital klassifi-
zierte. Worauf es ankomme, sei, den historischen Grund-
kontext eines jeden Landes, der die nationalen Charakterstrukturen beeinflusse, zu entschlüsseln. Je nach dem
Schicksal, das sie erleiden, nähmen die Triebe unterschiedliche Gestalt an. So präge die Geschichte z. B. der Neurose
bestimmte Formen und Merkmale auf. Zur Stützung seiner
These verwies Fenichel darauf, daß zu jener Zeit die »klassische« Neurose, die Hysterie, in der analytischen Praxis
kaum noch eine Rolle spielte. Darin spiegelte sich nach
seiner Überzeugung die historische Dynamik von Neurosen wider. An deren Ausdruckswandel lasse sich die Bewegung der Geschichte ablesen. Die Hysterie gehöre einer früheren Phase der gesellschaftlichen Moral an (XII/? 11. März
1935/2).

Fenichels Beiträge zur Theoriediskussion machten immer
wieder deutlich, daß er sich der Gefahren eines biologischen
wie kulturellen Reduktionismus bewußt war. In jeder Ein-
zelfrage unterschied er seine Position von biologistischen
Deutungskonzepten, die er mit Róheim, Laforgue, Marie
Bonaparte und zuweilen mit Jones oder Freud in Verbindung brachte. Zugleich distanzierte er sich von kulturalistischen Anschauungen, wie sie Horney und Fromm vertraten.
Dieselben Analytiker, so bemerkte er einmal, ersetzten gelegentlich den einen Fehler durch den anderen. Michael Balint
beispielsweise, ein ungarischer Schüler von Ferenczi, hatte
zunächst dem Biologismus zugeneigt; nach Ferenczis Tod
fiel er in das »entgegengesetzte Extrem«. Da Balint ein
Verbündeter gewesen war, zeigte sich Fenichel über diese
Wendung besorgt (XV/17. Juni 1935/17).

Balint hatte ein Manuskript an Fenichel geschickt und ihn um eine Stellungnahme gebeten. Seiner Gewohnheit entsprechend hatte dieser mit einer 15 Seiten langen Kritik geantwortet, die dann zum Austausch weiterer Briefe führte. Fenichel stimmte mit Balints Ablehnung des Biologismus voll überein. Er hielt die Arbeiten von Mrs. Riviere für den prägnantesten Fall biologistischen Denkens, das sich (und die Psychoanalyse) ausschließlich auf die frühkindlichen Phantasien stütze. Fenichel beharrte auf der Bedeutung der Triebgrundlagen des Seelenlebens. Und er rügte Balint, weil dieser jetzt die Entwicklungsstufen der Libido unmittelbar mit Erziehungs- und Kulturmustern in Zusammenhang brachte. Er schloß seine detaillierte und unnachgiebige Kritik mit der Aufforderung: »Schicken Sie mir recht rasch eine Gegenkritik!« Balint reagierte gereizt. Wäre er nicht ein Analytiker und daher »gewohnt [...], mit Widerständen umzugehen«, so entgegnete er, dann müßte ihm unverständlich bleiben, daß ein intelligenter Mensch wie Fenichel sich »normalen Argumenten so durch und durch entziehen« könne. Balint räumte ein, daß sie beide in bezug auf die Wichtigkeit gesellschaftlicher Faktoren einer Meinung seien, und gab zu, daß er diese Faktoren bisher vernachlässigt habe. »Es ist und bleibt ein Verdienst des ›kommunistischen‹ Flügels (Reich und Fenichel et Co.), daß er uns darauf aufmerksam gemacht hat.« Die übrigen Teile der Kritik Fenichels vermochten ihn freilich nicht zu überzeugen (XVII/30. August 1935/7).

Fenichel stand im Briefwechsel auch mit Balints Frau, Alice Balint, und tauschte Manuskripte mit ihr aus. Ihre Kritik an Fenichels Manuskript »The Drive to Amass Wealth« entfesselte einen Disput über die psychoanalytische Interpretation von Ergebnissen der Ethnologie. Fenichel ließ zwar Alice Balints Einwand gelten, er habe hier nicht den Ursprung des Geldes untersucht, sondern dessen Funktion. Aber er bezweifelte ihre These, weitere ethnologische Feldforschung

würde den Ursprung des Geldes zwangsläufig aufklären.
Nach Fenichels Meinung stellte Róheims psychoanalytische
Ethnologie leider unter Beweis, daß Feldforschung durchaus
mit einer unzureichenden Theoriebildung einhergehen
könne. Alice Balint räumte ein, daß in der älteren ethnologi-
schen Forschung, auf die einst Engels sich berufen hatte, ein
kruder Determinismus am Werk gewesen ist. »Dagegen
haben Sie recht und noch einmal recht«, schrieb ihr Fenichel,
»wenn Sie gegenüber Marxisten, die sich mit dem Dogma
begnügen, immer wieder auf die Notwendigkeit des Stu-
diums am realen Material hinweisen: es gibt nichts Schlim-
meres, als über Sachverhalte zu urteilen, die man überhaupt
nicht versteht« (XX/23. November 1935/4). Dennoch
glaubte er auch bei Alice Balint die schädlichen Einflüsse des
Kulturalismus zu erkennen. Sie übertrieb, wie er meinte, die
Rolle der Erziehung und akzeptierte, was Fenichel als den
»Schwindel der Persönlichkeit« bezeichnete. Indem er Marx
paraphrasierte und seine eigene frühere Formulierung über
die Pädagogik umkehrte, erklärte er, daß »in kapitalistischen
Gesellschaften [...] der Erziehungsfähigkeit enge Grenzen
gesetzt [sind]«. Die Gesellschaft werde nicht dadurch ver-
wandelt, daß man die Menschheit »pädagogisch revolutioniert«, sondern einzig durch eine Änderung der sozialen
Verhältnisse (XXXVII/29. Juni 1937/5).
Gegen den kulturalistischen Optimismus betonte Fenichel
den biologischen Anteil an den psychischen Prozessen. Dennoch löste er das Problem der relativen Bedeutung von
Kultur und Triebleben nicht nach einer Seite hin auf. Tatsächlich riefen seine Formulierungen in den *Rundbriefen*
Widerspruch hervor. Einige der Empfänger äußerten sich zu
der These des Kulturalismus (der zugleich als »Rousseauismus« bezeichnet wurde), der Mensch sei von Natur gut und
allein die Gesellschaft verderbe ihn. Da der Rousseauismus
die Natur des Begehrens, des Eros und der Triebe bis zur
Unkenntlichkeit vereinfache, wies ihn Fenichel, darin Freud

folgend, zurück. Seine Kritik an dieser romantischen Illusion geriet jedoch in bedenkliche Nähe zum Pessimismus des späten Freud; denn immerhin spielte sie mit dem entgegengesetzten Gedanken, daß natürliche Aggressivität und Bosheit den Menschen gegenüber kulturellen Veränderungen immun machten.

Offensichtlich wollten die politisch engagierten Analytiker diese Auffassung nicht teilen. Entschiedene Anhänger Freuds, verweigerten sie sich allen vagen Mutmaßungen über die Auflösung von Neurosen und sexuellen Widersprüchen. Sie widersetzten sich einem kulturalistischen Reformismus, der vor den Tiefenschichten der Psyche die Augen verschloß. Dennoch äußerten manche von ihnen den Verdacht, Fenichel lasse sich bei seiner Ablehnung des Kulturalismus insgeheim von biologistischen Vorstellungen leiten.

Zwei Thesen fanden allgemeine Zustimmung: daß man mit flinken »Reformen« dem Triebleben nicht beikommen könne, und daß es nicht ein für alle Mal festgelegt sei. Einer der Korrespondenten, ein ehemaliger Gefolgsmann Reichs, schrieb: »[...] es gibt nur eine korrekte Antwort auf die Frage, wie das Triebleben der Menschen nach drei Generationen sozialistischer Gesellschaft aussehen könnte: Wir wissen es nicht.« Klinische Erfahrung lege allerdings nahe zu vermuten, daß der Abbau der Sexualangst eine der Bedingungen menschlicher Befreiung sei. Der Sozialismus werde vielleicht nicht das Paradies eröffnen, aber immerhin die Utopie konkretisieren helfen (?XXIV/? März 1936/9). Fenichel pflichtete bei, rieb sich jedoch an dem auf Reich zurückverweisenden Reduktionismus und einer »gewissen Romantik« in dieser Argumentation. Sexualunterdrückung, schrieb er, sei zwar Folge und Instrument von Herrschaft, aber nur *eine* Folge und *ein* Instrument. Reich zufolge sei eine von Natur aus gute Sexualität durch eine böse Gesellschaft verdorben worden. Nach diesem Schema wäre das Ende der sexuellen Unterdrückung und Verdrängung notwendig der Anfang allgemeiner Glückseligkeit.

Der Meinungsaustausch über die Rolle von Romantik und Kultur führte auf ein weiteres wichtiges Thema, das den Kreis um Fenichel beunruhigte: das Verhältnis zu den Neofreudianern. Immer wieder, in Briefen, Rezensionen und Kommentaren, kam es zur Sprache. Es wurde nie endgültig geklärt.

Die Neofreudianer stellten für die politisch engagierten Analytiker eine Hoffnung und eine Bedrohung dar. Den Neofreudianern mißfielen der Konservativismus und Biologismus der geläufigen Analyse. Um beiden zu wehren, führten sie in den analytischen Diskurs soziale und historische Kategorien ein – an diesem Punkt traf sich ihr Weg mit dem der Fenichel-Gruppe. Aber in ihrem Eifer, die Psychoanalyse zu modernisieren, gaben sie zwei wesentliche Entdeckungen preis: die des Unbewußten und die der Sexualität – darin unterschieden sie sich von den Anhängern Fenichels.

Fenichel selbst war klar, daß seine Einstellung zu den Neofreudianern auf theoretischen Feinheiten beruhte und eine pragmatische Taktik erforderlich machte. Beides war nicht leicht miteinander zu vermitteln. Gegen den flachen Kulturalismus der Neofreudianer beharrte er auf der Tiefenstruktur der Sexualität und des Trieblebens. Zugleich – weil er ein politisch denkender Freudianer war – bekämpfte er den biologischen Reduktionismus und die gesellschaftliche Selbstentmündigung der etablierten Psychoanalyse. Aus diesem Grund begrüßte er die Neofreudianer als Verbündete, kritisierte aber gleichzeitig scharf die von ihnen betriebene Revision der psychoanalytischen Grundkategorien, wie es auch die Konservativen taten, mit denen er im übrigen wenig gemein hatte.

Obwohl Fenichels Entwurf theoretisch kohärent, ja sogar stringent war, fand er in den aktuellen Auseinandersetzungen nicht die ihm gebührende Beachtung und Anerkennung. Als die Neofreudianer immer mehr Zustimmung erlangten, verhärteten sich die Fronten vollends. Die Konservativen klebten an Freuds Texten und verwarfen jede gesellschaftliche oder politische Reflexion, selbst wenn sie sich aus diesen Texten speiste. Und die von den Konservativen abgelehnten Neofreudianer verzichteten nach und nach auf gewichtige Bestandteile der psychoanalytischen Ideenwelt und überantworteten sich schließlich einem lockeren Soziologismus. Fenichel, der das Korn Wahrheit in jeder der beiden Positionen wohl sah, blieb zwischen den Stühlen sitzen.

Ein Beispiel: Abram Kardiner wandte sich an Fenichel und bat ihn um eine Rezension seines Buches *The Individual and His Society*.[8] Dabei beklagte er sich bitter darüber, daß das New Yorker Institut sein Interesse an einer ethnologisch orientierten Psychoanalyse verhöhnte und ihn bezichtigte, die kanonisierte Tradition zu untergraben. Da Fenichel als wichtiger Vertreter des Konservativismus angesehen werde, könne eine freundliche Würdigung des Buches durch ihn vielleicht zu einem Stimmungswechsel führen (LX/11. August 1939/9). Fenichel nahm Anstoß an dieser Etikettierung: »Ich glaube nicht, daß mein Standpunkt in psychoanalytischen Fragen unter dem Slogan des Konservativismus zusammengefaßt werden kann.« Zwar sei heute die »Anwendung der Psychoanalyse auf die Soziologie die Hauptaufgabe«, und »die ersten Anwendungen dieser Art à la Reik oder Róheim seien von Grund auf falsch gewesen«. Aber, fuhr er fort, »heute besteht auch die entgegengesetzte Gefahr. [...] Man könnte die besonderen Entdeckungen Freuds und das Unbewußte vernachlässigen und unterschätzen.« (LX/11. August 1939/9)*

Seiner Gewohnheit folgend verfaßte Fenichel eine ausführliche Rezension, die er mit einem Begleitschreiben an Kardiner sandte. Die gesellschaftliche Ausrichtung des Buches erschien ihm sympathisch; Einspruch erhob er gegen Kardi-

ners Abfertigung der Trieblehre: »Die Libidotheorie hat nie
geleugnet, daß die Persönlichkeitsstrukturen durch die ver-
sagenden und begrenzenden Einflüsse der Außenwelt gebildet werden.« (LXVIII/? Juli 1940/6)* Kardiner hielt nicht
hinter dem Berg mit seiner »tiefen Verärgerung« über Fenichels Kritik und über dessen Unfähigkeit, »zu erfassen,
worum es mir ging« (LXX/10. August 1940/7).* Bald danach trennte er sich gemeinsam mit Sándor Rado von dem
New Yorker Institut und gründete eine eigene Klinik, die
sich der Columbia University assoziierte.

Theoretische und taktische Manöver dieser Art kennzeich-
neten auch Fenichels Beziehungen zu Karen Horney, Margaret Mead und (vor allem) Erich Fromm. Fenichel begrüßte
Horneys Angriffe auf den extremen Biologismus, der nach
seiner Ansicht ein konstitutioneller Fehler der zeitgenössischen Psychoanalyse war; gleichzeitig jedoch ahnte er, daß
Horneys Empfänglichkeit für das »gesellschaftliche Moment« die Abwendung von Freud und die Preisgabe eigen-
tümlicher analytischer Erkenntnisse zur Folge haben würde
(?XXXIX/11. September 1937/7). Horneys Buch *The Neu-
rotic Personality of Our Time* bestätigte diese Befürchtungen. Es brachte, wie Fenichel in einer Rezension ausdrücklich feststellte, Licht weder in die gesellschaftlichen noch in
die psychischen Strukturprozesse (XL/23. Oktober 1937/
11). Er schickte die Rezension an Horney, die sie als »sehr
fair« beurteilte, aber nochmals hervorhob, daß Fenichel und
sie in bezug auf die Trieblehre grundsätzlich verschiedener
Meinung seien, da »ich sie für etwas ansehe, was überwunden werden muß« (XLII/7. Januar 1938/9).

Mit Fromm führte Fenichel die gründlichsten Diskussionen.
In Deutschland hatten sie sich in denselben Zirkeln bewegt.
Mehrere Jahre gehörte Fromm dem Institut für Sozialfor-
schung der Frankfurter Schule an, zu dessen führenden
Mitgliedern Max Horkheimer, Th. W. Adorno und Herbert
Marcuse zählten. In der Zeitschrift des Instituts hatte

Fromm einen Aufsatz über die gesellschaftlichen Grundlagen der psychoanalytischen Therapie veröffentlicht, der
Fenichel veranlaßte, den Kontakt zu Fromm, der durch das
Exil unterbrochen war, zu erneuern. Fromm kritisierte in
diesem Aufsatz Freuds therapeutische Haltung – das Programm der Nichteinmischung – als einen Liberalismus, hinter dem sich kalter Autoritarismus verberge. Fromm lobte
Ferenczi als den radikaleren Analytiker, der es wage, in der
Therapie Liebe und Anteilnahme zu fördern; Freud bleibe
ein aristokratischer Liberaler des 19. Jahrhunderts, korrekt
in seinem therapeutischen Verhalten, doch außerstande, das
Glück seiner Patienten zu bejahen.[9] In den *Rundbriefen*
verglich Fenichel Fromms Kritik mit derjenigen von Reich,
obwohl Fromm Reich nicht zitiert hatte. Er schrieb an
Fromm und schlug vor, die Verbindung zwischen ihnen
wiederherzustellen – diejenigen, die an einer gesellschaftlich
orientierten Psychoanalyse interessiert seien, sollten zusam-
menwirken. Erhebliche Teile von Fromms Argumentation
wies er jedoch zurück. Die These, daß Freud ein Kind seiner
Zeit war, sei zweifellos richtig. Wie hätte es anders sein
können? Doch Freud zum repressiven Bourgeois zu stem-
peln, sei ebenso falsch wie unsinnig. Fenichel fühlte sich
geradezu »an Reich erinnert, der Freud immerfort zum
Vorwurf machen will, daß er kein Kommunist ist« (XXIII/
3. März 1936/12). Er akzeptierte auch nicht Fromms Einwände gegen Freuds therapeutische Praxis, die in ähnlicher
Form von den Neofreudianern erhoben wurden, übrigens
ebenfalls unter Berufung auf Ferenczi, der mit Freuds asketi-
scher Haltung gebrochen habe. Fenichel verteidigte Freuds
Orthodoxie, die er für weit radikaler hielt als Ferenczis
Reformismus. Die von der orthodoxen Psychoanalyse vor-
geschriebene Neutralität, schrieb er an Fromm, leugne nicht
den Anspruch des Patienten auf Glück. Im übrigen könne er
nicht erkennen, daß Ferenczi die gesellschaftlichen Tabus,
von denen sich Freud bedrängt sah, hinter sich gelassen

habe. In Wirklichkeit offenbarten Ferenczis Vorstellungen,
jedenfalls die aus seinen letzten Lebensjahren, deutliche
Spuren reaktionären Denkens. Indem er auf Ferenczis
Krankheit und die Verschlechterung seiner geistigen Verfassung anspielte, die von dessen Freunden bestritten worden
war, schrieb er: »Ich weiß wirklich nicht, warum Sie diese
›Abstiegszeit‹ des [...] ehemals großen Ferenczi, der allerdings immer noch seine genialen Geistesblitze hatte, so sehr
in Gegensatz zu Freud stellen und ihn als einen den Liberalismus angeblich überwunden habenden, revolutionären
Analytiker hinstellen wollen.« (XXIII/3. März 1936/12)
Fromm erwiderte in einem detaillierten Kommentar, Ferenczi habe zwar die Analyse nicht revolutioniert, aber seine
Beziehung zu seinen Patienten sei von derjenigen Freuds
eindeutig unterschieden gewesen. Dafür, daß er Reich nicht
erwähnt habe, erklärte Fromm, gebe es persönliche ebenso
wie sachliche Gründe. Ihm seien Reichs pathologische
Selbstliebe und Arroganz unerträglich. Und obwohl der
Anschein das Gegenteil vermuten lassen könnte, seien Reich
und er entgegengesetzten Traditionen verpflichtet. »Philoso-
phisch vertritt er keineswegs den historischen Materialismus, sondern einen mechanistischen Materialismus. [...]
Den Marxismus hat er in Wirklichkeit nie kapiert.« Fenichel
beharrte auf seinem Urteil über Ferenczi, teilte jedoch
Fromms Ansicht von Reich, dessen Starrsinnigkeit Fenichel
einst bewogen hatte, aus dem »sicheren« Oslo in das »un-
sichere« Prag überzusiedeln, und der das Projekt einer politischen Psychoanalyse erheblich erschwert habe (XXV/23.
April 1936/10).
Zu dem Zeitpunkt, da Fenichel sich bemühte, das Verhältnis
zu Fromm abermals zu beleben, näherte dieser sich den
Neofreudianern. Nachdem Fromm mehrere Aufsätze veröffentlicht hatte, die den Einfluß von Horney und anderen
Neofreudianern verrieten, fragte sich Fenichel, was denn aus
Fromms Marxismus geworden sei (90/10. Juli 1942/14).

Nach dem Erscheinen von *Escape from Freedom*, einem Übergangswerk, das Fromms Abkehr von der klassischen Analyse bezeugte, verfaßte Fenichel eine lange kritische Rezension. Darin behauptete er, Fromm, Kardiner, Horney und andere hätten, um Fehler zu vermeiden oder zu korrigieren, welche die Psychoanalyse zweifelsfrei begangen hat, »diese insgesamt preisgegeben«.[10] Fromm überantworte sich mehr und mehr einem vagen Idealismus, den er fälschlich für »realer« und »konkreter« halte als Freuds altmodische Begrifflichkeit.

Privat schlug Fenichel jedoch andere Töne an, denn die theoretischen Querelen trugen mit Schuld an der mißlichen Lage, in der sich sein Kreis befand. Der Version einer Besprechung des Buches von Fromm, die er in den *Rundbriefen* verbreitete, fügte er hinzu, es sei »bedauerlich«, daß »wir« nicht bessere Bücher schrieben als die Neofreudianer. »Vielleicht wäre es möglich, daß bessere Bücher geschrieben würden, wenn wir unsere alte und vergessene Gewohnheit wieder aufnähmen, wichtige Fragen einer marxistischen Psychoanalyse in unserem Kreis zu diskutieren.« (86/3. März 1942/1) Seine Kritik an den Neofreudianern war jetzt zunehmend von der Klage begleitet, die radikal denkenden Analytiker hätten vor den Neofreudianern kapituliert.

1937 ereiferte er sich wortreich über Margaret Meads *Sex and Temperament*, ein Belegstück naivsten bürgerlichen Liberalismus, wie er das Buch nannte, »ohne jede Ahnung der wirklichen sozialen Sachverhalte oder gar wissenschaftlicher soziologischer Erkenntnis. . .« (XXXIII/1. Februar 1937/9) Als er acht Jahre später ein weiteres Buch von Margaret Mead, *And Keep Your Powder Dry*, rezensierte, klang seine Kritik gedämpft und eher nach Bedauern. Meads Ansatz sei zwar idealistisch und unangemessen, aber ihre »Ziele sind auch unsere Ziele«: die Aufdeckung sozialer Strukturen und Charakterformationen. Und genau dies, heißt es in einem seiner letzten Briefe, sei fünfzehn Jahre zuvor das Programm

seiner Gruppe gewesen; doch sie habe zugesehen, wie Autoren, die keine Psychoanalytiker sind, die Schlüsselrolle an
sich zogen. »Wann werden wir wieder Gelegenheit haben,
uns zusammenzusetzen? [. . .] Wir alle haben Ideen, die weit
über das hinausgehen, was Margaret Mead schreibt.« Gegenwärtig verstünden die Analytiker weder etwas von Ethnologie noch von Geschichtswissenschaft, und die wenigen Ethnologen, die Kenntnisse in der Psychoanalyse besäßen, seien
nicht ausreichend in Geschichtswissenschaft und Soziologie
bewandert (114/2. Januar 1945/13).
Die Isolierung der Fenichel-Gruppe war bestimmt, vielleicht
sogar verursacht durch ihre Distanz sowohl zu den
Neofreudianern wie zu den Konservativen. Wenngleich Fenichel gegen die Neofreudianer Front machte, wiederholte
er doch immer wieder, daß die entgegengesetzte Position,
ein exzessiver psychologischer Reduktionismus, der alles und
jedes mit dem Ödipuskomplex erklärte, nicht minder verheerend sei. In Ernest Jones' »Evolution und Revolution«[11]
sah er die Wirkungskraft dieses Psychologismus ungebro-
chen am Werk. »Es ist erhellend zu sehen, daß die ›Führer‹
der ›orthodoxen‹ Psychoanalyse in den letzten Jahren nichts
gelernt haben.« (87/22. März 1942/9) Daß die Konservativen
nach wie vor mächtig waren, fand Fenichel durch eine
kritische Rezension Róheims über Kardiner sowie eine Besprechung Menningers über Fromm bestätigt. Beide Rezensionen erachtete er für »offenkundig ungerecht« (83/27.
November 1941/9). Und immer wieder ermahnte er die
Mitglieder seines Kreises, nicht unbedacht in die reaktionäre
Kritik an den Neofreudianern einzustimmen.
Eine solch empfindliche theoretische Einstellung war kaum
in die vielgestaltige und wechselhafte Politik von Organisationen zu übersetzen. Als Horney und ihre Anhänger sich
von dem New Yorker Analytiker-Verband trennten, sah
sich der Fenichel-Kreis vor eine unangenehme Entscheidung
gestellt. Er konnte nicht die Revisionisten unterstützen,

obwohl er ihrem grundsätzlichen Konzept zustimmte. Zugleich stand er in einem ernsthaften Meinungsstreit mit den Konservativen, die an der alten Organisation festhielten. Diese »paradoxe Situation« schmerzte Fenichel. Die Gruppe um Horney hatte sich mit der offiziellen Organisation teilweise deshalb überworfen, weil diese den gesellschaftlichen Problemstellungen der Psychoanalyse nicht angemessen Rechnung trug. Fenichel aber hegte »keine Zweifel« daran, sich gegen die Gruppe um Horney entscheiden zu müssen, da diese, wie er betonte, wesentliche Prinzipien der Psychoanalyse preisgab (80/3. September 1941/1).

Mitten im Zweiten Weltkrieg erschien Fenichel die Symmetrie zwischen den militärischen und den psychoanalytischen Auseinandersetzungen offensichtlich. In der Allianz westlicher und sowjetischer Streitkräfte spiegelte sich für ihn die Konfiguration innerhalb der Psychoanalyse wider. Nach Fenichels Meinung gab es »eine Analogie [...] zu unserem kleinen Feld der psychoanalytischen Politik. [...] Trotz einiger zutreffender Kritik, die von den ›Fortschrittlichen‹ [Horneys Splittergruppe, der Association for the Advancement of Psychoanalysis] vorgebracht wird, gibt es keinen Zweifel, daß sie dabei sind, die Psychoanalyse und Freud insgesamt aufzugeben. [...] Wir sind in dieser Angelegenheit gezwungen, uns vorbehaltlos auf die Seite der ›konservativen Kräfte‹ zu schlagen.« (89/15. Mai 1942/1)

Die *Rundbriefe* beanspruchten Fenichels enorme schriftstellerische Energien niemals ganz und gar. So hatte er in Prag eine Reihe von äußerst bedeutsamen Arbeiten geschrieben und im gleichen Zeitraum in Wien mehrere Vorträge gehalten: *Probleme der psychoanalytischen Technik*, die jüngst als »vernachlässigter Klassiker« bezeichnet worden sind.[12] Einige der soziologischen Essays aus dieser Periode rechnen, mit guten Gründen, zu seinen besten. Vielleicht deshalb, weil er sich damals bereits von Reich gelöst hatte, sind diese

Aufsätze nicht beschwert durch langwierige Erörterungen des Verhältnisses von Marxismus und Psychoanalyse. Genau solche Erörterungen waren der früheren Arbeit, die er in Reichs Zeitschrift veröffentlicht hatte, zum Nachteil ausgeschlagen.[13] Anders als während der folgenden Jahre in den Vereinigten Staaten besaß damals die »community« der politisch interessierten Psychoanalytiker noch eine Identität, die (intellektuell und emotional) eine abweichende Theoriebildung zu verkraften vermochte. »Der Bereicherungs-Trieb«, eine Kritik an Edward Glover, eine Diskussion über Erich Fromm, eine erhellende Studie zu Freuds Theorie des Todestriebs, ein Essay über den Antisemitismus sowie weitere Manuskripte sind Produkte dieser drei Jahre (1935–1938). Da mehrere dieser Texte in die Sammlung der *Aufsätze* Fenichels aufgenommen worden sind, brauchen sie hier nicht ausführlich bedacht zu werden.

Die Abhandlungen über den Bereicherungs- und den Todestrieb nehmen Bezug auf vorausgegangene Debatten. 1932 hatte Reich Freuds Neuformulierung des Konzepts vom Todestrieb als theoretischen Rückzug angeprangert.[14] Fenichel stimmte im Grundsatz Reichs Einwänden zu – die neue Theorie des primären Masochismus und der Selbstzerstörung verlagere die Ursache des Leidens von äußerer Unterdrückung auf ein inneres biologisches Bedürfnis und verhindere damit eine »Kritik der sozialen Ordnung«.[15] Der neuen Theorie des Todestriebs zufolge entsteht eine Neurose aus dem Konflikt zweier Triebenergien, einer selbstzerstörerischen und einer erotischen. »Eine solche Auslegung würde bedeuten, den sozialen Faktor in der Neurosenätiologie vollkommen auszuschalten und die Neurosen rückhaltlos zu biologisieren.«[16]

Im Gegensatz zu konventionellen Studien verfällt Fenichels Aufsatz »Der Bereicherungs-Trieb« weder in antipsychoanalytischen Soziologismus noch in psychologischen Reduktionismus.[17] Ein derartiger Reduktionismus hatte, wie

Fenichel darlegte, die Beiträge von Ferenczi beeinträchtigt, der vorschnell das Interesse des Kindes an den Faeces mit der Rolle des Geldes verknüpft und die entscheidenden gesellschaftlichen Institutionen ignoriert habe, so als sei der Kapitalismus aus dem Trieb, zu sammeln und zu akkumulieren, hervorgegangen.[18] Fenichel zufolge bedient sich der Kapitalismus zwar der Triebe, er ist aber nicht ihr Produkt.[19]

Fenichels Schrift »Elemente einer psychoanalytischen Theorie des Antisemitismus« war ursprünglich ein Vortrag vor einer Gruppe Prager Zionisten und ist danach in mehreren Versionen veröffentlicht worden – die letzte erschien in dem von Ernst Simmel herausgegebenen Band *Anti-Semitism: A Social Disease*.[20] Der Aufsatz ist vielleicht der bedeutendste, den Fenichel jemals geschrieben hat; er bezeugt, wie brillant und originell dieser Denker war, wenn er einmal die üblichen Systematisierungen fahrenließ, und er weist über die gängigen Untersuchungen des Antisemitismus insofern hinaus, als er das Problem der Juden vor der Folie des Archaischen und Unheimlichen – des Unbewußten – interpretiert, das, weil es irritiert, ängstigt und befremdet, Vernichtungswünsche auf sich zieht. Fenichel explizierte die Grenzen einer engsinnigen psychoanalytischen Deutung des Antisemitismus: »Die Triebstruktur des Durchschnittsmenschen in Deutschland unterschied sich im Jahre 1935 nicht von der des Jahres 1925.« Folglich konnte man mit den Mitteln der Psychoanalyse allein den »Erfolg« des Nationalsozialismus nicht erklären.

In den sechs Jahren zwischen den beiden veröffentlichten Versionen dieses Aufsatzes hat Fenichel seine Argumentationsweise entschärft. Die jüngere Version schließt mit der Erinnerung an die Bedeutung der jeweils herrschenden gesellschaftlichen und ökonomischen Verhältnisse. »Deren Erörterung geht über den Rahmen dieses Aufsatzes hinaus. Doch heißt das nicht, daß sie von zweitrangiger Bedeutung

sind.«[21] Die ältere Version dagegen stellt fest, der Antisemitismus sei eine »Waffe im Krieg der Klassen, der gegenwärtig die zivilisierte Welt beherrscht«.[22]

Vier weitere Arbeiten aus diesen Jahren, die nicht in den
Aufsätzen enthalten sind, sollen hier wenigstens erwähnt
werden. Die erste, »Psychoanalytische Einfälle zu Engels
›Deutscher Bauernkrieg‹«, wurde offenbar für eine Arbeits-
gruppe geschrieben.[23] Die zweite ist eine Besprechung von
Fromms Beitrag zu dem Band *Autorität und Familie*, worin
Fromm den Grundriß eines autoritär-masochistischen Cha-
rakters entwickelte[24] – Fenichel lobte den Aufsatz, obwohl
ihm der deskriptive Ansatz mißfiel.[25] Edward Glovers *War,
Sadism, and Pacifism* (1933) war Gegenstand der dritten
Arbeit – einer unverhüllten Attacke auf die reduktionistische
Erörterung des Krieges. Konkrete gesellschaftliche Interessen und ökonomische Kräfte kämen in Glovers Darstellung
nicht vor. »Der Hauptfehler von Glover kann [...] auch
folgendermaßen formuliert werden: Alles, was an psychologischen Fakten im Kriege vorkommen kann, hält er für
Ursachen der Kriege.«[26] Glover antwortete mit einer un-
freundlichen Verdächtigung: Fenichels Argumentation sei
die bei Sozialisten oder Kommunisten übliche; Freud teile
die Auffassungen, die er in seinem Buch vorgetragen habe,
und im übrigen sei die Psychoanalyse mit »Ismen«, welchen
auch immer, unvereinbar. Fenichel erwiderte, sollte sein
verehrter Lehrer tatsächlich mit Glover übereinstimmen, so
könne er Freud in diesem Punkt nicht folgen.[27]

Das vierte Manuskript ist ein Vortrag, den Fenichel in Basel
hielt: »Psychoanalyse und Gesellschaftswissenschaften«,
worin er die keineswegs originelle These vertritt, das Instru-
mentarium des »Psychologismus« sei den gesellschaftlichen
Realitäten von Krieg und Kapitalismus nicht gewachsen.
Doch obwohl Mißtrauen vor großen Teilen insbesondere
der akademischen Psychologie angeraten sei, ließen sich
gesellschaftliche Abhängigkeit des Einzelnen und autoritäre

Verhaltensmuster ohne die Psychoanalyse nicht wirklich begreifen. Die Psychoanalyse sei zwar keine Universalwissenschaft, sie könne aber bei sozialwissenschaftlicher Theoriebildung von Nutzen sein.[28]

Den Vortrag in Basel hielt Fenichel während einer Reise durch Europa zu Beginn des Jahres 1938, einer dunklen Zeit für Mitteleuropa: Der ›Anschluß‹ stand bevor; das Münchener Abkommen und die Aufteilung der Tschechoslowakei zeichneten sich ab. Die Vortragsreise führte Fenichel nach Frankreich, in die Niederlande und nach England. Die Lebensaussichten und Arbeitsmöglichkeiten in Europa sahen damals trostlos aus. Fenichel diagnostizierte eine erwachende allgemeine »Existenzunsicherheit«. Er selbst hatte seinen Aufenthalt in Prag stets als Provisorium angesehen[29], und schon vor seiner Reise durch Europa war er entschlossen gewesen, in die Vereinigten Staaten zu emigrieren. Nun verdoppelte er seine Bemühungen um die notwendigen Visa und Einreiseerlaubnisse.

In den wenigen Jahren, die er in Prag verbrachte, machte Fenichel auf die tschechoslowakische Psychoanalyse, die sich damals herauszubilden begann, einen nachhaltigen Eindruck.[30] Er stand im Mittelpunkt einer kleinen, eng zusammenarbeitenden Gruppe von Analytikern. Deren übrige Mitglieder waren Freunde aus Wien und Berlin – Annie Reich, Steff Bornstein und Henry Loewenfeld. Mit unerschöpflicher Energie ging Fenichel daran, diese informelle Gruppe in Prag so zu organisieren, daß sie einen offiziellen Status in der Internationalen Psychoanalytischen Vereinigung erhalten konnte.

In Los Angeles erinnerte er sich gerne an die Wärme und Intensität der Atmosphäre in Prag. Sie war jedoch nicht von Dauer; denn Europa wurde zu einer Kolonie der Nationalsozialisten. 1938 konstatierten die Prager Analytiker trocken, daß die Ereignisse in Mitteleuropa zum Ende der Wiener Vereinigung und damit auch zu dem der ihr assozi-

ierten Prager Gruppe geführt hatten. In ihrem Bericht hieß
es, die Hälfte der Mitglieder habe bereits 1938 Prag verlassen
und die andere Hälfte beabsichtige, ihr 1939 zu folgen.[31]
Von den älteren Analytikern blieb 1939 nur Steff Bornstein
in Prag, und sie starb noch im selben Jahr. Dr. Brief und
Therese Bondy, die der Prager Gruppe assoziiert waren,
wurden in Konzentrationslagern getötet. Ein einziger,
Theodor Dosužkov, überlebte die deutsche Besatzungs-
zeit.[32]
Um die notwendigen Garantien für seinen Lebensunterhalt
und eine Anstellung zu bekommen, trat Fenichel mit der
psychoanalytischen Arbeitsgruppe in Los Angeles in Verhandlungen. Deren Präsident, Ernst Simmel, befand sich seit
1934 in Kalifornien. Simmel hatte es bereits Frances Deri,
einer engen Vertrauten aus Berlin, ermöglicht, sich in Los
Angeles niederzulassen. Die Gespräche mit Fenichel führten
zu einem Vertrag, in dem dieser sich verpflichtete, die
Mitglieder der Arbeitsgruppe drei Jahre lang halbtags in
Psychoanalyse zu unterrichten. Sieben Mitglieder der
Gruppe, unter ihnen einige Professoren für Theoretische
Physik, erklärten sich bereit, gemeinsam Fenichel ein mo-
natliches Gehalt von 250 Dollar zu zahlen.[33]
Zu Beginn des Frühjahrs 1938 hielt Fenichel einen Ab-
schiedsvortrag vor den zunehmend beunruhigten Prager
Analytikern. Er gab einen Überblick über die Lage. Die
Nazis waren soeben in Wien einmarschiert, und Freuds
Werke wurden verboten. Das Schicksal der Psychoanalyse,
meinte Fenichel, hänge jetzt nicht mehr davon ab, ob sie sich
erfolgreich mit dieser oder jener »Abweichung« auseinan-
dersetze. »Auf die inneren Vorgänge innerhalb der sog.
›analytischen Bewegung‹ kommt es nun kaum mehr an. Das
Schicksal der Psychoanalyse wird vom Schicksal der Welt
und der Wissenschaft überhaupt abhängen.« (XLVIII/
25. Juni 1938/19) Fenichel stimmte ausdrücklich nicht jenen
zu, die im Kampf gegen den Faschismus linksextreme Posi-

tionen glaubten einnehmen zu sollen. Er sagte, auch er habe die Begründung und Entfaltung einer Theorie der menschlichen Kultur und Gesellschaft für das authentische Projekt der Psychoanalyse gehalten. Doch diese Aufgabe und die daran geknüpften Hoffnungen gehörten nun der Vergangenheit an. In den faschistischen Ländern werde der »Geist« ermordet, würden Lügen verbreitet und jede Anstrengung unternommen, die Menschen dumm statt einsichtig zu machen. Im Angesicht der Barbarei sei es angezeigt, sich in Bescheidenheit zu üben. Große Entdeckungen oder Durchbrüche stünden nicht zu erwarten. Jetzt komme es darauf an, die Psychoanalyse zu bewahren – und standzuhalten. Vielleicht werde die Barbarei sich weiter ausbreiten, und möglicherweise werde die Psychoanalyse mitsamt der Kultur verschwinden. Dennoch gelte es, in ihrer Tradition weiterzuarbeiten. »Nicht darum geht es, daß dieser oder jener Neurotiker gesund gemacht werde, sondern darum, daß das Denken überhaupt auf die Erscheinungen des Seelenlebens angewendet werde. Nicht das grüblerisch zwangsneurotische Denken, das die Wirklichkeit durch Begriffe ersetzt, sondern das lebendige Denken, das an der Fülle der Wirklichkeit orientiert ist. Und um dieses Denken steht es heute schlecht. Der Ratio ist der Krieg angesagt.« (XLVIII/25. Juni 1938/19)

Für Fenichel war das Gebot, an der klassischen Psychoanalyse festzuhalten, mit der Notwendigkeit der Auswanderung aus Europa verbunden. »Als Alexander unlängst schrieb: ›Born and educated in Europe‹; er könne versichern, daß die Wissenschaft im politisch zerfleischten Europa keinerlei Zukunft mehr habe, daß man deshalb seine europäischen Bedingungen aufgeben müsse, und mit einer Gloriole Amerikas schloß , – da machten wir, die wir wußten, wie jungen Datums sein Amerikanismus sei, uns darüber lustig. Aber hat er nicht Recht?« Fenichel schloß seine Ansprache mit einem Zitat aus seinem Gedicht »Dennoch«:

»Wie düster ist's geworden und wie sehr sind wir bedrängt, –
wie viele sind gehenkt
und gefährdet ist, wer denkt,
die rohe Dummheit hat in die Vernunft sich eingemengt,
vorbei ist, was einst war, der Fortinbas ist da.
Doch weil die wahre Redlichkeit sich nicht besiegen läßt,
auch wenn man sie erpreßt –,
sie lernt nur und wird fest –,
so kann sie warten, Wahrheit wissend fährt sie weit nach West.
Es gibt – in Trauer – Hoffnung in Amerika.«
(XLVIII/25. Juni 1938/19)

Einige Tage nach dieser Rede verließ Fenichel mit Frau und
Kind die Stadt Prag. Die Familie floh nach Frankreich und
schiffte sich in Le Havre an Bord der ›Manhattan‹ ein, »des
größten Dampfers, der je in Amerika gebaut wurde«, und
der überfüllt war mit Juden, die aus Mitteleuropa in die
Vereinigten Staaten flüchteten.

KAPITEL VI

Die Illusion einer Zukunft: Politische Psychoanalyse in den Vereinigten Staaten

Sogleich nach seiner Ankunft in den Vereinigten Staaten traf Fenichel mit alten Bekannten in New York zusammen, um die Lage zu erörtern. Er reiste nach New Haven und Boston und dann mit dem Zug nach Los Angeles. In Chicago, Topeka und San Francisco legte er Zwischenaufenthalte ein, um Vorträge zu halten und mit Analytikern Kontakt aufzunehmen. Sein erster *Rundbrief* aus Amerika, ein voluminöser Text von beinahe achtzig Seiten, spiegelte detailliert seine Erkundungen; er war unpersönlich gehalten und zeigte nur vage Spuren von Fenichels Reaktionen auf New York, auf Los Angeles oder auf die ungeheure Weite des Landes. Lediglich in einigen Gedichten scheinen seine Stimmungen auf, so in »Los Angeles Limited«, das er während der Durchquerung des Kontinents in der Eisenbahn schrieb und in dem seine Traurigkeit und seine Ängste vor dem Leben, das ihn in Kalifornien erwartete, laut werden.

Wie alle Einwanderer wurden auch die Analytiker Opfer von Kulturschocks und Mißverständnissen. Auf dem Weg nach Los Angeles machte Fenichel in Topeka Station, wo Karl Menninger eine psychoanalytische Klinik errichtet hatte, die zugleich ein Zufluchtsort für ausländische Analytiker war. Fenichel stieß dort auf eine Welt, die mit Prag oder Berlin nur wenig Ähnlichkeit hatte. Er bildete sich ein oder glaubte zu spüren, daß Menninger auf sein schlechtes Englisch oder seine fremdartigen Eßgewohnheiten aggressiv reagierte.[1]

Auf Wunsch Menningers bereitete Fenichel einen Vortrag

vor. Besorgt über seine schlechte Aussprache im Englischen
bat Fenichel andere ausländische Analytiker um Beistand.
Die aber waren ihm keine Hilfe. Martin Grotjahn, auch er
ein Emigrant aus Deutschland, erinnerte sich, daß Fenichel
über etwas sprechen wollte, was er als »penis envoy« bezeichnete. ›Mir klang das nicht richtig, ich schlug versuchs-
weise [...] ›penis ivy‹ vor. Der Vorschlag eines anderen
Emigranten, ›envy‹, wurde von Otto und mir als zu unwahrscheinlich zurückgewiesen.« Fenichel hielt seinen Vortrag,
der »von allen respektiert und von keinem verstanden
[wurde], bis schließlich der ›penis envoy‹ stürmisches Ge-
lächter auslöste«.[2]

In den Vereinigten Staaten schloß sich Fenichel alsbald den
(wie sie selbst meinten) kampfbereiten Freudianern an, die
der klassischen Psychoanalyse gegenüber loyal waren. Sie
teilten Freuds leidenschaftlich, ja beinahe obsessiv verfoch-
tene Überzeugung, die amerikanische Zivilisation gefährde
seine Entdeckung, da sie sie einer pragmatisch verfahrenden
Psychiatrie unterordne. Daß Besuche in Nordamerika zur
Abkehr bedeutender Psychoanalytiker – bei Jung wie bei
Ferenczi – geführt hatten, schien Freuds Vorbehalte zu
bekräftigen. Max Eastman schlug er gelegentlich vor, ein
Buch zu schreiben über »das Scheitern der amerikanischen
Zivilisation«. »Warum hassen Sie Amerikaner denn so?«
wollte Eastman wissen. »Hassen?« antwortete Freud, »ich
hasse Amerika nicht, ich bedaure es!«[3]

Fenichel scheute sich nicht, sich in Geist und Buchstaben
zur europäischen Psychoanalyse zu bekennen. Sehr skep-
tisch beobachtete er jene Analytiker, die sich eilfertig assimi-
lierten. Ein Satz aus einem Brief eines anderen Neueinwan-
derers, Sándor Rado, ärgerte ihn über die Maßen. Im Namen
der American Psychoanalytic Association hatte Rado an die
Internationale Vereinigung geschrieben und dabei die Worte
gebraucht »Wir Amerikaner«. Fenichel interpretierte das als
eklatante Verleugnung und Selbstverleugnung.

Der Faschismus zwang die politisch engagierten Freudianer zum Rückzug. Wie Fenichel in seinem Abschiedsvortrag in Prag dargelegt hatte, waren sie nunmehr darauf angewiesen, die klassische Psychoanalyse am Leben zu erhalten. Die Situation in den Vereinigten Staaten bestärkte sie darin und in der Mobilisierung ihrer Energien. Ihre Arbeitsbedingungen freilich waren Fortschritten auf dem Wege zu einer gesellschaftstheoretisch fundierten oder gar militanten Psychoanalyse nicht günstig. Die schwindende Glaubwürdigkeit des Marxismus, die relative Neuheit der Psychoanalyse, die große räumliche Entfernung der Analytiker voneinander sowie der angreifbare rechtliche Status der Einwanderer – all dies wirkte sich hemmend aus. Zugleich unterhöhlte die Medizinalisierung zunehmend die kulturellen und politischen Reflexionsprozesse der Psychoanalyse.

Das spiegelt sich in Fenichels Schriften wider – selten treten seine Einstellungen offen hervor; doch wer aufmerksam die letzten Seiten der politisch überaus zurückhaltenden *Psychoanalytischen Neurosenlehre* las und deren vorsichtige Sprache zu entziffern verstand, konnte immerhin einige zentrale Stichworte entdecken. Fenichel argumentiert dort ausschließlich in historischer Perspektive. Er schreibt: »Neurosen treten nicht wie das Altern mit biologischer Notwendigkeit auf. [...] Neurosen sind soziale Erkrankungen [...], das Ergebnis gesellschaftlich bedingter ungünstiger Erziehungsmaßnahmen, die einem bestimmten historisch entwickelten Gesellschaftszusammenhang entsprechen. [...] Sie können nicht ohne eine Veränderung dieses gesellschaftlichen Zusammenhangs geändert werden.«[4] Und auf den letzten Seiten rekapituliert er noch einmal verschiedene seiner Prinzipien. Den therapeutischen Möglichkeiten der Psychoanalyse sind nach seiner Auffassung enge Grenzen gezogen: »Sind wir angesichts des unerhörten neurotischen (und nichtneurotischen) Elends unserer Tage häufig der Verzweiflung nahe, wenn wir uns klarmachen, daß wir nur fünf bis zehn

Personen im Jahr helfen können, so mag uns die Erkenntnis
ein Trost sein, daß diese eingeschränkte psychotherapeuti-
sche Arbeit zugleich die Forschungsleistung einer Wissenschaft darstellt, die vielleicht eines Tages die Möglichkeit
allgemeinerer Anwendung gewinnt.« Und: »Nicht weil pri-
mitive Triebe noch in uns fortwirken, leben wir mit Krieg,
Elend und Neurosen. Wir haben es vielmehr noch nicht
gelernt, Krieg und Elend durch eine vernünftigere und weniger widersprüchliche Regelung unserer sozialen Verhältnisse
zu vermeiden.«[5] Nach nahezu sechshundert Seiten voller
Kategoriengräberei und Fallgeschichten wird in diesen
schmucklosen Formulierungen die politische Botschaft von
einer »vernünftigeren und weniger widersprüchlichen Regelung unserer sozialen Verhältnisse« effektiv vertuscht.

In den *Rundbriefen*, so schien es jedenfalls, brannte noch die
Flamme einer politisch engagierten Psychoanalyse; doch
auch sie flackerte. Mehr und mehr trat an die Stelle theoretischer Klärung das Gerede über organisatorische Bedrohungen und über die Umgestaltung der psychoanalytischen
Institute. Dennoch berichtete Fenichel weiterhin über wichtige Ereignisse und rezensierte Literatur, die für das ur-
sprüngliche Projekt der Gruppe von Bedeutung war.

Seine Kommentare zum Sowjetmarxismus aus dieser Zeit
zeigen, wie weit er sich von seinem früheren unreflektierten
Enthusiasmus entfernt hatte. Beim Tod der russischen Analytikerin Vera Schmidt erinnerte er sich an seine »erste
Enttäuschung« mit ihr. Nach dem Verhältnis von Marxismus und Psychoanalyse befragt, habe sie geantwortet, es sei
da nichts zu erörtern, »da es nur einen klaren und richtigen
Marxismus gäbe, ›den die Sowjetunion und ihr Führer Stalin
vertritt‹« (XLVIII/25. Juni 1938/22).

Ein prosowjetischer Artikel in einer psychologischen Zeitschrift gab Anlaß zu weitergehenden Überlegungen in dieser
Sache.[6] Fenichel gedachte dabei seines Lobgesangs vor vierzehn Jahren auf Bolschewo: »Kurz nachdem mein Artikel

erschienen war, sahen wir ›Der Weg ins Leben‹ und diskutierten mehrere Abende lang über diesen Film, wobei wir
schon weniger enthusiastisch waren. Wir kritisierten das
Fehlen jeder ernsthaften Beschäftigung mit Problemen der
Sexualität und hörten aus der Sowjetunion die unsinnige
Antwort: ›Neurosen und Sexualprobleme existieren in kapitalistischen Gesellschaften . . .‹ Jetzt erscheint es uns beinahe als Atavismus, wenn wir dies vierzehn Jahre danach
noch einmal mit dem selben Enthusiasmus zu lesen bekommen.« (118/13. Mai 1945/5) Doch obwohl Fenichel die un-
kritische Betrachtung der Sowjetunion inzwischen überwunden hatte, verzichtete er nicht auf Engagement. In einer
der dunkelsten Stunde des Krieges schrieb er ein Gedicht
über den internationalen Tag der Arbeit: »Erster Mai«, das
sich auf Marx und die Zielsetzungen der Arbeiterklasse in
einer Welt der Barbarei berief.
Fenichels politische Leidenschaft war nicht versiegt. In Los
Angeles schloß er sich der großen Gemeinde exilierter Deutscher an, die regelmäßig die Zeitereignisse diskutierten. Zu
ihnen gehörten Thomas Mann, Franz Werfel, Bertolt Brecht
und viele andere – Thomas Manns Frau Katja sprach gelegentlich davon, in Kalifornien mehr deutsche Schriftsteller
kennengelernt zu haben als in München.[7]
Zu den Exilierten zählten auch Max Horkheimer, Th. W.
Adorno und Leo Löwenthal, die wichtigsten Vertreter der
Frankfurter Schule. Gestützt auf Erich Fromm, hatte sich
die Frankfurter Schule frühzeitig mit der Psychoanalyse als
Teil ihrer ausgreifenden »kritischen Theorie« befaßt. Ernst
Simmel, ein Freund Horkheimers, fungierte wohl als Mit-
telsmann zwischen der »kritischen Theorie« und Fenichels
politischer Psychoanalyse. Simmel war es auch, der eine
Konferenz über Antisemitismus organisierte, auf der Feni-
chel und Bernfeld ebenso wie Adorno und Horkheimer
Referate hielten. Adorno und Horkheimer schlossen sich
der psychoanalytischen Arbeitsgruppe in Los Angeles an,

die im wesentlichen von Simmel und Fenichel geleitet
wurde. An der Küste des Pazifik erlebte die deutsche Kultur
eine intensive Blüte.

Horkheimer und Löwenthal besuchten gelegentlich das von
Fenichel geleitete Literaturseminar. Es stand Analytikern
und Nichtanalytikern gleichermaßen offen. Gewöhnlich
folgte auf den Vortrag eines der Teilnehmer eine allgemeine
Diskussion. Die Themen reichten über das Feld der Psychoanalyse weit hinaus. In ihnen spiegelten sich die Erkenntnis-
resultate von Fenichels Arbeitsgruppen in Prag und Berlin.
Löwenthal hat die dort herrschende Atmosphäre so beschrieben: »Ich hatte das Gefühl, daß dies einer der letzten
Zufluchtsorte der psychoanalytischen Avantgarde war, bevor die Psychoanalyse als Spezialdisziplin kommerzialisiert
wurde.«[8]

In diesem Seminar trug Löwenthal, weil Horkheimer er-
krankt war, dessen Thesen über Individuum und Massenkultur vor. Fenichel fand sie äußerst anregend, wandte sich
jedoch gegen einige von Horkheimers Formulierungen:
Horkheimer spiele die kapitalistischen Interessen an der
Massenkultur herunter, wenn er sie als notwendiges Neben-
produkt einer avancierten Industrie interpretiere (88/
12. April 1942/2). Dieser Einwand zeigt, daß Fenichel strik-
ter als die Frankfurter Schule an marxistischen Argumenta-
tionsformen festhielt und sich mit (vorwiegend) ideolo-
giekritischen Analysen von Maschinerie und Technik nicht
begnügen wollte. Bedenken brachte er vor allem gegen
Fromms Arbeit vor. Fromm war davon ausgegangen, daß
»Hilflosigkeit« und »Machtlosigkeit« der Individuen direkt
von der Maschinerie und nicht von deren gesellschaftlichem
Gebrauch herrührten. Dem widersprach Fenichel: »Nicht
auf die ungeheure Größe der Maschinen kommt es an,
sondern auf ihre Verwendung im Monopolkapitalismus.«[9]
Nach der Lektüre von Horkheimers *Eclipse of Reason* und
nach Durchsicht der *Zeitschrift für Sozialforschung* gelangte

Fenichel zu dem Schluß, daß die Frankfurter Schule Fromms
theoretische Einäugigkeit teile. Er erachtete *Eclipse of Reason* für aufschlußreich und bedeutsam, aber zu vage in bezug
auf die materielle Grundlage der Massenkultur (91/11. August 1942/8). Die Druckfassung schien ihm ein weiterer
Beleg für Horkheimers »undialektischen« Ansatz, der die
Maschinerie zum bloßen Übel herunterstilisiere.[10] Fenichel
räumte ein, daß der »Apparat« jede Opposition verschluckt,
meinte jedoch, daß dabei nicht der Apparat, sondern dessen
Anwendung den Ausschlag gebe. »Heutzutage hat man oft
den Eindruck, daß Marx von den ›Marxisten‹ sehr ähnlich
behandelt wird wie Freud von den ›Freudianern‹.« (91/
11. August 1942/9)
Fenichels Überlegungen über das Unbehagen am Marxismus
verschwanden bald. Sie wurden dem primären Interesse, der
Erhaltung der klassischen Analyse, nachgeordnet. Aufmerksam beobachtete er die Entwicklung der Gesellschaftstheorie
in den Vereinigten Staaten. Selbst Physiker, die er kennenlernte, bekundeten, zu seiner Überraschung, ein waches
Bewußtsein von gesellschaftlichen Problemen. 1939 besuchte er am California Institute of Technology ein Seminar
zum Verhältnis von Psychoanalyse und Soziologie und war
über das Interesse der Naturwissenschaftler an einer soziologisch fundierten Psychoanalyse erstaunt. Einer der Teilnehmer, den Fenichel als »einen marxistischen Physikpro-
fessor aus Berkeley« bezeichnete, war J. Robert Oppenheimer, der kurz danach die Leitung der Forschungsgruppe in
Los Alamos übernahm, die die Atombombe entwickelte.
(Nach einer Weile wurde Oppenheimer die Unbedenklich-
keitsbescheinigung unter anderem deshalb entzogen, weil er
früher Verbindungen zu Kreisen der Linken unterhalten
hatte.) Damals jedenfalls schien sich Oppenheimer für Psychoanalyse und Marxismus zu erwärmen. Fenichel über-
reichte ihm nach dem Seminar ein Exemplar seines (in
deutscher Sprache geschriebenen) Aufsatzes »Über die Psy-

choanalyse als Keim einer zukünftigen dialektisch-materialistischen Psychologie«. Der Aufsatz war ursprünglich in
Reichs Zeitschrift erschienen und ist wohl Fenichels sprödes-
te Einlassung zum Thema. Oppenheimer war entzückt:
»Ich habe mich [. . .] gefreut«, schrieb er Fenichel, »über die
vielen durchdachten und scharfen Thesen, vor allem aber
über Ihre ebenso schlüssige wie seltene Ehrlichkeit der
Einschätzung der Psychoanalyse wie des Marxismus.« Oppenheimer bot sogar an, den Aufsatz zu übersetzen, und
schlug vor, daß Fenichel ihn in einer marxistischen Zeitschrift veröffentlichen solle. Fenichel zögerte (?LIX/15. Juli
1939/17).
Bei professionellen Analytikern freilich hatte Fenichel mit
seinen Bemühungen nur geringen Erfolg. Allenthalben
wurde er Zeuge einer Flucht vor der klassischen Analyse.
Nach der Lektüre eines Berichts über einen psychoanalytischen Kongreß klagte er, niemand habe über Sexualität
geredet, dies sei ein Beweis für die Selbstsublimierung der
Analyse. »Wie recht auch Reich hier hatte!« notierte er unter
Anspielung auf Reichs Überzeugung, die etablierte Psychoanalyse messe der Erforschung der Sexualität immer weniger
Wert bei. In England vergrößerten die Anhänger von Melanie Klein ihren Einfluß, während in Amerika Ärzte und
Neofreudianer die Psychoanalyse zu zähmen drohten. Tatsächlich zogen die Amerikaner eine rein klinische Praxis
jeder Theoriebildung vor. Zum Beweis zitierte Fenichel
einen Wortwechsel: »Einer der Kollegen sagte in einer Debatte über analytischen Unterricht: ›Wir haben vor allem das
zu lehren, was wir verstehen, und nicht Theorien.‹ Worauf
ich erwiderte: ›Manche von uns verstehen Theorie‹.«
(XLVIII/25. Juni 1938/3)
Zweifellos zählten nach Fenichels Auffassung zu den »Ame-
rikanern« auch Einwanderer wie Rado, die sich enthusiastisch mit ihrer neuen Heimat identifizierten. Er hatte für
Rado nichts übrig und nannte ihn »den Diktator« der New

Yorker Analytiker-Szene, deren Programm Fenichel folgendermaßen zusammenfaßte: »Wir sind Praktiker und wollen
keine endlosen theoretischen Diskussionen mehr!« Wenn
unter »Praxis« ein geschärfter Zugriff auf die Realität sowie
Ungeduld mit wolkigen Theoriebildungen verstanden worden wäre, hätte Fenichel dem unumwunden beigepflichtet.
»Aber nein: Wenn man in New York von ›Praxis‹ spricht,
meint man etwas anderes als ›Orientierung an der Wirklichkeit‹: man verlangt Schnellpsychotherapie und nennt alle
Psychologie, die dabei stören könnte, ›Theorie‹. Rado sagt,
man könne entweder zum Ziel haben, Menschen zu heilen,
oder ›die Lust an geistreichen Gedanken‹. Daß man mit
Hilfe von geistreichen Gedanken Menschen besser und radikaler heilen und außerdem ihr Handeln voraussehen und sie
praktisch beeinflussen könnte, daß die Theorie für die Praxis
da ist und eine Praxis, die keine Theorie hat und anstrebt,
nichts wert ist und bestimmt keine Wissenschaft, kommt
ihm nicht in den Sinn.« (XLVIII/25. Juni 1938/3)
Die bedrückende persönliche Situation der Analytiker ver-
schlimmerte die theoretische Verwirrung. Die analytische
Öffentlichkeit in New York kam Fenichel gleich zu Beginn
wie eine Löwengrube vor, in der »jeder gegen jeden war«. Es
herrschte ungezügelte Konkurrenz. Eine libidinöse Bindung
an eine gemeinsame Sache existierte nicht mehr; selbst die
menschliche Bindung an Freud war verschwunden, da er nur
wenigen New Yorker Analytikern persönlich bekannt war.
Jeder von ihnen konspirierte und intrigierte, als wolle jeder
andere ihm die Patienten wegnehmen. Dabei gab es keinen
Mangel an Patienten. In der analytischen Öffentlichkeit
herrschte (zumindest in Fenichels Wahrnehmung) Mißtrauen gegenüber den Exilanten. Aus diesem Grund wollte
er mit seinen Anhängern nicht offen als oppositionelle
Gruppe in Erscheinung treten – da sie sich ausschließlich aus
Ausländern zusammensetzte, hätte ihr organisiertes Auftre-
ten Argwohn geweckt.

Diese Taktik wurde von den Mitgliedern des Kreises in den *Rundbriefen* zwar häufig kritisch erörtert, aber Fenichel beharrte auf seinem Standpunkt: »Wir hätten zu wenig Macht, und die Folge wäre, daß die ohnehin vorhandene immigrantenfeindliche Stimmung zunähme, daß die Sache sich zu einem Gegensatz zwischen Alt-Amerikanern und Immigranten zuspitzte.« (LIV/6. Februar 1939/4) Fenichel suchte nach Chancen und Auswegen. Unter dem Siegel strengster Verschwiegenheit berichtete er, daß Hanns Sachs im Begriffe sei, eine neue Zeitschrift, *American Imago*, zu gründen, die insgeheim von Freud mit der Aufgabe betraut worden sei, die an der klassischen Analysekonzeption festhaltenden und nun zur Auseinandersetzung entschlossenen Analytiker um sich zu versammeln.

Der Kampf um die Aufrechterhaltung der klassischen Analyse wurde mit Briefen, Anträgen und organisatorischen Änderungsvorschlägen ausgetragen. Die Folge war, daß sich der Diskurs mehr und mehr auf Verwaltungsakte verkürzte: Konferenzen und Protokolle anstelle von Sachdisputen und wegweisenden Entwürfen. Damit ließ sich allerdings kein Gemüt beflügeln, doch Fenichel agierte auch hier mit der ihm eigentümlichen Energie. Praktische Fragen von Satzungen und Statuten der Vereinigungen und Institute beschäftigten ihn und viele andere, denn hier ging es um akute Probleme.

Auch die psychoanalytische Arbeitsgruppe in Los Angeles war Schauplatz von Konflikten. Sie war 1935 ins Leben gerufen worden, und ihr Präsident war Ernst Simmel. Sie bemühte sich weder um offizielle Anerkennung durch die American Psychoanalytic Association, noch erhielt sie je diese Anerkennung (obwohl viele ihrer Mitglieder offiziellen Unterabteilungen angehörten).[11] Bei ihrem zehnjährigen Bestehen erklärte Simmel, die Gruppe habe sich das Ziel gesteckt, die Psychoanalyse vor der drohenden Mechanisierung zu retten.[12] Fenichel, der sich bisweilen zufrieden über

sein Seminar in Los Angeles äußerte, machte sich keine
Illusionen darüber, daß Kalifornien psychoanalytisch gesehen eine Oase war: »Auch ich habe oft Sehnsucht nach den
Diskussionen, die wir in Europa hatten.« (98/7. Mai 1943/
10)

Die unkonventionelle Politik der Analytiker in Los Angeles
war zwangsläufig von den Problemen der Neuorganisation
der American Psychoanalytic Association tangiert. Die Analytiker an der Westküste mußten sich letzten Endes einer
umstrukturierten nationalen Organisation fügen. Gemeinsam mit den übrigen Analytikern des Landes debattierten sie
über organisatorische Vorschläge – z. B. über die Definition
einer vollen oder assoziierten Mitgliedschaft bzw. eines
Gaststatus in der Vereinigung. Wegen der Zuwanderung
ausländischer Analytiker und infolge der gestiegenen Aufmerksamkeit innerhalb Amerikas mußten Sachverhalte, die
bereits in Europa erwogen und (in manchen Fällen) geklärt
worden waren, noch einmal beraten werden. Dazu gehörten
allgemeine Organisationsbelange der nationalen Vereinigung, die Einrichtung von Ausbildungsinstituten und der
Status von Laienanalytikern.[13]

In jedem dieser Punkte schlug sich Fenichel auf die Seite der
»Konservativen«, von denen er glaubte, sie seien Freud
gegenüber loyal. In der Frage der Laienanalyse brachte ihn
seine Treue zu Freud jedoch in Gegensatz zu den meisten
Konservativen, die gegen alle nichtmedizinischen Psychoanalytiker eine feste Front bildeten. Fenichels orthodoxe
Heterodoxie erwies sich nicht als sonderlich erfolgreich; in
fast jedem der strittigen Punkte unterlag er.

Es gelang ihm nicht, den Bemühungen entgegenzuwirken,
den amerikanischen Verband von den bindenden Vorschriften der Internationalen Psychoanalytischen Vereinigung ab-
zukoppeln. Als Fenichel 1938 in den USA eintraf, hatten
diese Bemühungen ihren Höhepunkt erreicht. Da sich das
Zentrum der Psychoanalyse in die Vereinigten Staaten verla-

gert hatte, wollten sich die amerikanischen Analytiker nicht
länger der internationalen Organisation unterordnen, von
der sie vermuteten, sie trage der besonderen Lage in den
USA nicht hinreichend Rechnung. 1938 erklärte die amerikanische Vereinigung effektiv ihre Unabhängigkeit von der
internationalen. Darin erblickte Fenichel eine qualitative
Wende – die Schwächung der organisatorischen Bindungen
müsse die Zersplitterung der psychoanalytischen Theoriebildung beschleunigen.

Immer wieder befaßte er sich mit dem Problem der psychoanalytischen Institute. Für Marxisten sind politische Parteien das, was für Psychoanalytiker psychoanalytische Institute sind. An diesen Instituten werden Analytiker ausgebil-
det, und nur bestimmte Analytiker haben das Recht, als
»Lehranalytiker« tätig zu werden. Aufgrund dieser Konstellation werden die Ausbildungskandidaten häufig zu Anhängern der Doktrin ihrer Lehranalytiker. Und deshalb war für
jeden, der mit der professionellen Psychoanalyse zu tun
hatte, die Organisation der Institute ein kritisches Thema.
Wie sollten sie eingerichtet werden? Wer sollte befugt sein,
an ihnen zu lehren? Was sollte gelehrt werden?

Fragen der Lehre und Ausbildung führten zur ersten bedeutenden Spaltung in der American Psychoanalytic Association. Die Gruppe um Karen Horney verließ die Association
mit der Behauptung, in Lehre und Ausbildung nicht berück-
sichtigt worden zu sein.[14] Zur selben Zeit prüfte die Association Vorschläge, die es jeder Gruppe qualifizierter Analytiker gestatten sollten, eigene Ausbildungsinstitute einzurich-
ten, das hieß: unter Umständen mehrere Institute in ein und
derselben Stadt. Für Fenichel bedrohten diese Vorschläge
die Integrität der Psychoanalyse, da sie die Analytiker ermu-
tigten, je eigene theoretische Versionen der Psychoanalyse in
Umlauf zu bringen.[15] In der Tat mündeten diese Vorschläge,
die schließlich akzeptiert wurden, in einer Periode neuer
Institutsgründungen.

Die Frage der Laienanalyse berührte Fenichel existentiell. In ihr war er Freud gegenüber gänzlich loyal. Die Zukunft der Psychoanalyse als einer allgemeinen Theorie, die mehr sein sollte als medizinische Therapie, hing von den Laienanalytikern ab. Für Fenichel (allerdings nicht für Freud) implizierte dies: kritisches politisches Engagement. Beide waren sich wohlbewußt, daß eine Monopolisierung der Psychoanalyse durch Ärzte Gefahr lief, eine stumpfe Behandlungstechnik zu verbreiten, die keinerlei kulturelle oder politische Ideenbildung erlaubte.

Freuds Verteidigung der Laienanalyse war überall, insbesondere jedoch in den Vereinigten Staaten, unpopulär. Nur sehr wenige Ärzte duldeten oder befürworteten nichtmedizinische Praktiken. Bei der Neuorganisation der Association wurde der Status der Laienanalyse diskutiert. 1938 war die Diskussion beendet – der amerikanische Verband ließ keine neuen Laienanalytiker mehr zu.

Einige Fragen blieben ungeklärt und heftig umstritten, so etwa der Status jener Laienanalytiker, die bereits praktizierten. Dieses Problem war besonders heikel in Kalifornien, wo sich zahlreiche Laienanalytiker niedergelassen hatten. Zu ihnen gehörten nicht nur Nichtmediziner wie Siegfried Bernfeld, sondern ebenso Analytiker wie Simmel und Fenichel, die medizinische Studienabschlüsse in Europa nachweisen konnten, denen allerdings in den Vereinigten Staaten keine Gültigkeit zukam. Rechtlich gesehen waren sie Laienanalytiker. Die Bedingungen, unter denen die kalifornischen Gruppen dem amerikanischen Verband sollten beitreten können, waren Gegenstand endloser Verhandlungen. Weder Simmel noch Fenichel wollten einem Berufsverband angehören, der Laienanalytiker zu Bürgern zweiter Klasse gestempelt hätte. Das Reizthema beschäftigte die Vereinigung in Los Angeles noch nach dem Tode von Fenichel und Simmel. Das Übergewicht von Laienanalytikern in der Vereinigung von Los Angeles veranlaßte 1950 eine Gruppe, sich abzuspalten. Um ihre medizinische Orientierung zu betonen, nannte sie sich Society for Psychoanalytic Medicine of Southern California.[16] (Diese Gesellschaft strich später das Wort »Medicine« aus ihrem Namen und hieß fortan Southern California Psychoanalytic Institute and Society.)

Das Problem der Laienanalyse und die Frage seines eigenen Status innerhalb der psychoanalytischen Öffentlichkeit belasteten Fenichel sehr. Voller Sorge registrierte er eine »zunehmende Unterdrückung nichtärztlicher Analytiker« und »die zunehmende Degradierung der Psychoanalyse zu einer psychiatrischen Methode«. Und in einer für das Wohl der Psychoanalyse entscheidenden Frage war er nicht zu Kompromissen bereit. Es sei, so sagte er, unabdingbar, »jedes München« zu vermeiden, d. h. einen Kompromiß in der Sache der Laienanalyse, der einen zusätzlichen Rückschlag bedeuten würde (90/10. Juli 1942/5).

Sein eigener Status als praktizierender Analytiker war nicht in Frage gestellt. Gewiß arbeitete er wie andere Ärzte, die ihre Examina im Ausland abgelegt hatten, rechtlich in einem Niemandsland. Doch die Wahrscheinlichkeit, daß ihm untersagt würde, die Psychoanalyse zu lehren und auszuüben, war gering. Dennoch glaubte er, daß seine theoretische (und vielleicht auch persönliche) Position unterminiert werden könnte, wenn er, rechtlich gesehen, als Laienanalytiker eingestuft blieb und damit stets angreifbar war. Er wollte nicht als Laienanalytiker für Laienanalyse kämpfen. Um unliebsame theoretische Konzepte aussichtsreich verfechten zu können, wollte er persönlich unangreifbar sein. Er beschloß, wie er einem Freund schrieb, seinen Gegnern das billige Argument aus der Hand zu nehmen, er sei ja nach amerikanischem Recht kein Arzt.[17]

Es ist schwer vorstellbar, was Fenichel 1945 im Alter von 47 Jahren dazu trieb, nachträglich das amerikanische Examen in Medizin abzulegen. Für eingewanderte Ärzte waren die Anforderungen zur Approbation je nach Bundesstaat verschieden. Kalifornien verlangte eine einjährige Tätigkeit als Assistenzarzt in einer Klinik. Das bedeutete Arbeit auf der Station mit Nachtdiensten, die gewöhnlich ohne Unterbrechung 36 bis 48 Stunden dauerte.

Für einen Mann von fast 50 Jahren war dies kein leichter Schritt. Die physische Belastung durch die Tätigkeit als Assistenzarzt erschöpfte selbst jüngere Mediziner. Hinzu kam, daß Fenichel vor einem Vierteljahrhundert Medizin studiert hatte. Auf jeden Fall wurde er in eine ihm fremde Krankenhaus-Atmosphäre versetzt und hatte jüngere Amerikaner zu Kollegen. Schließlich war es unmöglich, die psychoanalytische Praxis vorübergehend zu schließen.

Nachdem Fenichel die amerikanische Staatsbürgerschaft erworben hatte (eine Voraussetzung, um das amerikanische Examen in Medizin ablegen zu können), traf er Vorbereitungen für eine Tätigkeit als Assistenzarzt an einem Krankenhaus in Los Angeles. Bevor er die neue Rolle übernahm, wollte er noch in New York Freunde besuchen. Im Frühjahr 1945 beendete er die Fahnenkorrektur der *Psychoanalytic Theory of Neurosis* und fuhr nach New York. Nach seiner Rückkehr verschickte er seinen letzten *Rundbrief*. Jahrelang und beinahe von Anfang an hatte er sich nach der raison d'être seiner Gruppe gefragt. Unablässig hatte ihn das eher halbherzige Engagement der übrigen Gruppenmitglieder gestört. Nun stellte er fest, daß er die Kosten und die Arbeit für die *Rundbriefe* allein getragen hatte. Schon verschiedentlich und zuletzt 1941 hatte er überlegt, ob die *Rundbriefe* fortgesetzt werden sollten. Die Empfänger hatten stets die Wichtigkeit und Bedeutung der *Rundbriefe* hervorgehoben. »Die ›Rundbriefe‹ sind eine, wenn auch geringe Art von Organisation«, meinte etwa ein Mitglied des Kreises. Fenichel war nur halb davon überzeugt. Es konnte keinen Zweifel geben, daß diejenigen, »die an einer marxistischen Analyse interessiert sind, in engem Kontakt miteinander bleiben« sollten. Er war sich jedoch unschlüssig, ob die »›Rund-

briefe< in ihrer gegenwärtigen Form das geeignete Mittel
sind, um einen derartigen Kontakt aufrecht zu erhalten« und
ob nicht ihre Organisation eher auf Fiktionen als auf Tatsachen beruhte (LXXIII/23. Januar 1941/1).*

Als Fenichel den hundertsten Brief verschickte, bemerkte er,
dies sei eigentlich ein Anlaß zum Feiern. »Mir ist jedoch
ganz und garnicht danach, bei dieser Gelegenheit zu ›feiern‹.« Er glaubte nicht recht, daß die *Rundbriefe* die uner-
hörte Anstrengung wert seien (100/10. Juli 1943/1). Tatsächlich hatten ihre Häufigkeit und ihre Ausführlichkeit abge-
nommen. Fenichels Reise nach New York und die bevorste-
hende Arbeit als Assistenzarzt überzeugten ihn, daß sie der
Vergangenheit angehörten. Am 14. Juli 1945 brachte er den
letzten und kürzesten – er trug die Nummer 119 – zur Post.
Er bestand aus einer einzigen Seite und begann mit dem
lapidaren Satz: »Dies wird der letzte ›Rundbrief‹ sein.«
Fenichel erläuterte, seine jüngsten Zweifel an der Bedeutung
der Briefe seien nicht beseitigt worden. Noch einmal bekräftigte er seine Auffassung, daß es im Augenblick nicht darauf
ankomme, für eine gesellschaftlich engagierte Psychoanalyse, sondern »geradezu für die Existenz der freudschen
Psychoanalyse« zu »kämpfen«. Er sah zukünftige Spaltun-
gen voraus, bei denen seine eigene »Fraktion« eine Rolle
spielen würde. »Früher oder später werden an verschiedenen
Orten andere Arten von ›Rundbriefen‹ entstehen, die sich
von den unseren stark unterscheiden werden.« Jetzt freilich
habe er andere Aufgaben. In New York hatte er mehrere
Empfänger der *Rundbriefe* besucht. »Ich war gespannt, ob
irgend jemand ein Treffen unserer ›Fraktion‹ vorschlagen
würde. Heimlich dachte ich, daß ein derartiger Vorschlag ein
Zeichen dafür wäre, daß die ›Rundbriefe‹ noch einen Sinn
haben. [...] Niemand schlug ein Treffen vor.« Für ihn war
die Sache damit beendet.

Also verschickte er seinen letzten *Rundbrief* und bereitete
sich auf ein neues Leben vor. Mitten im Sommer 1945

begann er seine Tätigkeit als Assistenzarzt am Cedars of Lebanon Hospital. Sechs Monate später war er tot. Als Todesursache wurde ein Hirnaneurysma angenommen. Falls das Aneurysma angeboren war, konnten die unmittelbaren Lebensumstände entscheidend gewesen sein. Fenichel arbeitete als Assistenzarzt mit Nachtdiensten. Oft führte er Klage darüber, wie erschöpft er sei, und wünschte, an ein anderes Krankenhaus wechseln zu können, an dem Nachtdienste nicht die harte Regel wären. Außerdem hatte er Übergewicht und war kaum wiederzuerkennen. Er äußerte Zweifel an seinen ärztlichen Kenntnissen. Ein Besucher erinnerte sich an ihn als an eine fast tragische Erscheinung: ein älterer deutsch-jüdischer Intellektueller in einem engen, schlechtsitzenden weißen Kittel. Er starb am 22. Januar 1946, im Alter von 48 Jahren.

Fenichels Kollege und Freund Ernst Simmel starb im folgenden Jahr. Max Horkheimer hielt beiden eine Gedenkrede: »Gerade die Kapitulation vor der Zweckmäßigkeit macht es notwendig, die philosophischen Gehalte und Ursprünge der Lehre Freuds zu betonen. Nur wenige aus der zweiten Generation von Analytikern waren sich dessen so stark bewußt wie Otto Fenichel und Ernst Simmel. Diese Denker widersetzten sich der Angestellten-Mentalität, die sucht, im Dienste der Maschinerie alles zum ›Funktionieren‹ zu bringen. [...] Sie widersetzten sich dem Trend, die Psychoanalyse auf ihrem eigenen Gebiet durch flinke Techniker zum Ausverkauf freizugeben. Wissenschaft sollte in der Tat an die Stelle der Metaphysik treten, aber eine Wissenschaft als philosophische Kraft. Sie sollte mit metaphysischen Illusionen wie Vorurteilen und Aberglauben aufräumen, aber weiterhin an den Grundkonzepten der Rationalität festhalten, an Wahrheit, Freiheit und Gerechtigkeit.«[18]

KAPITEL VII

Die Amerikanisierung der Psychoanalyse

Mit Fenichels Tod und dem Ende der *Rundbriefe* war ein Kapitel der Psychoanalyse geschlossen. Ohne das Netzwerk gegenseitiger Unterstützung gingen die Mitglieder der Gruppe ihre eigenen Wege. Sie setzten ihre psychoanalytische Praxis und/oder ihre schriftstellerische Tätigkeit fort, ihr politisches Engagement jedoch versiegte. George Gero und Edith Gyömröi schrieben sehr wenig. Einige Essays von Barbara Lantos kreisten um das Wesen der Arbeit; ihre sozialkritische Tendenz gefiel Herbert Marcuse, der sie in *Triebstruktur und Gesellschaft* zitierte.[1] Die Werke von Edith Jacobson und Annie Reich ließen ein besonderes politisches Engagement nicht mehr erkennen, und Kate Friedländer starb 1949. Wilhelm Reich blieb aktiv und produktiv. Er scharte zwar einige ergebene Schüler um sich, seine Schriften aber wiesen mehr und mehr in die Richtung einer mystischen Wissenschaft. So als sollte das Ende einer Tradition gekennzeichnet werden, begann die Regierung der Vereinigten Staaten Ende der vierziger Jahre, Reich zu verfolgen. Es kam zu einer Anklage wegen seines »Orgon-Energie-Akkumulators«, zu einer Gerichtsverhandlung und zur Verurteilung. 1956 wurden zahlreiche seiner Schriften, darunter die *Massenpsychologie des Faschismus*, auf einer Müllhalde New Yorks verbrannt. Eine Resolution der American Civil Liberties Union, die »gegen die Verbrennung der Publikationen Reichs protestierte, wurde von keiner der größeren Zeitungen der Vereinigten Staaten abgedruckt«.[2]

Es ist wohl kein Zufall, daß ein Theoretiker der Frankfurter Schule, Max Horkheimer, beschwörend an den kritischen Geist erinnerte, der sich in den Arbeiten von Fenichel und Simmel manifestierte. Denn in den Jahrzehnten nach deren Tod hielt die Frankfurter Schule an einem Konzept der Psychoanalyse fest, das die Verbindung zur Sozialwissenschaft ernst nahm. Während die Gruppe der politisch engagierten Anhänger Freuds zerfiel, gelang es den Theoretikern der Frankfurter Schule, in der wissenschaftlichen Öffentlichkeit Freud gegen die Freudianer zu verteidigen. Die Beziehung dieser Theoretiker zur Psychoanalyse reichte zurück bis in ihre Zeit in Deutschland (damals hatten sie mitgeholfen, das Psychoanalytische Institut in Frankfurt zu gründen[3]), und sie war wachgehalten in bedeutsamen Büchern – in der *Autoritären Persönlichkeit* von Th. W. Adorno u. a. ebenso wie in *Triebstruktur und Gesellschaft* von Herbert Marcuse.

Dennoch arbeitete die Frankfurter Schule außerhalb des Einzugsbereichs der amerikanischen Sozialwissenschaften und ganz gewiß der amerikanischen Psychoanalyse. Adorno und Horkheimer kehrten nach dem Kriege nach Deutschland zurück, Marcuse blieb zwar in den Vereinigten Staaten, aber seine Ideen griffen nicht in das Geschäft der professionellen Psychoanalyse ein. Gewiß suchten neben den Vertretern der Frankfurter Schule auch andere die Psychoanalyse zu neuem Leben zu erwecken, doch selbst den kühnsten Weckrufen – etwa Norman O. Browns *Zukunft im Zeichen des Eros* (1959) – ist es nicht gelungen, den Dauerschlaf dieses Gewerbes zu stören.

Selbstverständlich sind grobe Verallgemeinerungen in bezug auf den Zustand der Psychoanalyse (oder jeder anderen Disziplin) suspekt. Neben jeder Diagnose von Verfall und Krise lassen sich allemal Glückwünsche und Selbstbeglückwünschungen zu neuen Erkenntnissen vernehmen. Häufig variieren die Urteile je nach der Situation dessen, der sie fällt.

Verärgerte Außenseiter reden vom allgemeinen Zusammenbruch, während erfolgreiche Insider Entdeckungen zelebrie-
ren.

In den letzten Jahren gab es in den USA eine starke, vielleicht sogar scharfe Tendenz gegen die Psychoanalyse. Nach
Meinung vieler Beobachter gelang es den »humanistischen«,
verhaltenswissenschaftlichen und »antipsychologischen«
Psychologien, das Prestige der Psychoanalyse nachhaltig zu
beschädigen. Manche hatten die Psychoanalyse als ein biolo-
gistisches und reaktionäres Deutungsmodell aus dem 19.
Jahrhundert längst abgeschrieben; sie ächteten die langdau-
ernden Therapien als unwirksam und elitär. Da ihre Theorie
kaum mehr lebendig war und das Publikum ihr gegenüber
Feindseligkeit bekundete, schienen die Tage der Psychoanalyse vorbei.

Dennoch hatte sie stets genügend Nachwuchs und Patienten, um sich über die Jahre zu retten. Möglicherweise hat
sich gerade ihre Ausdauer bezahlt gemacht. Denn die neueren Psychologien sind häufig suspekter als die Psychoanalyse, die sie hatten vertreiben wollen. Was von Eintags-
Psychologen und in Selbsterfahrungsgruppen zu lernen war,
die Romantisierung der Geisteskrankheit sowie die Verkün-
dung schneller Therapien – all dies ist selbst heftiger Kritik
ausgesetzt. Hinzu kommt, daß die antipsychoanalytischen
Psychologien keine nennenswerten Theorien hervorge-
bracht haben. Auf diesem Gebiet blieb die Psychoanalyse
unantastbar – und allein. Schließlich hat sich der gegen die
Psychoanalyse gerichtete Wind gelegt. Und nun ist plötzlich
ein erneutes Interesse an ihr zu bemerken. Ja, man könnte
versucht sein, von den trostlosen und offensichtlich unsinni-
gen Leichenreden unvermittelt ins andere Extrem zu sprin-
gen und ihr eine triumphale Zukunft vorherzusagen. In der
Tat ist der Niedergang der politisch engagierten Freudianer
und ihrer Vorstellungen kein Zeichen eines Rückschritts,
sondern vielmehr des Fortschritts. Präzisere Theorien sind

an die Stelle von spekulativen Entwürfen getreten. Allenthalben wird an einer schärferen Begriffsbildung gearbeitet. Glücklicherweise widersetzen sich diese Anstrengungen einer zügellosen Nostalgie ebenso wie der Neigung, die Frühphasen der Psychoanalyse oder jeder anderen Wissenschaft als deren heroische Periode zu verklären.

Doch obwohl in der amerikanischen Gesellschaft gegenwärtig Nostalgie im Schwange ist, herrscht in den Wissenschaften eine entgegengesetzte Stimmung vor: die Konjunktur der neuesten Entdeckungen. Dieser räsonierende Narzißmus wird begleitet von gönnerhafter Herablassung gegenüber den älteren Generationen und ihren Theoriekonzepten. Daß Freud und die Psychoanalyse ins 19. Jahrhundert gehörten, bleibt eine atemraubende Einsicht der Stubengelehrten des 20. Jahrhunderts. Neuere Forschungen wiegen sich in dem satten, selbstgenügsamen Gefühl, die Wissenschaft voranzubringen.

Der Glaube an einen automatischen und gradlinigen Fortschritt der Wissenschaft sollte nicht verächtlich gemacht, sondern vielmehr radikal in Frage gestellt werden. Dazu gehört, die Kontrastthese ernsthaft in Erwägung zu ziehen: die Möglichkeit von Rückentwicklung und Regression. Bilder vom finsteren Mittelalter oder von Wellen des Okkultismus sind dabei irreführend. In der Moderne nimmt wissenschaftliche Regression das Aussehen glänzender neuer Tatsachen und Paradigmen an. Tatsachen mögen akkumuliert werden, während das Verständnis für sie schwindet, und Theoretiker können an ihren Begriffen herumreiben, während ihre Erkenntnisfähigkeit abnimmt. Gibt es einen Fortschritt von Hegel zu Quine, von Weber zu Parsons, von Freud zu Skinner?

Ein neueres Buch, *Freud. Biologist of the Mind*, ist ein gutes Beispiel für das Ethos des wissenschaftlichen Fortschritts. Wie nicht anders zu erwarten, wurde es von einem Wissenschaftshistoriker geschrieben. Frank J. Sulloway gab seinem

Buch, wie ebenfalls nicht anders zu erwarten, den Untertitel
»Beyond the Psychoanalytic Legend«. Sulloway katalogi-
siert 26 »Mythen« über Freud und die Psychoanalyse zusammen mit den 26 »Funktionen«, denen sie dienen. Er
sprengt sie allesamt, auch Mythos Nr. 16, »daß Freud die
frühkindliche Sexualität und das Unbewußte entdeckt«
habe, sowie Mythos Nr. 23, »daß Freuds Theorien unangemessen, feindselig und irrational aufgenommen wurden«.
Sulloway belehrt uns, diese »Mythen« hätten nur einen
einzigen Zweck: die Psychoanalyse und die psychoanalytische Bewegung zu legitimieren. »Dieses eng aufeinander
bezogene Gespinst von Legenden ist für die Strategie der
Revolution, deren sich Freud und seine loyalen Anhänger
bedient haben, absolut unerläßlich gewesen.«[4]
Freilich, von den Mythen, die in den westlichen Zivilisatio-
nen vagabundieren, sind nur wenige älter und hartnäckiger
als der Mythos von dem Helden, der die Mythen vernichtet.
Sulloways Buch entspricht und genügt diesem uralten wissenschaftlichen Mythos. Tapfer attackiert es die psychoanalytischen »Mythen«, die angeblich die Welt verdüstert haben. Und es bringt das Ethos der Wissenschaft, das durch
die originellen Spekulationen Freuds beleidigt worden sei,
wieder zur Geltung. Selbst an seiner Sprache, die das »eng
aufeinander bezogene Gespinst von Legenden« und eine
»Strategie der Revolution« beschwört, läßt sich der intellektuelle Kalte Krieger erkennen, der seinen Gegnern mit ›Fakten‹ den Mund stopft. Mittels einer kleinmütigen Wissens-
soziologie weiht Sulloway uns in jene epochale Konferenz
der Wissenschaftler ein, auf der das Denken der Vergangenheit lächerlich gemacht wird im Namen einer angeblich
besseren Zukunft.
Die Evolution der amerikanischen Psychoanalyse spiegelt
sich in ihrer zunehmend härenen Terminologie und Theoriebildung wider. Zwar wird Freud oft zum Vorwurf gemacht,
die Psychoanalyse mit einem wissenschaftlichen Programm

und Idiom belastet zu haben. Aber seine amerikanischen
Anhänger waren stets auf den Zauber einer wissenschaft-
lichen Methode geradezu versessen. »Jene Kritiker, die ihre
Studien auf methodologische Untersuchungen beschränken«, bemerkte Freud gelegentlich, »erinnern mich an
Leute, die immer wieder ihre Brille putzen, statt sie aufzu-
setzen und etwas mit ihr zu sehen.«[5]
Wie Joel Kovel gezeigt hat, ist die von Hartmann und
Rapaport entwickelte wissenschaftliche Psychoanalyse weniger Ausdruck und Ergebnis strenger und notwendiger
Begriffsarbeit als vielmehr »des Bedürfnisses, die psychoanalytische Theorie in den Vereinigten Staaten so zu formulie-
ren, daß sie in die hier übliche Wissenschaftspraxis integrier-
bar ist«.[6] Der Preis dafür war hoch; denn die Konzentration
auf Strukturen und Methoden ging einher mit einem Verlust
an Phantasie und Einsicht. Die medizinische Orientierung
der Psychoanalyse beförderte überwiegend wissenschaftliche Klassifizierungsverfahren im Dienste klinischer Dia-
gnosen. Die kulturwissenschaftlichen und politischen Projekte der Psychoanalyse, die man ihr allmählich austrieb,
fanden schließlich Zuflucht an den Universitäten. Von der
Literaturwissenschaft bis hin zur Geschichte und Soziologie
genießt die Psychoanalyse als Methode oder als Gegenstand
im universitären Milieu heute erhebliches Prestige. Dennoch
ist gerade dies insofern Ausdruck einer Krise, als es außerhalb der professionellen Psychoanalyse geschieht. Es ist, als
würde die beste Philosophie in der Geschichtswissenschaft
oder die beste Soziologie in Zeitungsredaktionen betrieben.
Dies mag nun zwar tatsächlich der Fall sein, aber derartige
Verlagerungen sind in der Regel ein Anzeichen dafür, daß
eine Disziplin in ihren angestammten Handlungsbereichen
und Fähigkeiten versteinert ist. Und eine Disziplin fällt
meist dann unter die Räuber, wenn diejenigen, die sie praktizieren, von ihren ursprünglichen Arbeitsvorhaben abrük-
ken.

Der Wirbel um psychoanalytische Konzepte an den Universitäten ist jedoch nicht so aufregend, wie er erscheinen mag. Von Harold Bloom bis Jürgen Habermas führen uns die Gelehrten einen um seine Anstoßkraft gebrachten Freud vor. Insbesondere auf dem Feld der Literaturwissenschaft, wo die größte Hektik herrscht, sind Zeitschriften und Bücher voll von unlesbaren Untersuchungen, die jeweils nur dazu taugen, ihrem Autor zu einer Beförderung zu verhelfen. So schreibt etwa Bloom: »Bei meiner Lektüre des Kapitels 5 von *Jenseits des Lustprinzips* als Freuds Askesis, als dessen eigene Sublimierung, stellte ich implizit die Kohärenz der Sublimierungsabwehr insofern in Frage, als ich mich auf die verborgene Metapher konzentrierte, die ich als Entstellung bezeichne. Ich komme auf diese Metapher der Entstellung noch zurück.«[7] Niemand wird im Ernst empfehlen wollen, dergleichen solle man lesen – sein einzig angemessener Platz ist in Bibliographien und in Bewerbungsschreiben. Und es ist, seiner Engstirnigkeit wegen, das genaue Pendant zur medizinischen Psychoanalyse. Beide Betriebsamkeiten haben Freuds Offenheit und Klarheit preisgegeben zugunsten eines verhunzten Jargons und einer verstümmelten Gedankenführung. Freud hat keine Geheimwissenschaft begründet; er war auf Aufklärung erpicht – und zu ihr imstande. Vor Gegenständen, die öffentliche Aufmerksamkeit verdienen – z. B. Krieg und Frieden oder die Religion –, hat er den Anspruch öffentlichen Denkens nicht nur erhoben, sondern ihn eingelöst. Da er weder bloß Arzt noch Universitätswissenschaftler war, schrieb er in einer Sprache, die ebenso hell wie souverän ist und die sich von den Zwängen des Fachjargons freihält.

Daß die Prosa der klassischen Analyse mittlerweile Rost angesetzt hat, ist nicht das Ergebnis eines notwendig gewordenen Stilwechsels oder nachlassender Begabungen. Es zeigt sich darin vielmehr die Aufsplitterung einer lebendigen Kultur in geistiges Spezialistentum und intellektuelle Kettenlä-

den. Weder ärztliche Analytiker noch psychoanalytisch ge-
schulte Professoren haben es mit einer nicht-professionellen,
gebildeten Öffentlichkeit zu tun; sie machen Karriere bzw.
gewinnen Ansehen innerhalb ihrer Profession oder auf ihrem Fachgebiet. Das aber entstellt die Sprache der Psychoanalyse und nimmt ihr den geistigen Atem.

Wie Bruno Bettelheim gezeigt hat, ist selbst Freuds Sprache
von den Zwängen des anglo-amerikanischen Wissenschafts-
betriebs versehrt worden. Der Bildungsreichtum und die
Humanität, die sie auszeichnen, verflüchtigen sich in den
englischen Übersetzungen, denen es darauf ankam, die Psychoanalyse akademisch zur Geltung zu bringen. Die Über-
setzer entschieden sich für ein szientifisches und mechanisti-
sches Vokabular anstelle von Freuds anspielungsreicher, ja
poetischer Sprache. »Freuds direkte und stets zutiefst persönliche Appelle an unsere Menschlichkeit«, argumentiert
Bettelheim, »erscheinen englischen Lesern als abstrakt, unpersönlich, hochgradig theoretisch, gelehrt, mechanisch –
kurz als ›wissenschaftlich‹.« So werde etwa ein Schlüssel-
wort wie »Fehlleistung« zu dem technischen Terminus »pa-
rapraxis«, und »Ich« sei fast immer als »ego« und nicht als
»I« übersetzt und damit an einen »Jargon« gekettet. Bettelheim, der vierzig Jahre lang amerikanische Psychiater in
Psychoanalyse unterrichtet hat, gelangt zu dem Schluß:
»Freuds Vorstellungen mußten nicht nur in eine andere
Sprache, sondern auch in eine andere kulturelle Welt übertragen werden – in der die meisten Leser nur eine oberflächliche Kenntnis der klassischen europäischen Literatur haben.
Dadurch treffen die meisten seiner Anspielungen auf taube
Ohren. Viele seiner Ausdrücke sind auf bloß technische
Termini reduziert worden. Seine Schlüsselwörter haben
nicht mehr eine Vielzahl besonderer Konnotationen, ob-
wohl Freud sie gerade wegen ihrer Tiefe und ihrer Anklänge
an spezielle geistige Traditionen gewählt hat.«[8]
Nathan G. Hale, Jr. verweist auf ein eher prosaisches Bei-

spiel sprachlicher Amerikanisierung. Freud hat »Lieben«
und »Arbeiten« als Lebensziele und regulative Prinzipien
einer erfolgreichen Therapie bezeichnet; bei Karl Menninger
liest sich das so: »Es gibt zwei grundlegende Dinge im
Leben. Das eine ist das ›business of making love‹. Das andere
ist das ›business of making a living‹.«[9]

Die Umstellung der Psychoanalyse zu einem professionellen
und akademischen Unternehmen hatte Auswirkungen nicht
nur auf ihre Sprache und ihre geistige Spannkraft, sondern
auch auf diejenigen, die sich zu ihr hingezogen fühlten.
Immer seltener waren dies Menschen mit einem humanitären, intellektuellen oder politischen Engagement. Bereits vor
dreißig Jahren beobachtete der Präsident der American Psychoanalytic Association einen unverkennbaren Konformismus unter den jüngeren Ausbildungskandidaten. Er war
jedoch sorgsam darauf bedacht, diese Entwicklung nicht zu
kritisieren. Sie erschien ihm »interessant« und »bedeutsam«,
mehr nicht. Die Ausbildungskandidaten der zwanziger und
dreißiger Jahre waren, so stellte er fest, »ein anderer Men-
schenschlag«. Die Ausbildungskandidaten heutzutage »sind
nicht so introspektiv, lesen möglichst nur die angegebene
Literatur [. . .] und wollen so rasch wie möglich ihre Ausbildung hinter sich bringen. Ihre Interessen sind eher klinischer
als theoretischer oder wissenschaftlicher Natur [. . .] Diese
›Normalisierung‹ der Zusammensetzung unserer Mitglieder-
schaft ist ein interessantes und vielleicht bedeutsames Kennzeichen für die Entwicklung der Psychoanalyse in unserem
Land«.[10]

Dieser Standesvertreter war nicht der einzige, dem Veränderungen auffielen. Auch der Analytiker Maxwell Gitelson
bedauerte die Amerikanisierung seiner Disziplin. In den
dreißiger Jahren, erläutert er, »ging die Ära einer literarischen Bohème zu Ende, die sich für die Abenteuer des
Unbewußten interessierte«. Der Zustrom neuer Ausbildungskandidaten und die Errichtung von Instituten in Ame-

rika bewirkten »eine Abkehr von den für intellektualistisch gehaltenen Tendenzen der europäischen Analyse und eine Hinwendung zum Pragmatismus der Medizin, welche die Analyse zu ihrem Verbündeten erklärte«.[11]

Gitelson äußerte sich an anderer Stelle nochmals zu der von ihm so genannten »Identitätskrise« der amerikanischen Analyse. Anders als in Europa habe die Psychoanalyse in den Vereinigten Staaten keiner »Bewegung« bedurft, um Hindernisse zu überwinden. Sie litt eher unter den Segnungen des Gegenteils. Von der Psychiatrie und dem psychiatrischen Gesundheitswesen unverblümt willkommen geheißen, wurde sie rasch assimiliert. Der Preis dafür war jedoch beträchtlich – sie verlor ihren einzigartigen Forschungsansatz.[12] Bereits ein Bericht aus dem Jahre 1950 bestätigte, die Psychoanalyse sei »nicht mehr eine Randdisziplin, sondern voll in das Gebiet der Psychiatrie integriert«.[13]

Von der Medizin absorbiert, in ein trockenes, szientifisches Idiom übertragen, von konventionell und pragmatisch denkenden Ärzten praktiziert, nahm die Psychoanalyse während der vierziger und fünfziger Jahre in Chicago und Topeka eine ganz andere Bahn als während der zwanziger Jahre in Wien und Berlin. Seine Übersiedlung von Wien nach Topeka hat Martin Grotjahn folgendermaßen kommentiert: »Aus den psychoanalytischen Cafés Europas war ich in die großen amerikanischen Institute der Psychoanalyse gezogen. [. . .] Der Unterschied zwischen beiden führte zu verhängnisvollen Verwirrungen.«[14] In diesen Instituten mästete sich die Psychoanalyse zu einem ebenso fetten wie langweiligen Gewerbe. Die intellektuelle Leidenschaft, der Reformeifer und die theoretische Kühnheit der klassischen Analyse erstickten.

Allgemein gesagt trugen die folgenden Faktoren zur Amerikanisierung der Psychoanalyse bei: die Professionalisierung und Medizinalisierung; die Unsicherheit der immigrierten Analytiker; der Abstand zwischen der amerikanischen und

der europäischen Kultur sowie (Ursache *und* Wirkung) die
Entstehung des Neo-Freudianismus. Infolge dieser Tatbe-
stände wurde für die Psychoanalyse (wie für jedes andere
Denken) ihre Vermittlung über Generationen hinweg zu
einem kritischen Problem. Eine kulturelle Tradition, die in
der Öffentlichkeit wirksam werden oder bleiben will,
braucht mehr als nur überzeugende Texte. Diese lassen sich
in Bibliotheken oder Bücherregalen aufbewahren und können jeweils für Einzelne und zu Einzelnen wieder zu sprechen anfangen. Damit die Texte jedoch die Grenze zwischen
einem wissenschaftlichen Diskurs am Rande der Gesellschaft und der kulturellen Präsenz in der Öffentlichkeit
überschreiten, müssen Lehrer und Schüler ihnen Leben ein-
hauchen. Das zentrale Ereignis in jeder Unterrichtssituation
geht nicht von formellen Kursen, Seminaren und Institutionen aus; es entspringt der Berührung zwischen dem Enthusiasmus, den Wünschen und Ängsten der Lehrer und den
Emotionen ihrer Schüler.

Da die Übermittlung von Kultur stets anfechtbar und gefährdet ist, kann sie durch tausenderlei Details gefördert oder beeinträchtigt werden. Grundlegende naturwissenschaftliche
Erkenntnisse können nicht verlorengehen; selbst wenn sie für
eine Weile verschüttet oder verdeckt sind, lassen sie sich
schließlich aus Texten rekonstruieren. Andere Elemente einer
Kultur wie Kunst, Philosophie usw. hängen stärker von
menschlichen Interaktionen ab – wenn sie von den Lehrern
nicht eindringlich genug vorgestellt oder von den Schülern
nicht nachdrücklich genug wahrgenommen werden, dann
verschwinden sie allmählich oder schrumpfen, obwohl sie in
Texten und auf Bildern festgehalten sind, zu baren Doku-
menten des Vergangenen.

Die Amerikanisierung der Psychoanalyse erfaßte bald auch
diesen hochempfindlichen Prozeß der Gedankenvermittlung
und des kulturellen Austauschs. Die Veränderungen, die
gerade hier eintraten, waren gravierend. Sie beeinflußten

sowohl die Lektüre von Texten (beispielsweise der Texte von Freud) als auch die Lehre und die Forschung.

Die Professionalisierung der Psychoanalyse ist nicht zu trennen von der generellen Professionalisierung, die in Amerika während der letzten hundert Jahre stattgefunden hat. In den Jahren von 1870 bis 1880 wurden etwa zweihundert berufsständische Verbände – von der American Forestry Association bis hin zur American Mathematical Society – gegründet. Die Gründung solcher Verbände läßt nicht nur auf eine Mehrung spezialisierten Wissens schließen, der eine Formalisierung der Ausbildung nachfolgte; sie geht vielmehr mit Kontrolle, Aufteilung und Monopolisierung von Fertigkeiten einher. In Burton J. Bledsteins *The Culture of Professionalism* heißt es dazu: »Durch Professionalisierung eines Bereichs des amerikanischen Lebens wie etwa der Armut, Kriminalität oder Krankheit planten die Menschen der zweiten Hälfte des viktorianischen Zeitalters, diese Phänomene zu isolieren und unter Kontrolle zu bringen [...]. Jede Sphäre des Lebens in Amerika verfiel der Macht der Professionalisierung, wurde damit abgetrennt, reguliert und eingedämmt.«[15]

Die neuen Berufsorganisationen beanspruchten das alleinige Zulassungsrecht für ihre besondere Tätigkeit – der Zahnärzte-Verband für die Zahnärzte, Anwaltsvereine für Rechtsanwälte usw. Sie begründeten diesen Anspruch mit dem Nutzen, den Öffentlichkeit und Privatleute davon haben sollten. Denn sie hatten sich vorgenommen, die »Allgemeinheit« vor inkompetenter Berufsausübung zu schützen. Gleichzeitig wollten sie durch Regulierung des Marktes den Ertrag ihres Gewerbes sicherstellen. Das brachte es mit sich, daß Riten und Rituale eingeführt wurden, um sowohl den Zulauf zu einer Profession zu beschränken wie Bedrohungen von innen abzuwehren. In dem Maße, wie diese Organisationen florierten, dämpften und kanalisierten sie abweichende Meinungen in ihrem Arbeitsfeld.

Insbesondere in den letzten Jahrzehnten sind ökonomische
Anreize zur Professionalisierung auszumachen. Selbständige
Spezialisten oder Intellektuelle schließen sich formell den
Universitäten an. Diese Tendenz spiegelt eine Neigung zur
»Kartellbildung« im Wirtschaftsprozeß wider. Unabhängi-
gen Produzenten fehlt es ganz einfach an Kapital und
Betriebsmitteln, um in einer auf Quantitätskriterien zuge-
schnittenen Ökonomie zu überleben. Aus denselben Gründen, aus denen »Tante-Emma-Läden« oder kleine Einzel-
handels-Geschäfte zunehmend den sich ausbreitenden Ket-
tenläden zum Opfer fallen, sind unabhängige Intellektuelle
oder Spezialisten großen Institutionen gegenüber obsolet
geworden. Entweder sie flüchten sich unter das Dach von
Universitäten bzw. nationalen Organisationen oder sie fallen
aus dem Wettbewerb heraus. Im übrigen bietet in einer
atomisierten Gesellschaft die Anbindung an Institutionen
Identität und Legitimität. Die Psychoanalyse hat sich in
Amerika eindeutig nach dem Muster der Professionalisierung entwickelt. Der plötzliche Zugewinn an Interesse, an
Ausbildungskandidaten und an Analytikern in den Jahren
von 1930 bis 1940 mündete direkt in die Gründung neuer
Institute, in eine Neuorganisierung der nationalen Vereinigung sowie in Bemühungen, über die Zulassung zur Profession ausschließlich selbst entscheiden zu dürfen. Wie Fenichel bemerkte, waren die fröhliche Geselligkeit der Anfänge
und die Loyalität gegenüber Freud den nachgewachsenen
Generationen in New York oder Chicago fremd.
Die Professionalisierung der Psychoanalyse in den USA war
durch ihre Medizinalisierung bestimmt, also durch ihre Ein-
schränkung auf das ärztliche Berufsfeld. Dagegen hatte sich
Freud vehement und unermüdlich gewehrt. Seine Argumentation war ebenso klar wie weitblickend. Die Monopolisierung der Psychoanalyse durch Ärzte würde sie zu einer
Spezialdisziplin herabsetzen. Freud wollte, daß die Psychoanalyse an den kulturellen Entwicklungen und am Fortgang

der Wissenschaften beteiligt bliebe. Er widerstrebte jedem Versuch, sie auf Therapie zu restringieren.

Für Freud war dies keine Bagatelle. Die Zukunft der Psychoanalyse hing nach seiner Meinung davon ab, ob ihre Monopolisierung durch Ärzte verhindert werden könnte. Gegen eine unter Analytikern weitverbreitete Auffassung beharrte er darauf, daß ihr medizinischer Gebrauch nur ein Teil der Psychoanalyse sei. »Der Gebrauch der Analyse zur Therapie der Neurosen ist nur eine ihrer Anwendungen; vielleicht wird die Zukunft zeigen, daß sie nicht die wichtigste ist. Jedenfalls wäre es unbillig, der einen Anwendung alle anderen zu opfern, bloß weil dies Anwendungsgebiet sich mit dem Kreis ärztlicher Interessen berührt.«[16] Freud war in dieser Frage niemals unschlüssig und zweifelte nicht an der Gefahr, die von den Ärzten drohte – nach einer siebenjährigen Besuchspause empfing er den amerikanischen Analytiker Clarence P. Oberndorf mit den Worten: »Nun sagen sie mir doch mal, was Sie eigentlich gegen die Laienanalyse haben.«[17]

Die Geschichte der Psychoanalyse ist wiederholt als eine Geschichte der Herrschaft Freuds dargestellt worden. Aber in der Frage der Laienanalyse wurde, vor allem in den Vereinigten Staaten, Freud von den Ärzten besiegt. Oft war es so, daß gerade die orthodoxen Analytiker Freud heftig befehdeten. Freud nahm kein Blatt vor den Mund. Seine Niederlagen erwiesen sich allemal als Gefährdungen der Psychoanalyse. Die amerikanischen Resolutionen gegen die Laienanalyse bezeichnete er als »Verbottrauma«.[18] In der Tat: Die Doktoren der Verdrängung verdrängten ihre eigene Wissenschaft.

Mehrere Motive bewogen die amerikanischen Analytiker, nichtmedizinische Praktiker auszuschließen. Sie glaubten, die Psychoanalyse bedürfe des medizinischen Sachverstands, um zwischen somatischen und psychischen Störungen hinreichend unterscheiden zu können. Und der Mangel an

Prestige, dem die Psychoanalyse zunächst ausgesetzt war, bereitete ihnen Sorge. Indem sie die Analyse auf Ärzte beschränkten, gewährleisteten sie ihre Respektierlichkeit. Doch auch ein zynisches Motiv soll nicht unerwähnt bleiben, nämlich daß der Ausschluß von Laienanalytikern den Ärzten eine größere und lukrative Klientel garantierte. Walter C. Langer, ein in Wien ausgebildeter Laienanalytiker, bekam die Feindseligkeit gegenüber Laienanalytikern in Amerika bitter zu spüren: »Wenn ich an (Laien-)Analytiker wie Anna Freud, Ernst Kris, Robert Waelder, Erik Erikson (um nur einige zu nennen) denke, dann frage ich mich, was man denn mehr erwarten kann. Unter uns gesagt, hatte ich das Gefühl, daß die frühen medizinischen Analytiker, die wesentlichen Einfluß auf die Politik unserer amerikanischen Institute hatten, dies für den wirksamsten Weg hielten, Konkurrenz auszuschalten. [...] Unwillkürlich fällt mir die Bemerkung ein, die der Präsident der New York Psychoanalytic Society machte, als ich ihn um eidesstattliche Erklärungen für Analytiker, die aus Wien in die Vereinigten Staaten fliehen wollten, bat: ›Was, um Himmels willen, sollen wir mit all diesen zusätzlichen Analytikern anfangen?‹«[19]

Der Ausschluß von Laienanalytikern begrenzte nicht lediglich die analytische Praxis auf Ärzte, sondern er überantwortete die Psychoanalyse dem medizinischen Regelwerk. Wenn Assistenzärzte von Ärzten unterrichtet wurden, dann wurde die Psychoanalyse zu einem Bestandteil des medizinischen Curriculums. Überdies erhalten nordamerikanische Medizinstudenten, anders als ihre europäischen Kommilitonen, im allgemeinen nur eine geringfügige geisteswissenschaftliche Ausbildung. Häufig nehmen sie, schon bevor sie Medizin studieren, an Kursen teil, die nichts anderes als Türschlüssel zu einem Studienplatz in diesem Fach sind. Die medizinische Ausbildung selbst korrigiert diese Unausgewogenheit nicht, sondern verstärkt sie.[20] Zu dem Zeitpunkt, da sich die Ärzte auf Psychiatrie spezialisierten, hat für sie einzig die »medizinische Oberfläche« der Psychoanalyse Bedeutung.

Stärker noch als der medizinische Zugriff auf die psychoanalytische Ausbildung wirkt diese Restriktion als Eingangsfilter: Sie besorgt die Vorauswahl. Da der Wettbewerb um die Studienplätze an den medizinischen Hochschulen gewöhnlich scharf ist und die finanziellen Aussichten für Ärzte oft lohnend sind, zieht die amerikanische Medizin überwiegend konformistische und konservativ gesinnte Studenten an. Kaum ein Student mit geisteswissenschaftlichen oder gar politischen Neigungen gelangt an die Pfründe der Ärzteschaft, und entsprechend wenige stehen der Psychoanalyse zur Verfügung. Als die erste und zweite Generation von Analytikern ihre Ausbildung in Europa absolvierte, gab es für sie keinerlei Garantie, eines Tages ein sicheres Gewerbe auszuüben. Sie entschieden sich vielmehr für eine persönlich wie sozial und ökonomisch riskante Unternehmung. Und nicht wenige der immigrierten Analytiker zeigten sich verlegen über die hohen Honorare, die sie in den Vereinigten Staaten verlangen konnten (und verlangen sollten).

Die Vorauswahl der Ausbildungskandidaten für die Psychoanalyse ist die wohl einschneidendste Konsequenz der Medizinalisierung, insofern nämlich stets die Individuen, aus denen sich eine Disziplin zusammensetzt, für deren Entwicklung ausschlaggebend sind. Handelt es sich bei ihnen, wie in unserem Fall, in erster Linie um pragmatische und konservative Ärzte, dann werden sie ihre Profession mit den entsprechenden Werten ausstatten. Zu bedenken ist ferner, daß solche Tendenzen selten einmal umgekehrt werden können. Konformistische Ärzte schaffen eine Wissenschaft nach ihrem eigenen Bild; dieses Bild wird allmählich zu einer Wirklichkeit, die neue Ausbildungskandidaten anzieht, welche ihrerseits auf ein technisch ausgerichtetes und gut florierendes Gewerbe eingestimmt sind. Joel Kovel hat diese Wechselwirkung beschrieben: »Die jüngeren Analytiker

katzbuckelten vor den Eingeweihten, jenen älteren Lehrana-
lytikern mit privilegiertem Zugang zu privilegierten Code-
Wörtern wie ›intrasystemisch‹, ›aggressivierte Energie‹, und
›Deneutralisierung‹. [...] Es kam vor allem auf ›Komplexi-
tät‹ und ein ›keimfreies Feld‹ an. Analytiker sollten nichts
anderes treiben als eben ihre Analyse, und die war weiter
nichts als eine unglaublich subtile und komplexe Technik,
die sich auf nichts anderes in der Welt bezog und für
Uneingeweihte unverständlich war, d. h. für die gesamte
Bevölkerung außer für etwa eintausend approbierte Mitglieder der Profession. Was draußen war, wurde draußen gehalten, und was drinnen war, blieb drinnen.«[21]
Der Filter hielt nicht nur Außenseiter, Dissidenten, Intellektuelle, Geisteswissenschaftler und andere »den Vorschriften
nicht genügende« Leute fern; er erwies sich auch als höchst
wirksam gegenüber dem Einlaßbegehren von Frauen. Historisch betrachtet ist der Medizinerberuf in den Vereinigten
Staaten fast immer Männern vorbehalten gewesen. Der Anteil der Ärztinnen an der gesamten Ärzteschaft war mit etwa
7 Prozent noch in den sechziger Jahren einer der niedrigsten
der Welt und liegt nach wie vor weit unter dem Durch-
schnitt in Europa (Spanien ausgenommen).[22] Auch speziali-
sieren sich amerikanische Ärztinnen in aller Regel auf Kin-
derheilkunde; offensichtlich absolvieren nur sehr wenige
eine psychoanalytische Ausbildung, was einen Mangel an
Analytikerinnen zur Folge hat. Dies steht in drastischem
Gegensatz zur Situation in der Epoche der klassischen Psychoanalyse, ja, man könnte geradezu von einer fortschrei-
tenden »Defeminisierung« der Analyse in den USA sprechen. Von Lou Andreas-Salomé zu Sabina Spielrein, Melanie
Klein, Edith Jacobson und Helene Deutsch stellten einst
Frauen einen beachtlichen Prozentsatz der europäischen
Analytiker. Die Psychoanalyse – ein neuer Forschungsansatz, der die Tiefenschichten der Sexualität zu ergründen
suchte – war damals ein einladendes Arbeitsfeld für Frauen,

insbesondere solche, die nicht mit dem Strom schwammen. Es scheint kein Zufall zu sein, daß Fenichels Gruppe, mit einer einzigen Ausnahme, aus Frauen bestand. Ein verläßlicher Indikator ist hier vor allem Fenichels »Kinderseminar«, das von eher eigensinnigen Ausbildungskandidaten besucht wurde – nach Fenichels Namensliste waren von den 46 Analytikern, die daran teilnahmen, nahezu die Hälfte Frauen.

In den Vereinigten Staaten jedoch, wo es gegenwärtig nur wenige Ärztinnen gibt und wo die Laienanalyse buchstäblich verboten ist, sind Analytikerinnen eine Seltenheit. In ihrer Studie über die Intellektuellen unter den Einwanderern der dreißiger Jahre hat Laura Fermi eine Liste von beinahe 2000 solcher Immigranten oder Flüchtlinge zusammengestellt. Aus den von ihr gesammelten Daten ergibt sich nicht nur ein starkes Übergewicht von Analytikerinnen in Europa, sondern ebenso ein starker Rückgang der entsprechenden Zahlen in Amerika. »Ein auffallendes Kennzeichen der Einwanderungswelle von Psychoanalytikern ist der hohe Anteil von Frauen. Etwa 30% aller der von mir ermittelten Analytiker sind Frauen. Das ist ein extrem hoher Anteil, der seither nicht gehalten wurde. [...] 1958 stellten Frauen nur 9% aller Ausbildungskandidaten in offiziell anerkannten psychoanalytischen Instituten.«[23]

Verglichen mit dem ruhigen, wiewohl effektiven Prozeß der Medizinalisierung waren die Auswirkungen der Einwanderung in die Vereinigten Staaten aufsehenerregend und katastrophal. Die um etwa 1900 geborenen Analytiker verließen ihre Heimatländer mitten in ihrer Karriere. Die Macht der psychoanalytischen Standesorganisationen, abweichende Meinungen niederzuhalten oder Dissidenten auszuschließen, verblaßte vor der Macht des Staates, Einwanderer auszuweisen oder ihnen den Zuzug zu verwehren. Den mitteleuropäischen (zumeist jüdischen) Exilanten standen keineswegs die Türen offen. Unpopuläre politische Meinungen zu verfechten war nicht gerade von Nutzen. Niemandem war neu, daß die Vereinigten Staaten Sozialisten und Marxisten nicht eben freundlich beobachteten. Die Flüchtlinge wußten also, welche Risiken sie eingingen. Ein Verwandter Fenichels hatte bei seiner Verhaftung durch die Gestapo zugegeben, Mitglied der Kommunistischen Partei zu sein; Fenichel lernte daraus, sein Leben höher einzuschätzen als seine Aufrichtigkeit. Auf die eine oder andere Weise kamen wohl alle Exilanten zu diesem Schluß. Wenn sie ihre Anträge auf Einreiseerlaubnis oder für ein Visum ausfüllten, war von ihren politischen Interessen nicht mehr die Rede. Und Besitztümer, an denen zwar ihr Herz hing, die sie aber, weil möglicherweise »verdächtig«, auf den Antragsformularen nicht angegeben hatten, versenkten sie während der Überfahrt im Atlantik. Sobald sie in der Neuen Welt eintrafen, gehörte ihre Vergangenheit der Vergangenheit an.

Die Geschichte der psychoanalytischen Exilanten ist ein Musterbeispiel für die neuere Einwanderungsbewegung nach Amerika. »Die intellektuellen Einwanderer der dreißiger Jahre [...] wurden viel rascher amerikanisiert als jede andere Gruppe von Einwanderern vor ihnen.«[24] Hochgebildet, beruflich und politisch alert, wollten sie ihren ohnehin fragwürdigen Rechtsstatus nicht dadurch kompromittieren, daß sie öffentlich oder privat an ihr politisches Engagement in Europa erinnerten. Nach wenigen Jahren schon hatten ihre Kinder, Schüler, Freunde oder neuen Ehepartner meist nur noch eine überaus vage Ahnung von den europäischen Herkunftsmilieus.

Die Befürchtungen der Immigranten waren nicht unbegründet. Selbst Fenichel brachte es zu einer Akte beim FBI. Ein braver amerikanischer Bürger hatte sich »aufgrund der Tatsache, daß jeder einzelne Deutsche jetzt offenbar verdächtig ist«, bemüßigt gefühlt, einige Informationen mitzuteilen, zum Beispiel, daß Fenichel sehr viel daran gelegen sei, pünktlich seine Post zu erhalten, und daß diese (schlimm) meist in Deutsch geschrieben sei. Eine eher professionelle Skizze wurde von einem Spezialagenten des FBI in Los Angeles unter der Überschrift »Spionage« übermittelt: »Im Mai 1938 betrat ein gewisser *Otto Fenichel* das Haus in [. . .]. Dieser Mann gab an, Psychoanalytiker zu sein.« Der Agent fügte dem eine Beschreibung hinzu, die das Porträt Fenichels als Spion vervollständigte: »*Haare*: dunkel, buschig; *Augen*: dunkel – Brillenträger; *Hautfarbe*: dunkel; *Nase*: vorstehend; *Nationalität*: möglicherweise deutscher Abstammung.«[25] Fenichel vermutete, seine Einbürgerung habe sich wegen seiner einstigen politischen Tätigkeiten verzögert.

Nur tollkühne Leute würden in einer derartigen Situation mit ihren politischen Ansichten hausieren gehen. Der Kalte Krieg und die McCarthy-Ära schüchterten am Ende sogar diejenigen ein, die gehofft hatten, die politische Atmosphäre in den USA werde sich in der Nachkriegszeit liberalisieren. Eine Generation, deren Familienangehörige, Freunde und Patienten verhaftet oder gar getötet worden waren, schien – und man kann es verstehen – von diesen Zuständen geängstigt, ja gelähmt. Noch heute verhalten sich Immigranten in den Vereinigten Staaten politisch äußerst vorsichtig.

Die Folgen solcher Ängste sind unberechenbar; denn sie erfaßten die Arbeitsvorhaben, die Ausdrucksweise und die Gedanken der Flüchtlinge. Doch indem sie in der Öffentlichkeit so wenig wie möglich, am liebsten gar nicht in Erscheinung traten, gefährdeten die politisch orientierten Freudianer die Überlieferung ihres Wissens, ihrer Ideen und ihres Engagements. Da sie sich nicht als politische oder oppositionelle Denker darstellten, konnten sie nicht Gleichgesinnte oder Schüler an sich binden. Geheimhaltung und Vorsicht sicherten zwar ihr persönliches Überleben, ja sogar ihren Erfolg, führten aber letztlich dazu, daß sie kulturell scheiterten. Sie waren nicht in der Lage, ihre Erkenntnisse einer nachgewachsenen Generation zu vermitteln.

Aufschlußreich mag hier ein Vergleich mit der Frankfurter
Schule sein. Auch sie verfocht mit ihrer »kritischen Theorie«
politisch gefärbte und nonkonformistische Ideen. Sie hatte
jedoch ein ganz anderes Schicksal. Von Walter Benjamin bis
zu Th. W. Adorno spielten die Schriften ihrer Mitglieder für
die zeitgenössische Kultur eine einschlägige Rolle. Obwohl
auch diese Autoren, ebenso wie die politisch engagierten
Freudianer, vorsichtig und bedachtsam zu Werke gingen,
gelang es ihnen, in der Öffentlichkeit präsent zu bleiben,
wobei sie zuweilen ihre Radikalität abschwächten. Henry
Paechter bemerkte zu dieser Taktik sarkastisch: »Sie sagten
Entfremdung, wenn sie den Kapitalismus meinten, Vernunft, wenn sie die Revolution meinten, und Eros, wenn sie
das Proletariat meinten. Auf diese Weise hofften sie, der
marxistischen Philosophie während der McCarthy-Zeit ein
Überleben im Untergrund zu garantieren.«[26]
Innerhalb dieser von Scheu und Zurückhaltung gezogenen
Grenzen betrieben die Mitglieder der Frankfurter Schule ihr
Institut und gaben bis 1941 eine Zeitschrift heraus, die
freilich in den Vereinigten Staaten kaum jemand kannte. In
ihren Arbeiten bedienten sie sich bisweilen einer Chiffren-
Sprache, die ihre kritischen Intentionen allerdings nicht
entstellte. Eine kleine Kontroverse mit Simmel belegt, wie
sehr sie darauf bedacht waren, ihre Identität zu wahren.
Adorno protestierte, als er erfuhr, daß der Band über den
Antisemitismus, den Simmel vorbereitete, und zu dem neben den beiden Genannten auch Horkheimer, Fenichel und
andere Beiträge geliefert hatten, Präsident Roosevelt gewidmet werden sollte. Adorno verwahrte sich gegen diesen
Trick, der offensichtlich ein Wohlwollen vortäuschen sollte,
das in den Argumenten und Analysen dieser Autoren keine
Grundlage besaß.[27] Da sie sich weigerten, auf ihre Identität
als »kritische« Denker zu verzichten, waren die Theoretiker
der Frankfurter Schule in der Lage, eine neue Generation
von Schülern zu unterrichten, die in den Jahren nach 1960

ihre Reflexionsprozesse wiederaufnahmen und fortsetzten. Im Gegensatz dazu verlegten sich Fenichel und die politisch engagierten Freudianer auf eine Geheimhaltung, die sich am Ende rächte. Die Überlieferung, ja die Überlebenskraft ihrer Erkenntnisse wurde gebrochen.

Daß unser Vergleich nur begrenzt stichhaltig ist, beweisen die Schwierigkeiten, denen sich die politisch bewußten Freudianer gegenübersahen. Es ist unfair, ein Institut mit einem informellen Freundeskreis zu vergleichen. Die Frankfurter Schule verfügte über Geldmittel, gab eine eigene Zeitschrift heraus und meldete sich mit einer Reihe von Publikationen zu Wort. Gerade weil sie materielle Ressourcen besaß, konnte sie in Frankfurt, dann in New York und schließlich in Los Angeles an einem geographischen Zentrum festhalten und ihre Mitglieder in die Lage setzen, gemeinsam an bestimmten Projekten zu arbeiten. Geographische Nähe ist wohl eine der Grundbedingungen des wissenschaftlichen Zusammenhalts einer Gruppe. Es gibt keinen tauglichen Ersatz für direkte Interaktion. Die politisch engagierten Freudianer indes lebten über den Erdball verstreut. Der Verlust des geographischen Zentrums zog den ihrer Gruppenidentität unaufhaltsam nach sich. Zwar war gerade dies die raison d'être der *Rundbriefe*, aber diese vermochten, wie Fenichel immer wieder klagte, Gespräch und konkrete Disputation nicht zu ersetzen.

Schließlich macht Fenichels früher Tod den Vergleich, den wir angestellt haben, hoch fragwürdig. Fenichel war die Antriebskraft der Gruppe – hätte er länger gelebt, so hätte er möglicherweise den oppositionellen Analytikern zu größerer Wirksamkeit verholfen. Während des Krieges und bis in die Mitte der fünfziger Jahre trat die Frankfurter Schule öffentlich wenig hervor; in dieser Zeit arbeiteten z. B. Herbert Marcuse und Franz Neumann für die Regierung der Vereinigten Staaten. Anders gesagt: Wenn die Theoretiker der Frankfurter Schule, die, wie die politisch

engagierten Freudianer, zumeist um 1900 geboren waren,
nach 1946, dem Jahr von Fenichels Tod, weder publiziert
noch unterrichtet hätten, dann wären heute ihre wissenschaftlichen Arbeiten gewiß minder bekannt, als sie es tatsächlich sind.

Da die politisch engagierten Freudianer nicht ins Bewußtsein der Öffentlichkeit gelangten, hinterließen sie ein Va-
kuum, das die Neofreudianer erfolgreich ausfüllten. Deren
revisionistische Positionen fanden Anklang bei einem Publikum, an das sich auch eine stärker öffentlich argumentie-
rende Theorie der politischen Psychoanalyse hätte wenden
können. In verständlicher Sprache formulierten Fromm,
Horney und andere eine kulturtheoretische und gesellschaftliche Kritik, die freilich ziemlich schablonenhaft wirkte. Sie
wurde von zahlreichen Sozialwissenschaftlern übernommen
und in Hunderten von Lehrveranstaltungen auf den Colle-
ges wiederholt. Ihre Thesen laufen darauf hinaus, die Psychoanalyse sei ein Dogma des 19. Jahrhunderts, das durch
Pansexualismus, Panbiologismus und Panhistorismus gekennzeichnet sei.

Gegen diese Springflut setzten die politisch engagierten
Freudianer ihre eigenen Konzepte in der Öffentlichkeit
nicht durch. Fenichel entwickelte zwar eine stringente theoretische Kritik der Neofreudianer, aber sie wurde wenig
beachtet, genauer: sie wurde erst beachtet, als sie in Texten
der Frankfurter Schule, z. B. in Marcuses *Triebstruktur und
Gesellschaft*, vorgetragen wurde. Hinzu kam, daß sich die
oppositionellen Freudianer mit den konservativen verbündeten und daher in der Öffentlichkeit mit ihren eigentümlichen Vorstellungen kaum noch wahrgenommen wurden.
Die Beziehungen zwischen den konservativen, den politisch
engagierten und den Neo-Freudianern sind ein Musterbeispiel dafür, wie theoretische Auseinandersetzungen auf sehr
komplexe Weise in praktische Absprachen übersetzt werden
können. Doch in den Allianzen zwischen den einzelnen

Fraktionen gingen die sachlichen Streitfragen unter, aus denen diese Allianzen hervorgegangen waren.

Wer in der Zeit zwischen 1940 und 1950 die Psychoanalyse beiläufig betrachtete, dem traten vornehmlich zwei unterschiedliche Gruppierungen in den Blick: eine selbstzufriedene und eher technisch orientierte Orthodoxie, die auf Ärzte beschränkt blieb, und ein locker organisierter Revisionismus, der zu kulturwissenschaftlicher und moralischer Theoriebildung einlud. Daß sich hinter dieser Fassade einige minder stark beachtete Positionen verbargen, spielte keine Rolle, denn sie erregten kaum intellektuelle Aufmerksamkeit. Die politische Psychoanalyse agierte weder lehrend noch publizistisch in der Öffentlichkeit. Also verharrte sie im Schatten der konservativen Tendenzen.

Den Neofreudianern gelang es, obwohl ihre Arbeiten schwach und brüchig waren, sich in der kulturellen Öffentlichkeit Geltung zu verschaffen. Von einigen bemerkenswerten Ausnahmen abgesehen (etwa dem krassen Reduktionismus und Antikommunismus von W. R. D. Fairbairn[28]), boten sie eine vielfältige, gesellschaftsbezogene Argumentation an. Fromm befaßte sich mit geisteswissenschaftlichen, politischen und religiösen Themen, und selbst Horney berief sich auf die Tradition von Wilhelm Reich und zitierte Max Horkheimer.[29] Indem sie ihr kulturelles Engagement zur Schau stellten, gewannen die Neofreudianer ein Publikum, das vom Konservativismus und Reduktionismus der medizinischen Orthodoxie abgestoßen war. Durch ihre unglückliche Koalition mit der konservativen Psychoanalyse wurden die politisch engagierten Freudianer unsichtbar. Fenichel bedauerte diese taktische Konstellation, sah sich jedoch von der Logik des Revisionismus und der Orthodoxie zu diesem Bündnis gezwungen. Selbstblendung und Reduktionismus lähmten die Orthodoxie. Die Neofreudianer dagegen verfälschten die Psychoanalyse zu naivem Idealismus und flacher Soziologie. Fenichels Position war ebenso theoretisch

zwingend wie organisatorisch unsichtbar. Von Hanns Sachs
bis zu Paul Goodman[30] warb er um Verbündete, doch es gab
keine öffentliche Opposition mehr. »Es waren die Jahre des
Konformismus und der Depressionen. Angst stank aus jeder
Pore des amerikanischen Lebens«, schrieb Norman Mailer
1957, »und uns allen waren die Nerven durchgegangen. Mit
wenigen Ausnahmen war alles, was wir an Mut noch auf-
brachten, der seltene Mut Einzelner.«[31] In den fünfziger
Jahren hatte der Konsens der Kalten Krieger, unterstützt
durch den ökonomischen Aufschwung und verstärkt durch
den McCarthyismus jede intellektuelle Opposition entmu-
tigt. Gefeiert wurden der Genius Amerikas, der Pluralismus
und die Demokratie. Die Kritik der amerikanischen Zivilisation gehörte der Vergangenheit, den dreißiger Jahren, und
der Zukunft, den sechziger Jahren, an.

Der Konformismus der Gesamtgesellschaft lastete schwer
auf allen, deren Karriereverlauf von der Zustimmung ihrer
Kollegen und Vorgesetzten abhängig blieb. C. Wright Mills,
wie Mailer ein Einzelgänger, beklagte bitter das politische
Versagen, das damit verbunden war. In *White Collar* (1951)
machte er die Bürokratisierung für die rapide Verwandlung
(und Selbstverwandlung) der Intellektuellen in Technokra-
ten und »Unternehmer« verantwortlich. Die Angehörigen
freier Berufe und die Professoren verloren dadurch zuse-
hends die Motivation und die Fähigkeit, sich Konventionen
zu widersetzen. Sie wurden zu geistigen Akkordarbei-
tern.[32]

Die fünfziger Jahre forderten intellektuell einen hohen Preis.
Diese Beobachtung läuft freilich die Gefahr der Selbstbe-
weihräucherung, so als wären wir heute mutig und nonkon-
formistisch. Dennoch bleibt richtig, daß die fünfziger Jahre
weder politisch noch kulturell Opposition kannten. Nach
der großen Weltwirtschaftskrise und dem Kriege gestattete
der ökonomische Aufschwung die Fortführung oder den
Wiederbeginn eines geregelten Familienlebens und der be-

ruflichen Laufbahn. So wie für andere ›Freiberufler‹ war dies
auch das oberste Ziel der Psychoanalytiker. Insgesamt gewann ihre Disziplin zunehmend mehr Studenten sowie öffentliche und medizinische Anerkennung. Zugleich trübte
sich ihr Blick, und ihre Vitalität erlahmte. Die eingangs
zitierten Bemerkungen von Clarence P. Oberndorf, einem
der älteren amerikanischen Analytiker, verweisen zwar auf
Fortschritte seiner Wissenschaft, stellen sie aber zugleich
unter vernichtende Anklage.[33] Doch der Preis des öffentlichen Erfolgs ist vielleicht noch höher gewesen, als irgend
jemand vermutete, denn in den Jahren nach 1950 zerrissen
die letzten Fäden zur klassischen Psychoanalyse.

Wohl in jeder Disziplin gibt es zu jeder Zeit unabhängige
Köpfe. Es wäre falsch, die fünfziger Jahre nur in Grautönen
zu malen, so als hätte niemand Einspruch angemeldet oder
Zweifel vorgetragen. Es gab damals die Beatniks und aufmüpfige Literaten, und es gab noch ein paar Oppositionelle
in allen Berufen, sogar in der Psychoanalyse. Doch die
Psychoanalyse setzte das Geschäft der Verdrängungen fort
und bekämpfte Dissidenten mit einer Wucht, die schließlich
ihre eigene Substanz irreparabel beschädigte. Das läßt sich
durch eine kurze Darstellung des Schicksals einiger Dissidenten in den fünfziger Jahren unschwer erläutern. Die
Arbeiten von Paul A. Baran, C. Wright Mills und Robert
Lindner standen in unterschiedlichen Traditionen und richteten sich an ein je verschiedenes Publikum. Und doch läßt
ihre Wirkung auf die jeweilige Disziplin die besondere Situation der Psychoanalyse deutlich hervortreten.

In den späten vierziger und frühen fünfziger Jahren begründeten Paul A. Baran in der Nationalökonomie, C. Wright
Mills in der Soziologie und Robert Lindner in der Psychoanalyse ein oppositionelles Wissenschaftsverständnis. Jeder
von ihnen litt unter einer fast tödlichen Isolation. Verbündete hatten sie nur sehr wenige, und die Institutionen ihres
jeweiligen Berufsstandes räumten ihnen kaum Gastrecht ein.

Baran beklagte sich häufig bitter darüber, wie die Stanford University mit ihm umsprang. C. Wright Mills schimpfte fast zeit seines Lebens auf die Universitäten und die etablierte Soziologie. Und Lindner, ein Laienanalytiker, rieb sich am Argwohn und Widerstand der örtlichen Psychoanalytiker-Verbände in Washington und Baltimore wund. Vielleicht ist es kein Zufall, daß alle drei nicht alt wurden und an Herzkrankheiten starben: Baran 1964 im Alter von 54 Jahren, Mills 1962 im Alter von 46 Jahren und Lindner 1956 im Alter von 51 Jahren. Die Hauptwerke von Baran und Mills sind zu Grundlagen-Texten der Nationalökonomie und der Soziologie geworden[34]: Barans *Political Economy of Growth* sowie *Monopoly Capital* (gemeinsam mit Paul Sweezy) und Mills' *White Collar* sowie *The Power Elite* sind heute als bahnbrechende Schriften ihrer Fachgebiete anerkannt. Es gibt eine umfangreiche Literatur über sie, und immer wieder berufen sich Kritiker der Nationalökonomie und der Soziologie auf das Werk von Baran und Mills.

In bezug auf Lindner bietet sich ein anderes Bild. Einige mögen seinen Namen kennen, ganz wenige seine Bücher, insbesondere *The Fifty-Minute Hour*, obwohl diese recht erfolgreich sind.[35] Daß Lindner ein Dissident unter den Analytikern und ein scharfer Gesellschaftskritiker war, ist aus dem kollektiven (und psychoanalytischen) Bewußtsein verschwunden. Bekanntheit erlangte Lindner wohl mit seinem ersten Buch: *Rebel without a Cause* (1944), dessen Titel für den gleichnamigen Film verwendet wurde. Seine frühen Schriften stützen sich auf seine Erfahrung als Gefängnispsychologe. *Rebel without a Cause* ist die ausführliche Fallstudie eines einzelnen Gefangenen; in der Einleitung zu dem Buch schreibt Lindner, daß der kriminelle »Psychopath« ein »Rebell ohne Anlaß, ein Agitator ohne Slogan und ein Revolutionär ohne Programm« sei.[36] Sein nächstes Buch, *Stone Walls and Men* (1946), plädierte für eine Reform der Gefängnisanstalten.[37]

Lindner war ein talentierter Schriftsteller. Sowohl bei *Rebel without a Cause* wie auch bei *The Fifty-Minute Hour* beruhte sein Erfolg auf der Fähigkeit, das Material einzelner Fälle spannend darzustellen. In seinen minder erfolgreichen Büchern – *Prescription for Rebellion* (1952) und *Must You Conform?* (1956) – entfaltete er eine psychoanalytische Gesellschaftskritik. Seine Sprache und sein Erfahrungshorizont unterscheiden sich von denjenigen der politisch engagierten Freudianer, doch seine geistige Orientierung war die gleiche. Nach seiner Meinung betrieb die Psychologie (ebenso wie die Gesellschaft) die Durchsetzung von »Anpassungen«. Jahre bevor es populär wurde, griff Lindner schonungslos Elektroschocks und Gehirnchirurgie als skandalöse Verfahren an, mit denen aufsässige Patienten stillgestellt werden sollten.

Der Position Fenichels näherte sich Lindner in seiner Kritik der Neofreudianer. Er verurteilte den Hymnus auf die Anpassung, der ihre Werke durchzog. Wie Fenichel warf er den Neofreudianern vor, die Psychoanalyse zu einer schwächlichen Soziologie zu verwässern, indem sie auf das Konzept der Triebstruktur verzichteten. Lindner behauptete nicht, daß Triebe rein biologischen Ursprungs seien; er bestimmte sie als sowohl biologisch wie psychisch. Die »alles durchdringende Angst und das Mißtrauen« gegenüber den Trieben seien jedoch ein wesentlicher Bestandteil des Kults der Passivität und Anpassung. Die Triebe zu bejahen bedeute, »sich rundheraus gegen jede Domestizierung zu wenden«.[38] Er griff Fromm, Horney, Adler und Sullivan, die ihm als Exponenten einer konformistischen Psychologie galten, scharf an. Horney propagiere unverhohlen »Anpassung und Domestizierung. Ihre Thesen sind eine Abwehr der oft beunruhigenden und unbequemen Auffassungen Freuds«; ihrer »modischen Akzente« wegen hätten ihre Argumente Zugang zu den »Herzen von Soziologen und Ethnologen« gefunden. Sie spreche »eine Sprache, die vitale, moralisch einwandfreie und der Welt zugewandte Amerikaner verstehen können. Wir waren immer der Überzeugung, daß jeder, der anders ist als wir, verdächtig und anrüchig ist. Aufgrund ihrer ›wissenschaftlichen‹ Behandlung von Neurosen als Abweichungen von den herrschenden kulturellen Verhaltensmustern unterstützt Horney nun, was wir schon immer gewußt haben«.[39]

Es scheint kein Zufall zu sein, daß Lindner Laienanalytiker und zugleich ein geharnischter Kritiker der ausschließlichen Öffnung der Psychoanalyse für Mediziner war. Die »relative Stagnation« der Psychoanalyse und Psychotherapie »in dieser Generation im Vergleich mit der überbordenden Produktivität der vorangegangenen Generation« hänge innig mit dieser Regelung zusammen, deren Resultat eine verhängnisvolle »Halbbildung« sei. »Anstelle breiter, systematisierter Kenntnisse des Menschen, seiner Kultur und seines Arbeitens verfügt die Mehrzahl medizinischer Praktiker nur über eine Handvoll klinischer Tatsachen, die in terminologische Phantastereien verpackt werden.« Falls sich an dieser Grundkonstellation nichts ändere, sei absehbar, daß »die medizinischen Praktiker von jener Sterilität heimgesucht werden, welche der Preis ihrer Isolierung ist«.[40]

Lindner erweiterte seine Kritik an der amerikanischen Psychoanalyse zu einem Sperrfeuer gegen die amerikanische Gesellschaft. Jeder Teilbereich dieser Gesellschaft – das Erziehungswesen, das Recht, die Sozialfürsorge, die Psychologie – befördere nichts als Anpassung und Passivität. Lindner war weder zuversichtlich noch stoisch; doch seine prognostische Kraft steht außer Frage: »In den heutigen Auseinandersetzungen zwischen Individuen und Gesellschaft über das Problem des Konformismus gewinnt die Gesellschaft.«

In mancherlei Hinsichten waren Lindners Schriften angreifbar – ein schriller, oft apokalyptischer Tonfall entstellte sie gerade dann, wenn er es besonders gut meinte. Er schien

überzeugt, daß der Konformismus alsbald die letzten Reste
von Humanität weggeschwemmt haben würde. Unter Berufung auf Ortega y Gassets *Der Aufstand der Massen* (1930)
entwickelte er eine fast schon elitäre Philosophie der Kultur
und beharrte auf einem biederen Antikommunismus. Obwohl er nachdrücklich die konformistische Psychologie kritisierte, glaubte er, »das Geheimnis der Attraktivität des
Kommunismus« könne allein »durch die Psychologie gelüf-
tet werden«.[41]

Daß Lindner innerhalb der Psychoanalyse nur sehr begrenzte, womöglich überhaupt keine Wirkung hatte, mag
auf die Mängel seines Werks zurückzuführen sein – es ist
synkretistisch, zerfasert, ohne leitende Idee; es ist laut und
im Gedankengang ungefügt: eine Serie von Aufschreien eher
denn ein Diskurs. Auch wo er recht hatte, übertrieb er im
Übermaß, sachlich wie stilistisch.

Das mag zwar richtig, aber gleichwohl oberflächlich charak-
terisiert sein. Denn die Mängel in Lindners Werk sind wohl
auch ein Beleg für jene amerikanische Psychoanalyse, die
ihre Vergangenheit bereits verdrängt hatte. In den fünfziger
Jahren war sie, deutlich gesagt, nur noch zu einem schwächlichen Protest gegen sich selbst imstande. Die klassische
Psychoanalyse und die politisch engagierten Freudianer waren ihrem Gedächtnis entschwunden. Den in dieser Zeit
ausgebildeten amerikanischen Analytikern stand das Instru-
mentarium ihrer Wissenschaft zur sozialen Theoriebildung
nicht mehr zur Verfügung. Lindner war wohl auch deshalb
ein Einzelgänger, weil sich die Gemeinschaft der klassischen
psychoanalytischen Theoretiker aufgelöst hatte, und wie
jeder Einzelgänger, der sich nur auf sich selbst verläßt, lief er
Gefahr, in die Irre zu gehen.

Im Gegensatz zu Lindner fanden Baran und Mills Zugang zu
den theoretischen Ursprüngen ihrer Disziplinen. Baran, der
in Europa geboren und aufgewachsen war, bediente sich
mühelos der klassischen europäischen Texte; Mills, der aus

Texas stammte, lernte u. a. durch eingewanderte Wissenschaftler wie Hans Gerth die Schriften von Marx, Max Weber und der Frankfurter Schule kennen. Lindner hatte da weniger Glück. Es gelang ihm nicht, seinen Weg zu machen, weil es keinen Weg mehr gab; der Weg war längst aus den Augen und aus dem Sinn verloren.

Lindners Arbeiten stellen einen letzten und beredten Protest gegen die Verarmung der amerikanischen Psychoanalyse dar. Er selbst war auch deren Opfer insofern, als ihm der Zugang zu den klassischen und politischen Traditionen fehlte. So war sein Protest von dem durchsetzt, wogegen er sich richtete: von der domestizierten Psychoanalyse. Zum Zeitpunkt seines Todes blühte die Psychoanalyse, doch sie blühte als eine kulturlos gewordene Geschäftigkeit. Als Fenichel aus Europa geflohen war, hatte er sich geschworen, Herz und Seele der klassischen Analyse nicht preiszugeben. Tatsächlich war es das Programm der politisch engagierten Freudianer, an den Ursprungsimpulsen der Psychoanalyse festzuhalten. Dieses Programm und die mit ihm verbundenen Hoffnungen überlebten ihre Amerikanisierung nicht; sie versanken im Unbewußten der Profession.

Anhang

Erläuterungen zu vier *Rundbriefen*

Als Beispiele für die Komposition und die Gegenstände der *Rundbriefe* möchte ich im folgenden vier von ihnen kurz charakterisieren. Zwei davon stammen aus der frühen, zwei aus der späten Periode.

1. Brief XIII (4. April 1935) hat dreizehn Seiten. Die ersten drei Abschnitte befassen sich mit Publikationen der Gruppe. Unter Punkt 1 teilt Fenichel mit, daß er soeben verschiedene seiner Manuskripte an Mitglieder des Kreises verschickt habe, die sie noch nicht kennen, und daß er eine Kritik an Laswells *Psychopathology and Politics* vorbereite. Punkt 2 avisiert Fenichels Entschluß, seinen jüngst gehaltenen Vortrag zur Präsagogik: »Über Erziehungsmittel«, zur Veröffentlichung einzureichen. Unter Punkt 3 informiert er die Adressaten des Briefs, daß er eine Entgegnung auf eine neuerliche Polemik gegen Wilhelm Reich geschrieben hat. Diese ersten drei Punkte sind auf weniger als einer Seite abgehandelt. Die Punkte 4, 5 und 6 bilden mit zehn Seiten den größten Teil des Textes; sie bestehen aus einer ausführlichen Schilderung eines Besuchs bei Reich, aus einem Brief des Besuchers und aus einem längeren Zitat aus einer Stellungnahme gegen Reich. Punkt 7 macht auf einen scharfen Angriff gegen Jung aufmerksam; Fenichel fragt, ob jemand den Autor, Walter Hartmann, kenne. Unter Bezugnahme auf einige neuere Veröffentlichungen stellt er unter Punkt 8 fest, daß Anna Freud in äußerst nützlicher Weise die Auseinandersetzung mit Melanie Klein auf englisch aufgenom-

men hat. Edith Jacobson übermittelt unter Punkt 9 neueste
Nachrichten, wie die Nazis ihre politische Linie im Berliner
Institut durchgesetzt haben. Unter Punkt 10 ist die Rede von
einem Vortrag über Hitler vor der London Psychoanalytic
Society, dessen Text Fenichel besorgen will.

2. Drei Wochen später versandte Fenichel den *Rundbrief*
XIV (26. April 1935), der aus neun Seiten besteht. Unter
Punkt 1 heißt es, Fenichel habe seine Kritik an Laswell jetzt
auf den Weg gebracht; er hoffe, daß sie weitergegeben
werde. Punkt 2 verweist auf die jüngste Nummer der offiziellen psychoanalytischen Zeitschrift mit einem Bericht
über den Kongreß in Luzern, auf dem Reich ausgeschlossen
wurde – die umfassende Darstellung der Debatte und des
Ausschlusses, die Reich und Fenichel versprochen worden
war, sei unterdrückt worden; der offizielle Kongreßbericht
erwähnt, wovon Fenichel sich überrascht zeigt, mit keiner
Silbe die schwerwiegenden Vorwürfe, die gegen Reich im
Schwange waren. Unter Punkt 3 wird mitgeteilt, Waelder
habe noch nicht reagiert auf Fenichels Erwiderung zu Waelders Aufsatz, freilich sei Waelders »antimarxistische, bürgerliche Soziologie« weiterhin in der *Imago* stark repräsentiert.
Punkt 4 betrifft die Kontroverse mit Glover, die durch Fenichels kritische Rezension von Glovers *War, Sadism, and
Pacifism* ausgelöst worden war. Glover hatte darauf mit der
These geantwortet, Fenichels Kritik gleiche im Wesen den
konventionellen Reaktionen von Sozialisten oder Kommunisten auf jede psychologische Interpretation, die deren
heißgeliebte ökonomische und soziologische Theorien zu
bedrohen scheine. Glover hatte seine Replik mit einem
kurzen Begleitbrief an Fenichel geschickt, der seinerseits
abermals erwiderte. Ein kurzer kritischer Überblick über
neuere psychoanalytische Literatur findet sich unter Punkt 5
und 6, während Punkt 7 ein 22 Seiten umfassendes Resümee
des Vortrags über Hitler enthält, den Fenichel in seinem

früheren *Rundbrief* erwähnt hatte; beigefügt ist eine Kopie von Fenichels Schreiben an den Autor dieses Vortrags. Punkt 8 referiert ein Seminar über Psychotherapie in Deutschland (Jungs Stern scheint zu sinken). Die Punkte 9 und 10 sind Einzelfragen gewidmet; so erkundigt sich Fenichel z. B., wer von den Adressaten Auskünfte über Harry S. Sullivan zu geben in der Lage sei. Mitgeteilt wird, daß der in Brief XIII erwähnte Hartmann das Pseudonym eines in Paris lebenden Autors sei. Exzerpte aus Besprechungen in einer psychoanalytischen Zeitschrift erscheinen unter Punkt 11, und Punkt 12 fordert dazu auf, ältere *Rundbriefe* zu beantworten sowie Manuskripte zirkulieren zu lassen.

3. Sechseinhalb Jahre später versandte Fenichel den *Rundbrief* 80 (3. September 1941), der 25 Seiten zählte. Unter Punkt 1 wird, fünf Seiten lang, das »Paradox« erörtert, daß Karen Horney sich in Opposition zum psychoanalytischen Establishment befindet. Wie der Kreis um Fenichel wandte sich auch deren Gruppe gegen die Vernachlässigung gesellschaftlicher Faktoren durch die orthodoxe Psychoanalyse und deren Institute. Da Horney sich aber von Freud losgesagt habe, müsse, meint Fenichel, sein Kreis in diesem Streit für die offizielle Organisation Partei ergreifen. Punkt 2 gibt bekannt, daß Theodor Reik eine eigene Organisation gegründet hat. Die Punkte 3 und 4 berichten von Aktivitäten in Los Angeles und San Francisco. Punkt 5 zitiert aus einem Brief Fenichels an einen ungenannten Empfänger, der Fenichels Haltung in psychoanalytischen Fragen für zu konservativ hielt und ihn gedrängt hatte, radikale Positionen zu verteidigen. Punkt 6 verweist auf eine Publikation von Kate Friedländer, und Punkt 7 besteht aus einer längeren Rezension einiger Bücher durch J. C. Flugel, u. a. Mannheims *Man and Society in an Age of Reconstruction*. Die Punkte 8 und 9 enthalten eine Stellungnahme Fenichels zu einer Broschüre über psychologi-

sche Kriegführung sowie einen wissenschaftlichen Essay
zur Sozialpsychologie.

4. Drei Wochen danach (am 27. September 1941) verschickte Fenichel den Brief 81, der zehn Seiten umfaßt. Die
ersten vier Abschnitte handeln von den Aktivitäten Anna
Freuds in London, Vorträgen von Edith Jacobson und Annie Reich in New York, von der mangelnden Opposition
gegen Franz Alexander in Chicago sowie von Konflikten in
Kalifornien wegen der geplanten Einrichtung einer neuen
psychoanalytischen Gesellschaft. Punkt 5 gibt Auszüge aus
einem Brief, in dem über die Situation der Psychoanalyse in
Argentinien berichtet wird, Punkt 6 faßt einen kürzlich von
Fenichel gehaltenen Vortrag zusammen, unter Punkt 7 wird
gemeldet, daß das U.S. Department of Coordination of
Information die Psychoanalyse unter die »kriegswichtige
Forschung« aufzunehmen gedenke – Fenichel stellt dazu in
einem Kommentar fest, es sei traurig, wie wenig die Psycho-
analyse in der Analyse von Kriegsursachen geleistet habe.
Unter Punkt 8 reagiert Martin Grotjahn auf eine kritische
Rezension von Fenichel zu Glover. Die Punkte 9 und 10
schließlich befassen sich kritisch mit Publikationen von
Franz Alexander und Sándor Rado.

Anmerkungen

Die Schriften und *Rundbriefe* von Otto Fenichel, zu denen ich Zugang hatte, sind zum größten Teil in privater Hand. Zumeist sind sie im Besitz von Randi Markowitz. Weiteres Material wurde mir von Dr. Emanuel Windholz und Prof. Hanna Fenichel-Pitkin zur Verfügung gestellt. Manche der Arbeiten von Fenichel befinden sich mit denen von Siegfried Bernfeld im YIVO Institute for Jewish Research in New York. Ernst Simmels Schriften liegen in der Library of the Los Angeles Psychoanalytic Society and Institute sowie in Sondersammlungen der Bibliothek der University of California in Los Angeles. Konsultiert wurden ferner die Transkriptionen von »oral histories« in der Abraham A. Brill Library des New York Psychoanalytic Institute, im Oral Research Office der Columbia University sowie in der Library of the Los Angeles Psychoanalytic Society and Institute. Gespräche führte ich mit Rudolf Ekstein, Lawrence J. Friedman, Henry und Yela Loewenfeld, George Gero, Miriam Williams, Martin Grotjahn, Clare Fenichel und Norman Reider. Ich stand im Briefwechsel mit vielen anderen Analytikern oder ihren Familien. Soweit meine Quellen Briefe und Gespräche sind, habe ich sie in den Anmerkungen nur selten angeführt.

Kapitel I
Die Verdrängung der Psychoanalyse

1 Martin Freud, *Sigmund Freud: Man and Father*, New York 1958, S. 205.
2 Ernest Jones, *The Life and Work of Sigmund Freud*, 3 Bde., New York 1953–57, Bd. 3, S. 218; dtsch.: *Das Leben und Werk von Sigmund Freud*, 3 Bde., Bern 1960, Bd. 3, S. 259 (im folgenden zitiert als Jones, *Freud*, 1, 2, oder 3).

3 Vgl. Dieter Wagner und Gerhard Tomkowitz, *Anschluß: The Week Hitler Seized Vienna*, New York 1971.

4 Jones, *Freud*, 3, S. 268.

5 Reuben Fine, *A History of Psychoanalysis*, New York 1979, S. 111–12.

6 Sigmund Freud, »Das Unheimliche«, in: *Gesammelte Werke*, Bd. XII, Frankfurt 1966, S. 254 (im folgenden zitiert als: Freud *GW*, Bd. I–XVII).

7 Freud, »Zur Geschichte der psychoanalytischen Bewegung«, in: *GW*, X, S. 54.

8 Helene Deutsch, *Confrontations with Myself*, New York 1973, S. 131.

9 Reuben Fine, *History of Psychoanalysis*, S. 108.

10 Edward Kronold, »Edith Jacobson 1897–1978«, in: *Psychoanalytic Quarterly* 49 (1980), S. 505–7.

11 Peter Blos, »Berta Bornstein 1899–1971«, in: *The Psychoanalytic Study of the Child*, New Haven 1974, S. 29 ff.

12 Edith Jacobson, »Annie Reich (1902–1971)«, in: *International Journal of Psychoanalysis* 52 (1971), S. 334.

13 Freud, »Ansprache im Frankfurter Goethe-Haus«, in: *GW*, XIV, S. 547–550. Vgl. ferner Alfons Paquet, »Zum Goethe-Preis 1930«, in: *Die Psychoanalytische Bewegung* 2 (1930) S. 426–430. Im selben Zeitschriftenband sind verschiedene Aufsätze über Freud als Stilisten enthalten: Walter Muschg, »Freud als Schriftsteller«, S. 467–509, sowie Hermann Hesse u. a., »Freuds Sprache«, S. 510–11.

14 Thomas Mann, »Freud und die Zukunft«, in: *Gesammelte Werke in 12 Bänden*, Frankfurt 1960, Bd. 9, S. 478 ff.

15 Nathan G. Hale, Jr., *Freud and the Americans*, New York 1971. Vgl. ferner John Burnham, *Psychoanalysis and American Medicine 1894–1918*, Psychological Issues Monograph Series, No. 20, New York 1967.

16 Nathan G. Hale, Jr., »From Berggasse XIX to Central Park West: The Americanization of Psychoanalysis, 1919–1940«, in: *Journal of the History of the Behavioral Sciences* 14 (1978), S. 306.

17 Robert Michels, *Zur Soziologie des Parteiwesens in der modernen Demokratie*, Neudruck d. 2. Auflage Stuttgart 1970.

18 Über die persönlichen Beziehungen Freuds zu verschiedenen Sozialdemokraten sowie generell über den Austromarxismus vgl. Ernst Glaser, *Im Umfeld des Austromarxismus*, Wien 1981, vor allem S. 259–72.

19 Freud an Julie Braun-Vogelstein (30. Oktober 1927), in: Martin Grotjahn, »A Letter by Sigmund Freud with Recollections of his Adolescence«, in: *Journal of the American Psychoanalytic Association* 4 (1956), S. 648.

20 Grotjahn, »A Letter by Sigmund Freud«, a.a.O., S. 644.

21 Ronald Florence, *Fritz: The Story of a Political Assassin*, New York 1971, S. 3. Zusätzlich informiert über das Verhältnis von Freud und Braun: Hugo Knoepfmacher, »Sigmund Freud in High School«, in: *American Imago* 36 (1979), S. 294–96.

22 Vgl. William J. McGrath, »Freud as Hannibal: The Politics of the Brother Band«, in: *Central European History* 7 (1974), S. 39–40. Die Verbindungen zwischen der sozialdemokratisch gesinnten Familie Adler und Freud scheinen sehr vielfältig gewesen zu sein. Richard F. Sterba berichtet in seinen kürzlich erschienenen Memoiren, daß sein Interesse an Freud zuerst durch eine Diskussion mit einem der Söhne Adlers – offenbar mit Karl Adler, dem Bruder von Fritz – geweckt wurde. Vgl. Sterba, *Reminiscences of a Viennese Psychoanalyst*, Detroit 1982, S. 19. Deutsche Ausgabe: Richard Sterba, *Erinnerungen eines Wiener Psychoanalytikers*, Frankfurt 1985, S. 21.

23 Fredric Wertham in einer Rezension von *The Psychoanalytic Theory of Neurosis* von Otto Fenichel, in: *The New Republic*, 27. 5. 1946, S. 780.

24 Bruno Bettelheim, »Freud and the Soul«, in: *New Yorker*, 1. 3. 1982, S. 52.

25 H. Nunberg und E. Federn, eds., *Minutes of the Vienna Psychoanalytic Society*, Bd. 4: 1912–1918, New York 1975, S. 296–99.

26 Aus der umfangreichen Literatur über Lukács vgl. Andrew Arato und Paul Breines, *The Young Lukács and the Origin of Western Marxism*, New York 1979, ferner David Kettler, »Culture and Revolution: Lukács in the Hungarian Revolution of 1918«, in: *Telos* 10 (Winter 1971), S. 35–92, der die Atmosphäre in Budapest schildert, aus der sowohl Lukács wie Mannheim hervorgegangen sind. Vgl. schließlich Russell Jacoby, *Dialectic of Defeat: Contours of Western Marxism*, New York 1981.

27 Barbara Lantos, »Julia Mannheim 1895–1955«, in: *International Journal of Psychoanalysis* 38 (1956), S. 197–98.

28 Otto Friedrich, *Before the Deluge: A Portrait of Berlin in the 1920s*, New York 1973, S. 24.

29 Barbara Lantos lebte zwischendurch in Leipzig.

30 Gespräch mit Martin Grotjahn, Los Angeles, 25. Oktober 1980.

31 Jones, *Freud*, 2, S. 186 ff.

32 Martin Grotjahn hat einen Kommentar zu den Rundbriefen des Komitees geschrieben: »Notes on Reading the ›Rundbriefe‹«, in: *Journal of the Otto Rank Association* 8 (1973–74), S. 35–88. Grotjahn zufolge, der sich auf Franz Alexander beruft, war die Existenz dieser Rundbriefe bis zur Veröffentlichung der Biographie von Jones ein wohlgehütetes Geheimnis (Grotjahn an Jacoby, 27. Juli 1981).

33 Ich zitiere die *Rundbriefe* nach Fenichels eigenem System, indem ich die Ziffer des jeweiligen Briefes, das Datum und die Ziffer der jeweiligen Sektion anführe. Die ersten 73 Briefe tragen römische, der Rest trägt arabische Zahlen. Jeder Brief war datiert und in numerierte Sektionen unterteilt. Der vierte oder fünfte Durchschlag eines Typoskripts ist in jedem Falle schwer zu entziffern. Auch waren die Durchschläge, die mir zur Verfügung standen, nicht durchweg gut behandelt worden. Sie waren vielmehr während der wechselnden Aufenthalte ihrer Empfänger mehrfach ein- und ausgepackt oder ignoriert worden. Viele Briefe sind verlorengegangen oder in schlechtem Zustand. Häufig fehlte das erste Blatt eines Briefes. In diesen Fällen habe ich das Datum geschätzt und meine Vermutung durch ein Fragezeichen neben der Ziffer des Briefes, dem Datum oder der Sektion kenntlich gemacht, um hervorzuheben, daß ich mir nicht sicher bin. Leider war ich auch in anderer Hinsicht auf Vermutungen angewiesen, denn die Texte selbst waren schwer zu entziffern. Auch daß einzelne Briefe oder Blätter fehlen, kann sich auf meine Gesamtinterpretation ausgewirkt haben. Sollten einzelne Briefe oder Blätter nachträglich auftauchen, könnte eine Neuinterpretation möglich oder notwendig werden. Schließlich ist anzumerken, daß die ersten siebzig Briefe zumeist deutsch, die übrigen englisch geschrieben sind.

34 Zu neueren Überlegungen vgl. Peter Gay, »Encounter with Modernism: German Jews in Wilhelminian Culture«, in: *Freud, Jews and Other Germans*, New York 1979, S. 93–168.

35 Ralph R. Greenson, »Otto Fenichel 1898–1946. The Encyclopedia of Psychoanalysis«, in: *Psychoanalytic Pioneers*, ed. F. Alexander, S. Eisenstein und M. Grotjahn, New York 1966, S. 442. Das dort genannte Geburtsjahr 1898 ist falsch.

36 Rudolph M. Loewenstein, »In Memoriam: Otto Fenichel«, in: *Psychoanalytic Quarterly* 15 (1946), S. 140.

37 Bertram D. Lewin, »Introduction«, in: Otto Fenichel, *Collec-*

ted Papers: First Series, ed. H. Fenichel und D. Rapaport, New York 1953, S. VII.

38 Alexander Grinstein, ed., *The Index of Psychoanalytic Writings*, New York 1956, 1, S. 481–500.

39 »First Interview with Dr. Hanna Fenichel«, durch Dr. W. Horowitz (16. Februar 1963), Oral History, Los Angeles Psychoanalytic Society.

40 Außer den Darstellungen von Greenson, Lewin und Loewenstein vgl. folgende Schilderungen: Norman Reider, »Otto Fenichel«, in: *Dictionary of American Biography*, suppl. 4 (1946–1950), New York 1974, S. 264; Ernst Simmel, »Otto Fenichel«, in: *International Journal of Psychoanalysis* 27 (1946), S. 67–71, sowie Adelheid Koch, »Otto Fenichel«, in: *Revista de Psicoanálisis*, Buenos Aires 1946, 4, S. 157–58.

41 Gespräch mit Martin Grotjahn, Los Angeles, 19. 10. 1982; Greenson, »Otto Fenichel«, a.a.O., S. 441.

Kapitel II
Frühlings Erwachen: Analytiker als Dissidenten

1 Th. W. Adorno, »Jene zwanziger Jahre«, in: *Eingriffe*, Frankfurt 1963, S. 59.

2 Freud, »Zur Geschichte der psychoanalytischen Bewegung«, in: *GW*, X, S. 104 f.

3 Freud, »Die ›kulturelle‹ Sexualmoral und die moderne Nervosität«, in: *GW*, VII, S. 167, 160, 161.

4 Freud, »Über Psychoanalyse«, in: *GW*, VIII, S. 58 ff.

5 Gross zitiert Freuds Bemerkungen in »Ludwig Rubiners ›Psychoanalyse‹«, in: *Die Aktion* 3 (14. Mai 1913), S. 507.

6 *Neues Wiener Journal*, 10. Januar 1914, zitiert nach: Emanuel Hurwitz, *Otto Gross. ›Paradies‹-Sucher zwischen Freud und Jung*, Frankfurt 1979, S. 14–15.

7 Franz Jung, »Der bekannte Kriminalprofessor Hans Gross in Graz«, in: *Revolution* (1913). Neudruck in Jung, *Feinde ringsum. Prosa und Aufsätze 1912 bis 1963*, ed. L. Schulenburg, Hamburg 1981, S. 83.

8 Hans Gross, *Criminal Investigation*, 5th ed., ed. Richard L. Jackson, London 1962, S. X.

9 Vgl. Martin Green, *The von Richthofen Sisters*, New York 1974; vgl. Arthur Mitzman, »Anarchism, Expressionism and

Psychoanalysis«, in: *New German Critique* 10 (Winter 1977),
S. 77–104.

10 Freud an Jung (19. April 1908), in: *Briefwechsel*, Frankfurt
    1974, S. 156.

11 Ebda. (20. Mai 1902), S. 70.

12 Ernest Jones, *Free Associations*, London 1959, S. 173 f.

13 Franz Werfel, *Barbara oder die Frömmigkeit*, Wien 1929.

14 Jung an Freud (25. September 1907), in: *Briefwechsel*, a.a.O.,
    S. 100.

15 O. Gross, »Anmerkungen zu einer neuen Ethik«, in: *Die
    Aktion* 3 (6. Dezember 1913), S. 1141 f.

16 O. Gross, »Zur Überwindung der kulturellen Krise«, in: *Die
    Aktion* 3 (2. April 1913), S. 385. Vgl. auch Gross, »Protest und
    Moral im Unbewußten«, in: *Die Erde*, Bd. 1, Nr. 24 (15. De-
    zember 1919), S. 681–85.

17 O. Gross, »Zur Überwindung . . .«, a.a.O., S. 387.

18 Freud an Jung (25. Februar 1908), in: *Briefwechsel*, a.a.O.,
    S. 140.

19 Ebda. (19. Mai 1908), S. 168.

20 Jung an Freud (19. Juni 1908), in: *Briefwechsel*, a.a.O., S. 172.

21 Aldo Carotenuto, *A Secret Symmetry: Sabina Spielrein between
    Jung and Freud*, New York 1982.

22 Spielrein an Freud (11. Juni 1909), in: *A Secret Symmetry . . .*,
    a.a.O., S. 93.

23 Ebda. (? 1909), S. 107.

24 Jung an Freud (4. Juni 1909), in: *Briefwechsel*, a.a.O., S. 253.

25 Franz Jung an Cläre Jung (15. April 1955), in: Franz Jung, *Der
    tolle Nikolaus. Prosa, Briefe*, ed. Cläre Jung und F. Mierau,
    Frankfurt 1981, S. 369 f.

26 Frieda Lawrence an Harry T. Moore (14. Januar 1955), in: F.
    Lawrence, *The Memoirs and Correspondence*, ed. E. W. Ted-
    lock, Jr., New York 1964, S. 388.

27 Vgl. Russell Jacoby, *Social Amnesia: A Critique of Conformist
    Psychology from Adler to Laing*, Boston 1975, deutsch: *Soziale
    Amnesie. Eine Kritik der konformistischen Psychologie von
    Adler zu Laing*, Frankfurt 1977. Obwohl Freud zu Recht die
    Psychologie Adlers als reaktionär und rückschrittlich gekenn-
    zeichnet hat, fühlten sich Erziehungsreformer und Sozialisten
    von deren sozialen Tendenzen angezogen. Vgl. Manès Sperber,
    Masks of Loneliness: Alfred Adler in Perspective, New York
    1974 – die Erinnerungen eines Adlerianers des linken Flügels.
    Vgl. auch zu Otto Rühle, dem interessantesten der linken

Anhänger Adlers, Gottfried Mergner, *Arbeiterbewegung und Intelligenz*, Starnberg 1973. Zu Federn vgl. Jacoby, *Social Amnesia*, sowie Rudolf Ekstein, »Reflections on and Translation of Paul Federn's ›The Fatherless Society«, in: *Reiss-Davis Clinic Bulletin* 8 (Spring 1971), S. 2–33.

28 Richard L. Rubenstein, *The Cunning of History*, New York 1978, S. 7.

29 Stefan Zweig, *Die Welt von Gestern. Erinnerungen eines Europäers*, in: *Gesammelte Werke in Einzelbänden*, Bd. 6, o. O. (Frankfurt), S. 261.

30 Ebda., S. 14 f.

31 Grundlegend weiterhin: Walter Z. Laqueur, *Young Germany: A History of the German Youth Movement*, London 1962. Vgl. auch Harry Pross, *Jugend, Eros, Politik. Die Geschichte der deutschen Jugendverbände*, Bern 1964; Robert Wohl, *The Generation of 1914*, Cambridge, Mass. 1979, S. 42 ff. Die bedeutendste Anthologie ist: Werner Kindt, ed., *Grundschriften der deutschen Jugendbewegung*, Düsseldorf 1963. Vgl. auch Bernhard Schneider, *Daten zur Geschichte der Jugendbewegung*, Bad Godesberg 1965.

32 Über die Pfadfinder vgl. John Springhall, *Youth, Empire and Society: British Youth Movements 1883–1940*, London 1977, S. 53–70. Zum Vergleich von Pfadfindertum und Wandervogel siehe John R. Gillis, *Youth and History: Tradition and Change in European Age Relations 1770-Present*, New York 1974, S. 149–55.

33 Vgl. Rudolf Ekstein, »In Quest of the Professional Self«, in: *Twelve Therapists*, ed. Arthur Burton, San Francisco 1972.

34 Siegfried Bernfeld, »Die Psychoanalyse in der Jugendbewegung« (1919), zuerst in: *Imago* 5 (1919), S. 283–89; neugedruckt in: Bernfeld, *Antiautoritäre Erziehung und Psychoanalyse*, 3 Bde., ed. L. von Werder und R. Wolff, Frankfurt 1971, S. 794–801.

35 Vgl. Gerhard Ziemer und Hans Wolf, *Wandervögel und Freideutsche Jugend*, Bad Godesberg 1961, S. 439 ff.

36 Howard Becker, *German Youth: Bond or Free?*, London 1946, S. 99 f.

37 Jones, *Freud*, 1, S. 13.

38 Zu den Aktivitäten Bernfelds vgl. Philip Lee Utley, »Radical Youth: Generational Conflict in the *Anfang* Movement, 1912–January 1914« in: *History of Education Quarterly* (Sommer 1979), S. 207–28. Vgl. ebenfalls Gerhard Seewann, *Öster-*

reichische Jugendbewegung 1900 bis 1938, Frankfurt 1971, 1, S. 96.

39 Freud an Rudolf Olden (22. Januar 1931), zitiert nach: Rudolf Ekstein, »Siegfried Bernfeld 1892–1953«, in: *Psychoanalytic Pioneers*, ed. F. Alexander, S. Eisenstein und M. Grotjahn, New York 1966, S. 425. Zusätzliche biographische Informationen bei Hedwig Hoffer, »Siegfried Bernfeld 1892–1953«, in: *International Journal of Psychoanalysis* 36 (1955), S. 66–71; Peter Paret, »Prefeace«, in: Bernfeld, *Sisyphus*, Berkeley 1975, S. IX–XXVII, sowie Ilse Grubrich-Simitis, »Siegfried Bernfeld«, in: *Psyche* 35 (1981), S. 397–434.

40 In der Reihe, in der Fenichels Essay erschien, vertrat Hodann die charakteristischen Argumente der linken Jugendbewegung: Die Jugendbewegung müsse mit der Jugend der Arbeiterklasse zusammenfinden und eine soziale Gemeinschaft zu erreichen suchen. Vgl. »Vom Weg der Jugend«, in: *Schriften zur Jugendbewegung* (April 1916), S. 3–11.

41 O. Fenichel, »Sexuelle Aufklärung«, in: *Schriften zur Jugendbewegung*, ed. M. Hodann (Mai 1916), S. 52–60.

42 O. Fenichel, »Statistischer Bericht über die therapeutische Tätigkeit 1920–1930«, in: *Zehn Jahre Berliner Psychoanalytisches Institut*, ed. Deutsche Psychoanalytische Gesellschaft. Vorwort von S. Freud, Wien 1930, S. 13–19.

43 In einer autobiographischen Nebenbemerkung läßt Fenichel erkennen, daß dieses Schema auf seine eigenen Erfahrungen während seiner Jugend nicht paßt, nennt aber keine näheren Einzelheiten (»Sexuelle Aufklärung«, S. 54).

44 O. Fenichel, »Sexuelle Aufklärung«, a.a.O., S. 60.

45 O. Fenichel, »Wedekinds Frühlings Erwachen«, in: *Der Neue Anfang* 2, Nr. 3 (Februar 1920), S. 34–41. *Der Neue Anfang* schloß an die Tradition des *Anfang* an, der herausgegeben wurde von Wyneken und an dem Bernfeld und Benjamin mitarbeiteten. Um der Kritik vorzubeugen, die neue Zeitschrift sei sein Sprachrohr, betonte Wyneken in der ersten Nummer, daß er ihre Redaktionspolitik nicht kontrolliere; vgl. Gustav Wyneken, »Erklärung«, in: *Der Neue Anfang* Nr. 1 (1. Januar 1919), S. 2. Zur Erörterung Wedekinds im Kontext der Jugendbewegung vgl. Roy Pascal, *From Naturalism to Expressionism: German Literature and Society 1880–1918*, New York 1973, S. 222–28.

46 Frank Wedekind, *Frühlings Erwachen*, Akt 2, Szene 2.

47 O. Fenichel, »Sexualfragen in der Jugendbewegung«, Siegfried

Bernfeld Collection, YIVO Institute for Jewish Research, New York. Auf dem Titelblatt ist vermerkt, daß das Manuskript einen Auszug aus dem letzten Kapitel eines Buchs mit demselben Titel darstellt. Vermutlich stammt es von 1920, dem Jahr, in dem Fenichel zwei Vorträge unter diesem Titel hielt.

48 O. Fenichel, Rezension von *Die Sexualethik der jüdischen Wiedergeburt. Ein Wort an unsere Jugend* von Hans Goslar, in: *Zeitschrift für Sexualwissenschaft* 6 (1920), S. 361–69.

49 Ebda., S. 365.

50 W. Laqueur, »The German Youth Movement and the ›Jewish Question‹«, in: *Leo Baeck Institute Yearbook* 6 (1961), S. 193–205. Vgl. Auch Chanoch Rinott, »Major Trends in Jewish Youth Movements in Germany«, in: *Leo Baeck Institute Yearbook* 19 (1974), S. 77–95.

51 Vgl. Philip L. Utley, »Siegfried Bernfeld's Jewish Order of youth, 1914–1922«, in: *Leo Baeck Institute Yearbook* 24 (1979), S. 349–68.

52 Bernfeld an Martin Buber (14. September 1917), in Buber, *Briefwechsel aus sieben Jahrzehnten*, Bd. 1: 1897–1918, Heidelberg 1972, S. 505. Vgl. auch Chaim Schatzker, »Martin Buber's Influence on the Jewish Youth Movement in Germany«, in: *Leo Baeck Institute Yearbook* 23 (1978), S. 152–53.

53 Willi Hoffer, »Siegfried Bernfeld and ›Jerubbaal‹«, in: *Leo Baeck Institute Yearbook* 10 (1965), S. 159.

54 S. Bernfeld, »Eine Zeitschrift der jüdischen Jugend«, in: *Jerubbaal* 1 (1918–19), S. 2–3. Gershom Scholem verzichtete auf eine Mitarbeit an der Zeitschrift, weil er mit Bernfelds Plänen für die jüdische Jugend von Grund auf nicht übereinstimmte; vgl. »Abschied« in: *Jerubbaal* 1 (1918–19), S. 125–30, sowie Scholem, *Walter Benjamin: Die Geschichte einer Freundschaft*, Frankfurt 1975, S. 94.

55 Fenichel ist eingetragen als Mitglied des *Korrespondenzblatt der Freunde des jüdischen Instituts für Jugendforschung und -erziehung*, No. 1 (August 1920), dem nach eigenen Angaben frühere Teilnehmer am Jerubbaal-Kreis angehörten.

56 Fenichel, »Esoterik«, in: *Jerubbaal* 1 (1918–1919), S. 467-73.

57 Branko Lazitch, *Biographical Dictionary of the Comintern*, »Kurella, Alfred«, Stanford 1973, S. 207 f.

58 Alfred Kurella, *Unterwegs zu Lenin. Erinnerungen*, Berlin 1967, S. 16–29.

59 Zu Wyneken siehe Heinrich Kupfer, *Gustav Wyneken*, Stuttgart 1970.

60 A. Kurella, »Für Wyneken«, in: *Freideutsche Jugend* 3 (1917), S. 49. Kurella war nicht der einzige, der sich von dem Kreis um Wyneken bis zur Mitgliedschaft in der Kommunistischen Partei entwickelte. Eine ähnliche Entwicklung nahmen andere berühmte deutsche Kommunisten wie Karl Korsch und Karl Wittfogel; vgl. G. L. Ulmen, *The Science of Society: Towards an Understanding of the Life and Work of Karl August Wittfogel*, The Hague 1978, S. 17.

61 Vgl. Eugene Lunn, *Prophet of Community: The Romantic Socialism of Gustav Landauer*, Berkeley 1973, S. 249–53, sowie Lewis D. Wurgaft, *The Activists: Kurt Hiller and the Politics of Action on the German Left 1914–1933*, Philadelphia 1977, S. 49 f. F. Bauermeister, einer der Mitarbeiter des *Aufbruch*, versuchte gemeinsam mit Kurella, die Anhänger Wynekens durch Rundbriefe zusammenzuhalten; vgl. f. Bauermeister, H. Koch und A. Kurella, ed., *Rundbriefe des Berliner Kreises*, No. 1 (Dezember 1917).

62 F. Bauermeister, »Der öffentliche Betrieb«, in: *Absage und Beginn*, ed. F. Bauermeister, H. Koch-Dieffenbach, A. Kurella, Leipzig 1918, S. 5.

63 A. Kurella, »die proletarische Jugendbewegung«, in: *Freideutsche Jugend*, 4, No. 11–12 (November–Dezember 1918), S. 429–32.

64 A. Kurella, »Deutsche Volksgemeinschaft. Offener Brief an den Führerrat der freideutschen Jugend« (1918). Neudruck in: *Grundschriften der deutschen Jugendbewegung*, ed. W. Kindt, Köln 1963, S. 163–179.

65 Über die »Entschiedene Jugend« vgl. Eckart Peterich, »Über die Ursache des gegenwärtigen Zusammenbruches der deutschen Jugendbewegung«, in: *Der Neue Anfang* 2, No. 7–8 (Oktober 1920), S. 101–8.

66 A. Kurella, »Der Einzelne und die Gesellschaft«, in *Absage und Beginn*, S. 18–20. Zur Diskussion über diese Broschüre vgl. Richard Dorian, »Über den ›wesentlichen Lebensstil‹«, in: *Der Neue Anfang* 2, No. 11–12 (Dezember 1920), S. 164 f.

67 Knud Ahlborn, »Aus der Jenaer Tagung der entschiedenen Jugendbewegung«, in: *Freideutsche Jugend*, Bd. 5, No. 12 (Dezember 1919), S. 543 f. Vgl. auch Karl O. Paetel, *Jugend in der Entscheidung. 1913–1933–1945*, 2. Aufl., Bad Godesberg 1963, S. 51.

68 Die ausführlichste Darstellung von Kurellas Denken und Handeln gibt ein teilnehmender Historiker, Fritz Jungmann (Franz

Borkenau). Sie ist enthalten in dem Band der Frankfurter Schule *Studien über Autorität und Familie*, ed. Max Horkheimer, Paris 1936, S. 696–702.

69 Kurella stellte seine Ideen in verschiedenen Zeitschriftenaufsätzen dar; vgl. »Körperseele«, in: *Freideutsche Jugend* 4 (1918), S. 235–52; »Körperseele«, in: *Die Erhebung*, ed. A. Wolfenstein, Berlin 1919, S. 304–16; »Das Körpergefühl und sein Ausdruck«, in: *Die Tat* 10 (1918–19), S. 508–11; »Vom Körpergefühl«, in: *Die Tat* 10 (1918–19), S. 715–17.

70 Fenichel, »Grundsätze zu jeder Sexualethik«, in: *Die Geschlechterfrage der Jugend*, ed. A. Kurella, Hamburg 1918, S. 30–37.

71 Seine Erinnerung an Luserke schildert Hans-Windekilde Jännasch, *Spätlese. Begegnungen mit Zeitgenossen*, Göttingen 1973, S. 95–104.

72 Martin Luserke, *Schulgemeinde. Der Aufbau der Neuen Schule*, Berlin 1919, S. 11.

73 Gustav Noske war der selbsternannte »Bluthund«, der die gewaltsame Niederschlagung der Revolution in Berlin leitete. Sein Name wurde zum Synonym politischer Unterdrückung.

74 Eckart Peterich, »Unsere Politik«, in: *Der Neue Anfang* 1, No. 19 (Oktober 1919), S. 306–8.

75 O. Fenichel, »Gedanken zu Luserkes Buch«, in: *Der Neue Anfang* 1, No. 19 (Oktober 1919), S. 309–11.

76 K. Marx, »Zur Kritik der Hegelschen Rechtsphilosophie. Einleitung«, in: Marx/Engels, *Werke*, Berlin 1970, Bd. 1, S. 385.

77 O. Fenichel, »Gedanken . . .«, a.a.O., S. 310 f.

Kapitel III
Das Berliner Institut: Die Politik der Psychoanalyse

1 Yela und Henry Loewenfeld, zitiert nach Otto Friedrich, *Before the Deluge*, New York 1973. S. 98.

2 Wilhelm Reich, *People in Trouble*, Rangely 1953, S. 101.

3 Ursprünglich bestand keine klare Trennung zwischen der Gesellschaft und dem Institut, vgl. dazu Bertram D. Lewin und Helen Ross, *Psychoanalytic Education in the United States*, New York 1960, S. 4–6.

4 Vgl. Hans-Joachim Bannach, »Die wissenschaftliche Bedeutung des alten Berliner Psychoanalytischen Instituts«, in: *Psyche* 25

(1971), S. 242–53. Siehe auch Gerhard Maetze, »Psychoanalyse in Deutschland«, in: *Psychologie des 20. Jahrhunderts*, Bd. 2: *Freud und die Folgen*, ed. D. Eicke, Zürich 1976, S. 1145–79.

5 Wolfgang Huber, *Psychoanalyse in Österreich seit 1933*, Wien 1977, S. 6.

6 S. Freud, »Vorwort«, zu *Zehn Jahre Berliner Psychoanalytisches Institut*, Wien 1930, S. 5.

7 Vgl. John S. Peck, »Ernst Simmel 1882–1947«, in: *Psychoanalytic Pioneers*, ed. F. Alexander, S. Eisenstein und M. Grotjahn, New York 1966, S. 373–83, und Ernst Lewy, »Ernst Simmel: 1882–1947«, in: *International Journal of Psychoanalysis* 28 (1947), S. 121–23.

8 Vgl. Simmels Stellungnahme zu »Sozialismus und Psychoanalyse«, in: *Der Sozialistische Arzt* 2 (1926), Neudruck in: *Marxismus. Psychoanalyse. Sexpol*, ed. Hans-Peter Gente, Frankfurt 1970, Bd. 1, S. 24–29; ferner »Zur Geschichte und sozialen Bedeutung des Berliner Psychoanalytischen Instituts«, in: *Zehn Jahre*, S. 7–12; »Die klinischen Möglichkeiten der Psychoanalyse« (Vortrag gehalten anläßlich der Eröffnung des Sanatoriums Schloß Tegel am 10. April 1927) (Manuskript); »Die psychoanalytische Behandlung in der Klinik«, in: *Internationale Zeitschrift für Psychoanalyse* 14 (1928), S. 352–70.

9 E. Simmel, ed., *Anti-Semitism: A Social Disease*, New York 1946. Der Band enthält nicht alle bei diesem Seminar gehaltenen Vorträge.

10 Freud an Simmel (11. November 1928), in: *Briefe 1893–1939*, Frankfurt 1960, S. 379. Vgl. auch Frances Deri und David Brunswick, »Freud's Letters to Ernst Simmel«, in: *Journal of the American Psychoanalytic Association* 12 (1964), S. 93–109.

11 E. Simmel, »Sigmund Freud: The Man and His Work«, in: *Psychoanalytic Quarterly* 9 (1940), S. 174.

12 S. Freud, »Wege der psychoanalytischen Therapie«, in: *GW*, Bd. XII, S. 192.

13 János Paál, »Psychoanalyse in Ungarn«, in: *Die Psychologie des 20. Jahrhunderts*, Bd. 3: *Freud und die Folgen (II)*, ed. D. Eicke, Zürich 1977, S. 106, sowie Jean-Michel Palmier, »La psychanalyse en Hongrie«, in: *Histoire de la psychanalyse*, ed. Roland Jaccard, Paris 1982, S. 165.

14 Vgl. Max Eitingon, »Berichte über die Berliner Psychoanalytische Poliklinik«, in: *Internationale Zeitschrift für Psychoanalyse* 8 (1922), S. 506–20, sowie E. Simmel, »Zur Geschichte und

sozialen Bedeutung des Berliner Psychoanalytischen Instituts«, in: *Zehn Jahre . . .*, a.a.O., S. 7–12.

15 M. Eitingon, *Zweiter Bericht über die Berliner Psychoanalytische Poliklinik* (Juni 1922 bis März 1924), Leipzig 1924, S. 4.

16 E. Jones, »Max Eitingon«, in: *International Journal of Psychoanalysis* 24 (1943), S. 191.

17 Nach Richard F. Sterbas kürzlich erschienen Memoiren (a.a.O.) gab es auch in Wien ein inoffizielles und leicht häretisches »Kinderseminar«. Sterba erwähnt das Berliner »Kinderseminar« nicht. Da aber die Namen identisch und die Vorstellungsgehalte wohl ähnlich gewesen sind, scheint eine Verbindung zwischen beiden bestanden zu haben.

18 »Bericht über das Kinderseminar« (Januar 1927) (Manuskript).

19 E. Simmel, »Otto Fenichel«, in: *International Journal of Psychoanalysis* 27 (1946), S. 70.

20 O. Fenichel, »Bericht über das Kinderseminar« (Manuskript). Beide Versionen scheinen nicht leicht miteinander vereinbar zu sein, obwohl es möglich ist, daß in beiden ein Körnchen Wahrheit steckt. Fenichels Version stammt aus einem kurzen Vortrag, der bei einem offiziellen Institutsereignis gehalten wurde. Obwohl die Tatsachen hier zweifellos stimmen, kann es durchaus sein, daß die Gründe für Eitingons Vorschlag übergangen wurden. Simmel, der seine Erinnerung erst Jahre nach dem Beginn des Seminars notierte, als diplomatische Höflichkeit zwecklos geworden war, mag in bezug auf die Tatsachen unrecht, im wesentlichen aber recht gehabt haben. Selbst wenn das Seminar ›von oben‹ angeregt worden war, war der Vorschlag selbst eine Reaktion auf die Unzufriedenheit der von Fenichel angeführten jüngeren linken Analytiker.

21 Eine kurze Schilderung von enttäuschten Besuchern des Kinderseminars findet sich bei Lewin und Ross, *Psychoanalytic Education*, a.a.O., S. 325 f. Dort wird einer der Leiter als autoritär kritisiert, offenbar Schultz-Hencke, der später zum Neofreudianer wurde. Vgl. Dieter Wyss, *Die tiefenpsychologischen Schulen von den Anfängen bis zur Gegenwart*, Göttingen, 3. Aufl., 1970, S. 200–210. Zur Kritik der Zugeständnisse Schultz-Henckes an die Nationalsozialisten vgl. Helmut Thoma, »Die Neo-Psychoanalyse Schultz-Henckes«, in: *Psyche* 17 (1963), S. 44–79 und 81–128, ferner Franz Baumeyer, »Zur Geschichte der Psychoanalyse in Deutschland«, in: *Zeitschrift für psychosomatische Medizin und Psychoanalyse* 17 (1971), S. 203–40.

22 Edith Jacobson, »Annie Reich«, in: *International Journal of Psychoanalysis* 52 (1971), S. 335.

23 Gustav Regler, *Das Ohr des Malchus*, Frankfurt 1975, S. 178.

24 S. Bernfeld, *Sisyphos oder die Grenzen der Erziehung*, Frankfurt 1973, S. 91.

25 O. Fenichel, Rezension von »Sozialismus und Psychoanalyse«, von S. Bernfeld, in: *Imago* 14 (1928), S. 386. »Sozialismus und Psychoanalyse« wurde nachgedruckt in: *Marxismus, Psychoanalyse. Sexpol*, ed. H. P. Gente, Frankfurt 1970, Bd. I, S. 11–29; eine andere Fassung des Textes erschien in Bernfelds *Antiautoritäre Erziehung und Psychoanalyse*, ed. L. v. Werder und R. Wolff, Frankfurt 1971, S. 490–97.

26 Neben Fenichel selbst ist Edith Jacobson (1897–1978) die bekannteste Figur dieses Kreises. Sie genoß Reputation als produktive und originelle Theoretikerin. Ihre Arbeit und ihr Einfluß in den Vereinigten Staaten sind von Otto Kernberg als »grundlegend« vor allem auf dem Gebiet der Objektbeziehungen bezeichnet worden. Vgl. Kernberg, »An Overview of Edith Jacobsons Contributions«, sowie den Band, in dem dieser Aufsatz enthalten ist: *Object and Self: A Developmental Approach: Essays in Honor of Edith Jacobson*, ed. Saul Tuttman u. a., New York 1981. Zu biographischen Informationen vgl. Edward Kronold, »Edith Jacobson 1897–1978«, in: *Psychoanalytic Quarterly* 59 (1980), S. 505–8. Die in diesem Nachruf erwähnten Angaben stimmen zuweilen nicht mit denen überein, die Jacobson selbst gemacht hat: David Milrod, »Interview mit Edith Jacobson«, 27. April 1971, in der A. A. Brill Library, New York Psychoanalytic Institute. Sie wurde geboren in einer Kleinstadt in Oberschlesien. Ihr Vater war Arzt. Sie studierte Medizin und promovierte Mitte der zwanziger Jahre. Danach ging sie nach Berlin und schloß dort ihre Ausbildung am Psychoanalytischen Institut 1929 ab. Sie nahm am »Kinderseminar« sowie an linken psychoanalytischen Gruppierungen mit Fenichel teil.

27 Annie Reich (1902–71) (geborene Pink) wurde in Wien geboren. Sie beteiligte sich an der österreichischen Jugendbewegung, wo sie wahrscheinlich Fenichel kennenlernte. Er machte sie mit Wilhelm Reich, ihrem ersten Mann, bekannt. Mit Fenichel verband sie eine lebenslange Freundschaft. Sie erhielt ihre psychoanalytische Ausbildung in Wien und zog 1931 mit Wilhelm Reich nach Berlin. 1933 zerbrach die Ehe, und sie ließ sich mit ihren beiden Kindern in Prag nieder, wohin zwei Jahre später

auch Fenichel übersiedelte. 1939 emigrierte sie in die Vereinigten Staaten und lebte in New York. Zwei Jahre nach ihrem Tod erschienen ihre Schriften: *Psychoanalytic Contributions*, New York 1973, mit einem Vorwort von George Gero, einem weiteren Mitglied des Kreises um Fenichel. Gero beschrieb sie als brillante Klinikerin (S. VII). Die wichtigste Quelle für biographische Informationen über Annie Reich ist der Nachruf von Edith Jacobson in: *International Journal of Psychoanalysis* 52 (1971) S. 334–36.

28 Kate Friedländer (1903–49) (geborene Frankl) ist in England, wo sie sich niederließ, ziemlich bekannt. Nach Barbara Lantos, die Erinnerungen an sie veröffentlichte (»Kate Friedländer 1903–1949«, in: *Psychoanalytic Pioneers*, S. 508–18), war die Hampstead Child Therapy Clinic, die mit den Namen von Anna Freud und Doris Burlingham verbunden ist, ursprünglich ein Traum von Friedländer. Kate Friedländer wurde in Innsbruck geboren, promovierte 1926 in Medizin und erhielt im Laufe ihres Lebens verschiedene akademische Auszeichnungen. Das Berliner Institut besuchte sie ab 1926 (unter dem Namen ihres ersten Ehemanns Misch). Sie beschäftigte sich zeit ihres Lebens mit dem Problem der Jugendkriminalität. Vgl. *The Psychoanalytic Approach to Juvenile Delinquency*, London 1947. Wilhelm Reich lobte einen Aufsatz, den sie 1932 (zusammen mit ihrem Mann) schrieb (Reich, »Der Urgegensatz des vegetativen Lebens«, in: *Zeitschrift für politische Psychologie und Sexualökonomie* – im folgenden zitiert als *ZPPS* – 1 (1934), S. 136 f.), nämlich Walter und Käthe Misch, »Die vegetative Genese der neurotischen Angst und ihre medikamentöse Beseitigung« (1932). Reich bezichtigte Friedländer (Misch) später des Plagiats und argwöhnte, sie habe aus politischen Gründen seine eigenen Arbeiten nicht erwähnt, vgl. dazu Reichs Rezension von K. Misch, »Die biologischen Grundlagen der Freudschen Angsttheorie«, in: *ZPPS* 2 (1935), S. 71–73. Weitere Informationen sind zu finden bei Willi Hoffer, »Kate Friedländer«, in: *International Journal of Psychoanalysis* 30 (1949), S. 59 f.

29 George Gero, 1901 in Budapest geboren, gehörte zu der Gruppe um Lukács und Mannheim. Seine analytische Ausbildung am Berliner Institut, die 1924 begann, unterbrach er eine Reihe von Jahren, um bei Max Scheler in Philosophie zu promovieren. Er kehrte 1930 ans Institut zurück. Nach Angaben von Reich nahm er an den kleineren Diskussionszirkeln der

linken Analytiker teil. Er folgte Reich nach Kopenhagen und
blieb dort bis zur Emigration in die Vereinigten Staaten. Meine
Informationen stammen in erster Linie aus einem Gespräch mit
Gero, das ich am 9. September 1981 in New York geführt
habe.

30 Es gibt nur wenig Informationen über Barbara Lantos
(? 1894–1962). Sie wurde in Budapest geboren; ihr Mädchen-
name war Ripper. Sie verkehrte in radikalen Studentenzirkeln.
Sie heiratete einen Studenten namens Lantos, einen Kommunisten, der nach dem Zusammenbruch der ungarischen Räterepublik in die Sowjetunion floh. Barbara Lantos ging über Wien
nach Leipzig, wo sie von Therese Benedek analysiert wurde. In
Berlin nahm sie am »Kinderseminar« und am Kreis um Wilhelm Reich teil. Sie emigrierte nach Paris, später nach London.
Mehrere ihrer Arbeiten befassen sich mit den Triebgrundlagen
der Arbeit. Die biographischen Informationen über sie ent-
stammen der Erinnerung von Kate Friedländer sowie einem
Brief von Edith Ludowyk Gyömröi an mich vom 9. März 1981.

31 Edith Ludowyk Gyömröi wurde 1896 in Budapest geboren.
Als Schriftstellerin (unter dem Namen Edith Renyi) verkehrte
sie in dem Kreis um Karl Mannheim. Sie ließ sich in Wien nieder
und freundete sich mit Bernfeld und dessen erster Frau an.
Mitte der zwanziger Jahre ging sie nach Deutschland (wo sie als
Edith Glück bekannt war). Sie war Mitglied der Kommunistischen Partei, wurde jedoch 1934 ausgeschlossen. Sie emigrierte
1933 nach Prag, dann nach Budapest und schließlich, 1938,
nach Ceylon. Später ließ sie sich in England nieder. Meine
Hauptinformationsquelle ist das Interview, das Randi Markowitz im August 1981 mit Edith L. Gyömröi in England führte.

32 Die Feindseligkeiten zwischen Kommunisten und Sozialdemokraten führten zum Konflikt von Reich mit Bernfeld (und
Federn). 1932 veröffentlichte Reich »Der masochistische Charakter«. Reich kritisierte Freuds neueste Auffassung, der Masochismus sei ein ursprünglicher Trieb. Nach Reich verkehrte
die neue Theorie ein soziologisches Konzept in eine pessimi-
stische Kulturphilosophie und unterstellte einen grundlegenden Willen zur Selbstzerstörung. Freud schrieb einen Brief an
die Herausgeber der *Internationalen Zeitschrift für Psychoanalyse*, die Reichs Aufsatz akzeptiert hatten. Freud stellte
fest, die Arbeit von Reich könne nicht ohne eine Vorbemerkung erscheinen, in der erklärt werde, daß ihr Autor der
bolschewistischen Partei angehöre, die totalen Gehorsam ge-

genüber ihren Dogmen fordere. (Freuds Brief wird zitiert in *Reich speaks of Freud*, ed. M. Higgins und C. M. Raphael, New York 1967, S. 155.) Die Unterstellung, die Arbeit Reichs sei Parteipropaganda, und die Tatsache, daß Essays führender konservativer Analytiker keine derartigen Warnungen auslösten, führten zu Aufregung bei einigen Analytikern. Nach Reich (*People in trouble*, S. 147f.) wurde Freud davon abgeraten, auf seiner Vorbemerkung zu bestehen. Statt dessen wurde Bernfeld aufgefordert, Reich in einem Aufsatz, der gleichzeitig mit dessen Arbeit erscheinen sollte, zu widerlegen. Vgl. Bernfeld, »Die kommunistische Diskussion um die Psychoanalyse und Reichs ›Widerlegung der Todestriebhypothese‹«, in: *Internationale Zeitschrift für Psychoanalyse* 18 (1932), S. 352–85. Vgl. zum allgemeinen Überblick Helmuth Dahmer, *Libido und Gesellschaft. Studien über Freud und die Freudsche Linke*, Frankfurt 1973, S. 332–35.

33 Gespräch mit Edith L. Gyömröi, August 1981, England.

34 O. Fenichel, »Psychoanalyse und Metaphysik«, in: *Aufsätze*, ed. K. Laermann, Bd. 1, Olten und Freiburg 1979, S. 9–29, zuerst in: *Imago* 9 (1923), S. 318–343.

35 O. Fenichel, »Die offene Arbeitskolonie Bolschewo«, in: *Imago* 17 (1931), S. 526–530.

36 André Gide, *Return from the U.S.S.R.*, New York 1937, S. 90.

37 Sidney und Beatrice Webb, *Soviet Communism: A New Civilization* (1935), 3. Aufl. London 1944, S. 484.

38 Zwei weitere enthusiastische Schilderungen von Bolschewo finden sich bei Lenka von Koerber, *Soviet Russia Fights Crime*, London 1934, S. 98–120, und bei Ella Winta, *Red Virtue: Human Relationships in the New Russia*, New York 1933, S. 206–10.

39 David Caute, *The Fellow-Travellers*, London 1977, S. 99f.

40 O. Fenichel, »Psychoanalyse der Politik. Eine Kritik«, in: *Psychoanalytische Bewegung* 4 (1932), S. 256–59.

41 E. Fromm, »Über Methode und Aufgabe einer analytischen Sozialpsychologie«, in: *Zeitschrift für Sozialforschung* 1 (1932), S. 28–54.

42 O. Fenichel, Rezension von »Über Methode und Aufgabe einer analytischen Sozialpsychologie« von Erich Fromm, in: *Psychoanalytische Bewegung* 5 (1933) S. 88 und 92.

43 O. Fenichel, Rezension von *Der triebhafte Charakter* von W. Reich, in: *Internationale Zeitschrift für Psychoanalyse* 11 (1926), S. 387 (im folgenden zitiert als *Int. Z. Psych.*).

44 O. Fenichel, Rezension von *Sexualerregung und Sexualbefriedigung* von W. Reich, in: *Int. Z. Psych.* 16 (1930), S. 522.

45 O. Fenichel, Rezension von *Geschlechtsreife, Enthaltsamkeit, Ehemoral* von W. Reich, in: *Int. Z. Psych.* 17 (1931), S. 405.

46 O. Fenichel, Rezension von *Die Funktion des Orgasmus*, in: *Int. Z. Psych.* 16 (1930), S. 515 f. und 520 f.

47 O. Fenichel, Rezension von »Dialektischer Materialismus und Psychoanalyse« von W. Reich, in: *Imago* 17 (1931) S. 132–37, Neudruck in: H. P. Gente, ed. *Marxismus, Psychoanalyse, Sexpol*, a.a.O., S. 31–36.

48 W. Reich, »Dialektischer Materialismus und Psychoanalyse«, in: *Unter dem Banner des Marxismus* 3 (1929), S. 736–71, Neudruck in: Bernfeld u. a., *Psychoanalyse und Marxismus*, ed. H. J. Sandkühler, Frankfurt 1970.

49 Einen Überblick gibt Joseph Wortis, *Soviet Psychiatry*, Baltimore 1950, S. 71–102.

50 O. Fenichel, *Hysterien und Zwangsneurosen* (1931), Darmstadt 1967, S. 9.

Kapitel IV
Exil: Die geheimen Freudianer und ihre *Rundbriefe*

1 Lucy S. Dawidowicz, *The War Against the Jews: 1933–1945*, New York 1976, S. 65.

2 Hannah Tillich, *From Time to Time*, New York 1974, S. 153–55.

3 *Zeitschrift für politische Psychologie und Sexualökonomie* 1, No. 1 (1934) S. 87 (im folgenden zitiert als *ZPPS*).

4 Zu den besten der vielen Reich-Biographien gehören: David Boadella, *Wilhelm Reich: The Evolution of His Work*, New York 1975; Constantin Sinelnikoff, *L'Oeuvre de Wilhelm Reich*, 2 Bde., Paris 1970, und Myron Sharaf, *Fury on Earth: A Biography of Wilhelm Reich*, New York 1982.

5 Wilhelm Reich, *The Invasion of Compulsory-Sex Morality*, New York 1971; W. Reich, *Mass Psychology of Fascism* (1933), trans. Vincent R. Carfagno, New York 1970. Die englischen Ausgaben der Schriften von Reich unterschieden sich häufig grundlegend von den deutschen.

6 Arthur Koestler in: *The God that Failed*, ed. Richard Crossman, New York 1959, S. 38.

7 *Reich Speaks of Freud*, ed. Mary Higgins and C. M. Raphael, New York 1967, S. 44.

8 Richard F. Sterba, »Unpublizierte Diskussionbemerkungen«, in: *Jahrbuch der Psychoanalyse* 10 (1978), S. 214.

9 Vgl. Kap. III, Anm. 32.

10 Zehntausende von Juden wanderten aus Galizien, einer polnischen Provinz Österreich-Ungarns, gegen Ende des 19. Jahrhunderts nach Wien ein. Vgl. Anson G. Rabinbach, »The Migration of Galician Jews to Vienna, 1857–1880«, in: *Austrian History Yearbook* 11 (1975), S. 44–55, sowie M. Henisch, »Galician Jews in Vienna«, in: *The Jews of Austria*, ed. Josef Fraenkel, London 1967, S. 361–73.

11 Grete Bibring erinnerte sich, als Medizinstudentin in Wien der Einladung eines Kommilitonen (Otto Fenichels) zur Bildung einer Arbeitsgruppe über Sexualität und Analyse gefolgt zu sein. Auf ihre Veranlassung hin nahmen zwei weitere Studenten, Wilhelm Reich und Edward Bibring, teil. Gemeinsam besuchten sie Freud. Vgl. Sanford Gifford, »Grete Lehner Bibring: 1899–1977«, in: *International Psychoanalytical Association, Newsletter* 10, No. 3 (September 1978), S. 9.

12 W. Reich, *People in Trouble*, Rangely 1953, S. 102, 185 f., 197.

13 Ilse Ollendorff-Reich, *Wilhelm Reich: A Personal Biography*, New York 1970, S. 47.

14 Edith Ludowyk Gyömröi, »Recollections of Otto Fenichel« (Manuskript).

15 Vgl. etwa die Interviews mit Sándor Rado, 1964–65, von Dr. Bluma Swerdloff, Oral History Research Office, Columbia University; Interview mit Edith Jacobson, 1971, von Dr. David Milrod, Abraham A. Brill Library, New York Psychoanalytic Institute.

16 Vgl. Randolf Alneas, »The Development of Psychoanalysis in Norway«, in: *The Scandinavian Psychoanalytic Review* 3 (1980), S. 55–101.

17 Reich an Rado, 1. Mai 1933, in: *Reich Speaks of Freud*, a.a.O., S. 168.

18 Zitiert von Reich in seiner Antwort an Federn vom 18. April 1933, in: *Reich Speaks of Freud*, a.a.O., S. 163–65.

19 Reich am 17. März 1933, in: *Reich Speaks of Freud*, a.a.O., 159 ff.

20 Vgl. die Stellungnahmen von Robert Fliess in seiner Anthologie *The Psychoanalytic Reader*, New York 1969, S. 104, in der verschiedene Arbeiten von Reich nachgedruckt sind.

21 David Boadella, *Wilhelm Reich*, a.a.O., S. 120.

22 Reich an oppositionelle Analytiker am 16. Dezember 1934, in: *Reich Speaks of Freud*, a.a.O., 196.

23 Reich, *People in Trouble*, a.a.O., S. 180.

24 *Rundbriefe* (April 1934), zitiert in: *People in Trouble*, S. 185.

25 Reich an oppositionelle Analytiker am 21. Juli 1934, in: *Reich Speaks of Freud*, a.a.O., S. 188.

26 Reich, *People in Trouble*, a.a.O., S. 185.

27 Reich an oppositionelle Analytiker am 21. Juli 1934, in: *Reich Speaks of Freud*, a.a.O., S. 185 f.

28 Reich an oppositionelle Analytiker am 16. Dezember 1934, *Reich Speaks of Freud*, a.a.O., S. 196–98.

29 *Rundbriefe* (April 1934), zitiert in *People in Trouble*, a.a.O., S. 188.

30 O. Fenichel, »Zu Reichs Buch ›Massenpsychologie des Faschismus‹« (Manuskript). Das Manuskript enthält eine Reihe von Diskussionspunkten, die wahrscheinlich für ein Seminar notiert wurden, etwa: Warum das Kleinbürgertum bisher unterschätzt worden ist; Inwieweit läßt sich der Nationalsozialismus als kleinbürgerliches Phänomen charakterisieren; Was bedeutet die Verbürgerlichung des Proletariats.

31 W. Reich, »Experimental Investigations of the Electrical Function of Sexuality and Anxiety« (1933), in: *The Impulsive Character and Other Writings*, trans. G. G. Koopman, New York 1974, S. 139–90.

32 O. Fenichel, *Problems of Psychoanalytic Technique*, trans. D. Brunswick, New York 1941, S. 105 f. Vgl. die Ausführungen über Reich in: »Zur Theorie der psychoanalytischen Technik«, in: Otto Fenichel, *Aufsätze*, ed. K. Laermann, Bd. I, S. 327–334.

33 Vgl. Samuel A. Guttman, »Robert Waelder 1900–1967«, in: *International Journal of Psychoanalysis* 50 (1969), S. 269–73.

34 Robert Waelder, Rezension der *Zeitschrift für Politische Psychologie und Sexualökonomie*, Nachdruck in: *Marxismus, Psychoanalyse, Sexpol*, ed. H. P. Gente, Frankfurt 1970, S. 188. Zuerst in: *Imago* 20 (1934), S. 504–7.

35 O. Fenichel, »Über die Psychoanalyse als Keim einer zukünftigen dialektisch-materialistischen Psychologie«, in: *Aufsätze*, ed. K. Laermann, Bd. I, S. 276–96. Zuerst in: ZPPS 1 (1934), S. 43–62.

36 »Der Ausschluß Wilhelm Reichs aus der Internationalen Psychoanalytischen Vereinigung«, in: ZPPS 2 (1935), S. 57 f. Zwar ohne Autorenangabe, doch offenbar von Reich verfaßt.

37 »Der Bereicherungs-Trieb« erschien zuerst in *The Psychoanalytic Quarterly* 7 (1938), deutsch in: *Aufsätze*, ed. K. Laermann, Bd. II, S. 100–21.

38 Als eine von Freuds reaktionären Handlungen nennt Reich die Absetzung Fenichels als Redakteur der *Internationalen Zeitschrift für Psychoanalyse*, weil Fenichel sich geweigert habe, linke Positionen nicht zu Wort kommen zu lassen. Vgl. *Reich Speaks of Freud*, a.a.O., S. 181.

39 »Bericht über die Fortschritte der Psychoanalyse in den Jahren 1909–1913«, in: *Jahrbuch der Psychoanalyse* 6 (1914), S. 263–424. Einen früheren Überblick gibt Karl Abraham, »Bericht über die österreichische und deutsche Literatur bis zum Jahr 1909«, in: *Jahrbuch für psychoanalytische und psychopathologische Forschungen* 1 (1909), S. 575–94.

40 *Bericht über die Fortschritte der Psychoanalyse in den Jahren 1914–1919*, Vorwort von Otto Rank, Leipzig 1921.

41 O. Fenichel, »Fortschritte der Psychoanalyse 1930 bis 1936« (Manuskript), S. 1 f. 19, 38.

Kapitel V
Das Unbehagen an der Psychoanalyse:
Freudianer gegen Freudianer

1 Ernest Jones, *Freud*, Bd. 3, a.a.O., S. 239 ff.

2 Freud an Binswanger (8. Oktober 1936), in: *Briefe 1873–1939*, ed. Ernst L. Freud, Frankfurt 1960, S. 424.

3 Vgl. Jones, *Freud*, Bd. 3, S. 186. Vgl. die Darstellung des Zusammentreffens von Freud und Boehm bei Richard F. Sterba, a.a.O.

4 Edith L. Gyömröi, »Recollections of Fenichel« (Manuskript).

5 Jones, *Freud*, Bd. 3, a.a.O., S. 188.

6 Edith Jacobson, »Observations of the Psychological Effect of Imprisonment of Female Political Prisoners«, in: *Searchlight on Delinquency*, ed. K. R. Eissler, New York 1949, S. 341–68.

7 Vgl. Marie Langer, »Psychoanalyse – in wessen Dienst?« in: *Neues Forum* 28, Nr. 213 (1971), S. 39–42, sowie »Psicoanálisis y/o revolución social«, in: *Cuestionamos*, ed. M. Langer, Buenos Aires 1971, S. 259 f.

8 Abram Kardiner, *The Individual and his Society*, New York 1939.

9 E. Fromm, »Die gesellschaftliche Bedingtheit der psychoanalytischen Therapie«, in: *Zeitschrift für Sozialforschung* 4 (1935), S. 365–97.

10 O. Fenichel, »Psychoanalytische Bemerkungen über Fromms Buch ›Die Furcht vor der Freiheit‹«, in: *Aufsätze*, ed. K. Laermann, Bd. II, a.a.O., S. 296–317; zuerst in: *Psychoanalytic Review* 31 (1944), S. 133–152.

11 E. Jones, »Evolution and Revolution« (1939), in: ders., *Psycho-Myth, Psycho-History: Essays in Applied Psychoanalysis*, New York 1974, S. 254–75.

12 Leo Rangel, »A Neglected Classic: Otto Fenichel's ›Problems of Psychoanalytic Technique«, in: *Journal of the Philadelphia Association of Psychoanalysis* 7, Nr. 1–2 (1980), S. 93–102.

13 O. Fenichel, »Über die Psychoanalyse als Keim einer zukünftigen dialektisch-materialistischen Psychologie«, in: *Aufsätze*, ed. K. Laermann, Bd. I, a.a.O., S. 276–96. Zuerst in: *ZPPS* 1 (1934), S. 43–62.

14 Vgl. Helmut Dahmer, *Libido und Gesellschaft*, a.a.O., S. 332–35.

15 W. Reich, *Charakteranalyse* (im Selbstverlag) 1933, S. 240.

16 O. Fenichel, »Zur Kritik des Todestriebes«, in: *Aufsätze*, ed. K. Laermann, Bd. I, a.a.O., S. 361–371, hier S. 369. Zuerst in: *Imago* 21 (1935), S. 458–466.

17 Vgl. allgemein Ernest Borneman, *Psychoanalyse des Geldes*, Frankfurt 1976.

18 Sándor Fenczi, »Zur Ontogenie des Geldinteresses« (1914), in: *Bausteine zur Psychoanalyse*, Bd. I, Bern 1964; sowie bei Borneman, *Psychoanalyse des Geldes*, a.a.O.

19 O. Fenichel, »Der Bereicherungs-Trieb«, in: *Aufsätze*, ed. K. Laermann, Bd. II, a.a.O., S. 100–121; zuerst in: *The Psychoanalytic Quarterly* 7 (1938), S. 69–95.

20 O. Fenichel, »Elemente einer psychoanalytischen Theorie des Antisemitismus«, in: *Aufsätze*, ed. K. Laermann, Bd. II, a.a.O., S. 373–389; zuerst in: *Anti-Semitism: A Social Disease*, ed. E. Simmel, New York 1946, S. 11–32.

21 Ebda. S. 389.

22 O. Fenichel, »Psychoanalysis of Antisemitism«, in: *American Imago* 1 (1940), S. 39.

23 O. Fenichel, »Psychoanalytische Einfälle zu Engels ›Deutscher Bauernkrieg‹« (Manuskript).

24 E. Fromm, »Sozialpsychologischer Teil«, in: *Studien über Autorität und Familie*, ed. M. Horkheimer, Paris 1936. Die beiden

anderen Einleitungsaufsätze wurden von Max Horkheimer und Herbert Marcuse verfaßt.

25 O. Fenichel, »Fromm, Erich: Autorität und Familie. Librairie Félix Alcan, Paris, 1936« (Manuskript).

26 O. Fenichel, »Über Psychoanalyse, Krieg und Frieden«, in: *Internationales Ärztliches Bulletin* 2 (1935), S. 39.

27 Edward Glover, *War, Sadism and Pacifism*, London 1933. Erwiderung und Gegenerwiderung in *Internationales Ärztliches Bulletin* 2 (1935), S. 76–77. Der Aufsatz Fenichels und die Erwiderungen sind abgedruckt in: O. Fenichel, *Psychoanalyse und Gesellschaft*, ed. C. Rot (Pseud.), Frankfurt 1972, S. 132–46.

28 O. Fenichel, »Psychoanalyse und Gesellschaftswissenschaften« (1938), ed. R. Jacoby und R. Markowitz, in: *Psyche* 35 (1981), S. 1055–71.

29 O. Fenichel an Gisl Stein (24. Oktober 1938).

30 René Fischer, »Zur Geschichte der psychoanalytischen Bewegung in der Tschechoslowakei«, in: *Psyche* 29, 12 (1975), S. 1128.

31 »Psychoanalyticka Skupina v. C.S.R. (Psychoanalytische Arbeitsgemeinschaft in Prag) 1938« (Manuskript).

32 Fischer, »Zur Geschichte . . .«, a.a.O., S. 1129.

33 Der Gruppe gehörten Paul S. Epstein, Professor für theoretische Physik, und Richard C. Tolman, Professor für physikalische Chemie, an, die beide am California Institute of Technology arbeiteten.

Kapitel VI
Die Illusion einer Zukunft:
Politische Psychoanalyse in den Vereinigten Staaten

1 Zur Geschichte von Topeka vgl. Douglas W. Orr, »Some Psychoanalytic Reminiscences«, in: *Journal of the Council for the Advancement of Psychoanalytic Education* 1, No. 1/1 (1981 ?), S. 26–32. »Ernst Lewy [. . .] trug eine Art Homburger. Karl Menninger verlangte, er solle diesen Hut nicht mehr tragen, weil er ›fremdartig‹ aussehe.« (S. 28)

2 Martin Grotjahn, »Recollecting Some Analysts I Knew: Otto Fenichel«, in: *Bulletin of the Southern California Psychoanalytic Institute* 49 (Juni 1977), S. 11.

3 Max Eastman, *Einstein, Trotsky, Hemingway, Freud and Other Great Companions*, New York 1962, S. 128 f.

4 O. Fenichel, *Psychoanalytische Neurosenlehre*, Bd. III, Olten und Freiburg 1977, S. 193 ff.

5 Ebda., S. 198 f.

6 Nathan Berman, »The Making of Soviet Citizens«, in: *Psychiatry* 8 (1945), S. 35–48.

7 Katja Mann, *Unwritten Memoirs*, New York 1975, S. 123.

8 Leo Löwenthal an Russell Jacoby (24. Juni 1981).

9 O. Fenichel, »Psychoanalytische Bemerkungen über Fromms Buch ›Die Furcht vor der Freiheit‹«, in: *Aufsätze*, ed. K. Laermann, Bd. II, a.a.O., S. 301.

10 Vgl. Fenichels Zusammenfassung von Horkheimers *Eclipse of Reason*, in: *Psychoanalytic Quarterly* 12 (1943), S. 606.

11 Vgl. A. K. (Albert Kandelin), »The Psychoanalytic Study Group«, in: *Los Angeles Psychoanalytic Society/Institute* 6, No. 4 (Februar 1970), S. 3–7, sowie »California's First Psychoanalytic Society«, in: *Bulletin of the Menninger Clinic* 30 (1966), S. 351–57.

12 E. Simmel, »Banquet Speech: 10 Years Celebration of the Psychoanalytic Group of Los Angeles, October 5, 1945« (Manuskript).

13 Vgl. Robert P. Knight, »The Present Status of Organized Psychoanalysis in the United States«, in: *Journal of the American Psychoanalytic Association* 1 (1953), S. 197–221.

14 Vgl. J. L. Rubins, *Karen Horney*, New York 1978. Auf diese Spaltung folgte eine weitere, die durch Rado initiiert wurde; vgl. G. E. Daniels und L. C. Kolb, »The Columbia University Psychoanalytic Clinic«, in: *Journal of Medical Education* 35 (1960), S. 164–71.

15 Fenichel trug seine Auffassungen zum Problem mehrerer gleichzeitig in einer Stadt ansässiger Institute auf einer 1942 in Chicago von Menninger einberufenen Konferenz vor. Vgl. O. Fenichel, »Reflections on Training and Theory« (1942), ed. R. Jacoby and R. Markowitz, in: *International Review of Psychoanalysis* 9 (1982), S. 155–61.

16 Vgl. Sigmund Gabe, »Highlights in the Development of the Southern California Psychoanalytic Society and Institute«, in: *Bulletin of the Southern California Psychoanalytic Institute* 43 (September 1975), S. 7 ff. Vgl. Samuel Eisenstein, »The Birth of Our Institute«, sowie Walter Briehl, »The History of the Los Angeles Society Split«, in: *Bull. S. Cal. Psych. Inst.* 42 (April 1975).

17 O. Fenichel an Leo Felix (2. Oktober 1945).
18 M. Horkheimer, »Ernst Simmel and Freudian Philosophy«, in: *International Journal of Psychoanalysis* 29 (1948), S. 112. Horkheimer merkt an, daß Adorno seine Auffassungen teile.

Kapitel VII
Die Amerikanisierung der Psychoanalyse

1 H. Marcuse, *Eros and Civilization* (1955), New York 1962, S. 195–97. Deutsch: *Triebstruktur und Gesellschaft*, Frankfurt 1973.
2 Jerome Greenfield, *Wilhelm Reich vs. the U.S.A.*, New York 1974, S. 250.
3 Martin Jay, *The Dialectic Imagination: A History of the Frankfurt School and the Institute of Social Research, 1923–1950*, Boston 1973, S. 88. Deutsch: *Dialektische Phantasie. Die Geschichte der Frankfurter Schule und des Instituts für Sozialforschung 1923–1950*, Frankfurt 1976.
4 Frank J. Sulloway, *Freud, Biologist of the Mind: Beyond the Psychoanalytic Legend*, New York 1979, S. 488–95. Deutsch: *Freud. Biologe der Seele*, Köln-Lövenich 1982.
5 Freud, zitiert nach Theodor Reik, *From Thirty Years with Freud*, New York 1940, S. 138.
6 Joel Kovel, »Things and Words«, in: *Psychoanalysis and Contemporary Thought* 1 (1978), S. 31–32.
7 Harold Bloom, »Freud's Concept of Defense and the Poetic Will«, in: *The Literary Freud*, ed. Joseph H. Smith, New Haven 1980, S. 23.
8 Bruno Bettelheim, »Freud and the Soul«, in: *New Yorker*, 1 March 1982, S. 52, 53.
9 Nathan G. Hale, Jr. »From Berggasse XIX to Central Park West: The Americanization of Psychoanalysis, 1919–1940«, in: *Journal of the History of Behavioral Science* 14 (1978), S. 310.
10 Robert P. Knight, »The Present Status of Organized Psychoanalysis in the United States«, in: *Journal of the American Psychoanalytic Association* 1 (1953), S. 218 f.
11 Maxwell Gitelson, »Psychoanalyst, U.S.A., 1955«, in: *American Journal of Psychiatry* 112 (1956), S. 700.

12 Maxwell Gitelson, »On the Identity Crisis in American Psychoanalysis« (1964), in: ders., *Psychoanalysis: Science and Profession*, New York 1973, S. 383–416.

13 Maurice Levine, *Congrès International de Psychiatrie, Paris 1950: Trends in Psychoanalysis in America*, Paris 1950, S. 57.

14 Martin Grotjahn, »On the Americanization of Martin Grotjahn«, in: *The Home of the Learned Man: A Symposium on the Immigrant Scholar in America*, ed. J. Kosa, New Haven 1968, S. 53.

15 Burton J. Bledstein, *The Culture of Professionalism*, New York 1976, S. 92 f.

16 S. Freud, »Die Frage der Laienanalyse«, in: *GW*, XIV, a.a.O., S. 283 f.

17 Clarance P. Oberndorf, *A History of Psychoanalysis in America*, New York 1964, S. 182. Eine ausgezeichnete Erörterung des Problems der Verdrängungen der Psychoanalyse in internationaler Perspektive findet sich bei Paul Parin, »Warum die Psychoanalytiker so ungern zu brennenden Zeitproblemen Stellung nehmen«, in: ders. *Der Widerspruch im Subjekt*, Frankfurt 1978.

18 S. Freud, »Die Frage der Laienanalyse«, in: *GW*, XIV, a.a.O., S. 286.

19 Walter C. Langer an Sanford Gifford (17. Februar 1976), in: »An American Analyst in Vienna during the Anschluß, 1936–1938«, in: *Journal of the History of Behavioral Science* 14 (1978), S. 53.

20 Vgl. Martin Shapiro, *Getting Doctored*, Kitchener 1978.

21 Joel Kovel, *The Age of Desire: Reflections of a Radical Psychoanalyst*, New York 1981, S. 18.

22 Vgl. Nancy A. Roeske, »Women in Psychiatry: A Review«, in: *American Journal of Psychiatry* 133 (1976), S. 365–72; Beverly C. Morgan, »Admissions of Women into Medical Schools in the United States«, in: *The Woman Physician* 26 (1971), S. 305–9; Carol Nadelson und Malka Notman, »Success of Failure: Women as Medical School Applicants«, in: *Journal of the American Medical Woman's Association* 29 (1974), S. 167–72; Rudolph Blitz, »Women in the Professions, 1870–1970«, in: *Monthly Labor Review* 97, Nr. 5 (1974), S. 34–39, sowie Roscoe A. Dykman und John M. Stalnaker, »Survey of Women Physicians Graduating from Medical Schools, 1925–1940«, in: *Journal of Medical Education* 32 (1957), S. 3–38.

23 Laura Fermi, *Illustrious Immigrants: The Intellectual Migration from Europe 1930–41*, Chicago 1968, S. 170.

24 Ebda., S. 5.

25 Dieser Bericht, zu dem ich mir unter Berufung auf den *Freedom of Information Act* Zugang verschaffte, war in den wesentlichen Punkten eingeschwärzt.

26 Henry Paechter, »A Memoir«, in: *Salmagundi* 10–11 (1969–1970), S. 36.

27 Bericht von Gertrud M. Kurth an Ernst Simmel (10. September 1946).

28 Vgl. W.R.D. Fairbairn, »The Sociological Significance of Communism Considered in the Light of Psychoanalysis«, in: *British Journal of Medical Psychology* 15, pt. 3 (1935), S. 218–29.

29 Karen Horney, *New Ways in Psychoanalysis*, New York 1939, S. 12.

30 Fenichel schrieb an Paul Goodman und lobte dessen Aufsatz »The Political Meaning of Some Recent Revisions of Freud«, in: *Politics* 2 (1945), S. 197 ff. (Fenichel an Goodman, undatiert). Fenichel teilte weder Goodmans Enthusiasmus für Reich noch den für den Anarcho-Syndikalismus. Ebensowenig akzeptierte er Goodmans Auffassung, der psychoanalytische Revisionismus sei die Psychologie des New Deal. »Mein Eindruck ist, daß die politische ›Analogie‹ zu Fromm nicht im New Deal liegt, sondern in einem eher nach rechts tendierenden Milieu, in dem es üblich war, sich einen ›linken‹ Anstrich zu geben.«

31 Norman Mailer, »The White Negro« (1957), in: *Advertisement for Myself*, New York 1976, S. 300.

32 C. Wright Mills, *White Collar* (1951), New York 1973, S. 148, 136.

33 C. P. Oberndorf, *A History of Psychoanalysis in America*, S. 207.

34 Ein Hinweis auf Baran und Mills bei Peter Cledak, *Radical Paradoxes: Dilemmas of the American Left, 1945–1970*, New York 1973.

35 Robert M. Lindner, *The Fifty-Minute Hour* (1955), Einführung von Max Lerner, New York 1979. Die Ausgabe wird als 33. Aufl. bezeichnet. Auf dem Titel steht, daß bereits mehr als 1,5 Millionen Exemplare gedruckt wurden.

36 Robert Lindner, *Rebel without a Cause*, New York o. J., S. 2.

37 Robert Lindner, *Stone Walls and Men*, New York 1946.

38 Robert Lindner, *Prescription for Rebellion*, New York 1962, S. 30, 32.
39 Ebda., S. 42.
40 Robert Lindner, »Who Shall Practice Psychotherapy?« in: *American Journal of Psychotherapy* 4 (1950), S. 442.
41 Robert Lindner, *Must you Conform?* (1956), New York 1971, S. 80.

Sigmund Freud Studienausgabe
in zehn Bänden mit Ergänzungsband
Revidierte Neuausgabe – in der ursprünglichen Ausstattung

Herausgegeben von
Alexander Mitscherlich · Angela Richards · James Strachey
Mitherausgeber des Ergänzungsbandes
Ilse Grubrich-Simitis

An der großen Freud-Rezeption der siebziger Jahre hatte die *Studienausgabe* einen bedeutenden Anteil. Als sie 1969–75 erstmals erschien, erhielt sie begeisterte Pressestimmen:

»Ein Freud für alle. Diese Ausgabe ist wirklich eine Tat.«
Kölner Stadtanzeiger

»... sorgfältig und hervorragend ediert.« *Die Zeit*

Der umfangreiche kritische Apparat dieser ersten kommentierten deutschen Freud-Ausgabe umfaßt editorische Vorbemerkungen zu den einzelnen Schriften, zahlreiche Fußnoten sowie Anhänge. Die Vorbemerkungen und Fußnoten informieren u.a. über Entstehungszeit und -umstände des betreffenden Werks, über Textveränderungen, die Freud bei Neuauflagen einführte, sie erläutern die vielen literarischen und historischen Anspielungen, machen auf Parallelstellen aufmerksam, wenn Freud ein und dasselbe Thema in unterschiedlichen Zusammenhängen und in verschiedenen Perioden seines langen Forscherlebens behandelte, und regen den Leser durch ein Netz von Querverweisen zu weiterem Studium an. Der Anhang eines jeden Bandes ist mit Bibliographie, Abkürzungsliste, ausführlichem Namen- und Sachregister sowie einem Gesamtinhaltsplan der *Studienausgabe* ausgestattet.

Die *Studienausgabe* – zunächst im Rahmen der Buchreihe *Conditio humana; Ergebnisse aus den Wissenschaften vom Menschen* veröffentlicht – war vorübergehend nur in Taschenbuchform lieferbar. Jetzt wird sie auf vielfachen Wunsch wieder in der ursprünglichen Ausstattung vorgelegt. Gleichzeitig wurden die editorischen Begleittexte und die Bibliographien um Hinweise auf in der Zwischenzeit publizierte Freud-Neuerscheinungen ergänzt. Außerdem wurde das Querverweissystem der bei Erstpublikation nacheinander erschienenen Bände durch Angabe der konkreten Seitenzahlen vervollständigt, was den Gebrauch der *Studienausgabe* zusätzlich erleichtert.

S. Fischer Verlag

Sigmund Freud Studienausgabe
in zehn Bänden mit Ergänzungsband
Revidierte Neuausgabe – in der ursprünglichen Ausstattung

Die Bände sind nach Themen geordnet, wodurch dem Leser eine rasche
Orientierung im vielgestaltigen Werk Freuds ermöglicht wird. Innerhalb
der Bände gilt das chronologische Gliederungsprinzip.

S. Fischer Verlag

fi 81 / 2 b

Sigmund Freud
Werkausgabe in zwei Bänden

Herausgegeben und mit Kommentaren versehen von
Anna Freud und Ilse Grubrich-Simitis
Band 1: *Elemente der Psychoanalyse*, 590 Seiten
Band 2: *Anwendungen der Psychoanalyse*, 616 Seiten.
3 Abbildungen auf Tafeln
Im Anhang der Bände u.a. Lebenschronologie Sigmund Freuds,
Sammelbibliographie, Namen- und Sachregister

Für den Laien, der sich über Freuds Werk anhand eines repräsenta-
tiven Querschnitts gründlich informieren möchte, wurde die vorliegende *Werkausgabe in zwei Bänden* zusammengestellt. Sie steht, eine
Lücke schließend, zwischen den beiden preisgünstigen Präsentationen
des Freud-Œuvres im Fischer Verlag: der lockeren Folge einzelner,
nicht kommentierter Freud-Taschenbücher und der mit einem auf-
wendigen, für Forschung und Lehre konzipierten editorischen Apparat versehenen, nach Themen gegliederten insgesamt elfbändigen
Studienausgabe. Die *Werkausgabe* ist, ihrer Zielsetzung entsprechend,
also ausdrücklich keine historisch-kritische Edition. Der Kommentar
ist knapp gehalten und auf die Bedürfnisse noch Unkundiger zuge-
schnitten.

Inhalt

Einleitung/Der Sinn der Träume/Der Begriff des Unbewußten/
Die Triebe/Die menschliche Sexualität/
Die Struktur der psychischen Persönlichkeit/
Lustprinzip und Realitätsprinzip/Verdrängung/
Symptombildung/Neurose und Psychose/
Die psychoanalytische Behandlung/Die Ausbildung des Analytikers/
Die Einstellung zur Psychoanalyse/Literatur- und Kunstwissenschaft/
Religionspsychologie und Kulturtheorie/Sozialpsychologie/
Mythologie/Pädagogik/Lebenschronologie Sigmund Freuds/
Anhang

S. Fischer Verlag

Sigmund Freud
Briefausgaben

Briefe 1873–1939
Herausgegeben von
Ernst und Lucie Freud

Sigmund Freud /
Karl Abraham
Briefe 1907–1926
Herausgegeben von Hilda C.
Abraham und Ernst L. Freud

Sigmund Freud /
Lou Andreas-Salomé
Briefwechsel
Herausgegeben von Ernst Pfeiffer

Sigmund Freud
Brautbriefe
Briefe an Martha Bernays
aus den Jahren 1882–1886
Herausgegeben von Ernst L. Freud
Fischer Taschenbuch Band 6733

Briefe an Wilhelm Fließ
1887–1904
Ungekürzte Ausgabe
Herausgegeben von
Jeffrey Moussaieff Masson

Sigmund Freud / Georg Groddeck
Briefe über das Es
Herausgegeben von
Margaretha Honegger
Fischer Taschenbuch Band 6790

Sigmund Freud / C. G. Jung
Briefwechsel
Herausgegeben von
William McGuire und
Wolfgang Sauerländer
Gekürzte Ausgabe als
Fischer Taschenbuch Band 6775

Sigmund Freud /
Oskar Pfister
Briefe 1909–1939
Herausgegeben von
Ernst L. Freud
und Heinrich Meng

Sigmund Freud
Jugendbriefe an
Eduard Silberstein
1871–1881
Herausgegeben von
Walter Boehlich

Sigmund Freud /
Edoardo Weiss
Briefe zur psycho-
analytischen Praxis
Mit den Erinnerungen
von Edoardo Weiss

Sigmund Freud /
Arnold Zweig
Briefwechsel
Herausgegeben von
Ernst L. Freud
auch als Fischer Taschenbuch
Band 5629

Stefan Zweig
Briefwechsel
mit Hermann Bahr,
Sigmund Freud,
Rainer Maria Rilke und
Arthur Schnitzler
Herausgegeben von
J. Berlin u. a.

S. Fischer · Fischer Taschenbuch Verlag

Sigmund Freud
Übersicht der Übertragungsneurosen
Ein bisher unbekanntes Manuskript

Ediert und mit einem Essay versehen von Ilse Grubrich-Simitis
Vollständiges Faksimile, mit einer Abbildung, Leinen, 128 Seiten

Während des Ersten Weltkriegs schrieb Freud an einer Serie von zwölf grundlegenden Abhandlungen, die er unter dem Titel ›Zur Vorbereitung einer Metapsychologie‹ als Buch herausbringen wollte. Doch gelangten lediglich fünf der Aufsätze an die Öffentlichkeit, darunter die klassischen Schriften ›Das Unbewußte‹ und ›Trauer und Melancholie‹. Von den sieben anderen Texten fehlte bislang jede Spur. Ihr Inhalt, so Freud-Kenner, müsse von größtem Gewicht gewesen sein.

Überraschend wurde 1983 der Entwurf zur zwölften dieser metapsychologischen Abhandlungen, betitelt ›Übersicht der Übertragungsneurosen‹, entdeckt. Die als vollständiges Faksimile abgedruckte Handschrift enthält u. a. eine »phylogenetische Phantasie«, in der Freud – angeregt durch Sándor Ferenczis metabiologische Studien – über die evolutionären Anfänge von Neurose und Psychose spekuliert.

Die Erstveröffentlichung bringt neben der wortgetreuen Transkription (von Ingeborg Meyer-Palmedo) und einer mit zahlreichen Anmerkungen versehenen edierten Fassung einen begleitenden Essay der Herausgeberin Ilse Grubrich-Simitis. Unter Verwendung unveröffentlichter Brief-Quellen erhellt sie darin den biographischen, den Werk- und den wissenschaftsgeschichtlichen Kontext des Manuskripts.

S. Fischer Verlag

fi 422 / 4

Psychoanalytische Grundbegriffe
Eine Einführung
in Sigmund Freuds Terminologie und Theoriebildung

Herausgegeben von Humberto Nagera
Unter Mitarbeit von
S. Baker, A. Colonna, E. Dansky, R. Edgcumbe, E. First,
A. Gavshon, A. Holder, G. Jones, M. Kawenoka, L. Kearney,
E. Koch, M. Laufer, C. Legg, D. Meers, H. Nagera (Hg.),
L. Neurath, P. Radford und K. Roes

Mit einem Vorwort von Anna Freud,
Literaturverzeichnis, Gesamtbibliographie der veröffentlichten
Schriften Sigmund Freuds, Stichwortverzeichnis
Band 42288

»Eine Untersuchung der Geschichte psychoanalytischer Grundbegriffe von ihrem ersten Auftauchen in den frühen Schriften Freuds bis zum letzten Band seiner gesammelten Werke« – so charakterisierte Anna Freud den Inhalt des vorliegenden Handbuches, das von Professor Dr. Nagera und seinen Mitarbeitern im Rahmen eines mehrjährigen Forschungsprogramms an der von Anna Freud geleiteten *Hamstead Child Therapy Clinic* erarbeitet wurde. In übersichtlichen Kapiteln werden alle wesentlichen psychoanalytischen Konzepte, die Sigmund Freud in einem langen Forscherleben entwickelt und vielfach modifiziert hatte, im historischen Zusammenhang vorgestellt. Ziel des vorliegenden Bandes ist es, dem Fachmann wie dem an Psychoanalyse interessierten Laien den Zugang zum umfangreichen Freudschen Gesamtwerk zu erleichtern und gleichzeitig Mißverständnisse oder gar Falschdarstellungen durch isoliertes Herausgreifen von Einzelheiten zu verhindern. In der wissenschaftlichen Öffentlichkeit wird das Handbuch als »unschätzbare Hilfe« bezeichnet.

Fischer Taschenbuch Verlag

Sigmund Freud
Gesammelte Werke · Nachtragsband
Texte aus den Jahren 1885 bis 1938

Herausgegeben von Angela Richards
unter Mitwirkung von Ilse Grubrich-Simitis

Mit 5 Abbildungen und 5 Faksimiles, Bibliographie,
Namen- und Sachregistern
Leinen, Fadenheftung, 905 Seiten

Die siebzehn Textbände der *Gesammelten Werke* Sigmund Freuds, der bisher umfassendsten Edition des Œuvres in der Originalsprache, sind zuerst zwischen 1940 und 1952 in Freuds Londoner Exilverlag erschienen, ehe S. Fischer sie 1960 übernahm. Aus verschiedenen Gründen fehlten gleichwohl wichtige Stücke des psychologisch-psychoanalytischen Werks. Einige Beispiele: die Beiträge Josef Breuers zu den ›Studien über Hysterie‹ (auf Freuds eigenen Wunsch); der frühe ›Entwurf einer Psychologie‹ (posthum zunächst im Rahmen der Fließ-Briefe veröffentlicht); die aufschlußreichen Notizen aus der Behandlung des als »Rattenmann« bekanntgewordenen Patienten (erstmals in den fünfziger Jahren erschlossen); der vor kurzem entdeckte Entwurf der zwölften metapsychologischen Abhandlung. Diese und viele andere Stücke, vor allem aus der Pionierzeit der Psychoanalyse, sammelt der mit umfangreichen editorischen Kommentaren ausgestattete *Nachtragsband* – ein Quellenwerk ersten Ranges.

S. Fischer Verlag

fi 1063 / 2

Freud-Bibliographie mit Werkkonkordanz
Neuausgabe

Bearbeitet von
Ingeborg Meyer-Palmedo und Gerhard Fichtner
ca. 224 Seiten, kartoniert

Die *Freud-Bibliographie mit Werkkonkordanz* stellt eine grundlegend revidierte und erweiterte Neuausgabe der ursprünglich der Freud-*Studienausgabe* angegliederten *Sigmund Freud-Konkordanz und -Gesamtbibliographie* dar. Dieses kleine Buch hatte sich nach seiner Erstpublikation 1975 bald als unentbehrliches Hilfsmittel im In- und Ausland durchgesetzt.

Die jetzige Umgestaltung betrifft zum einen die Werkkonkordanz: In den detaillierten Seitenvergleich zum raschen Auffinden von Textpassagen in den drei am meisten verwendeten Freud-Editionen – den *Gesammelten Werken*, der *Studienausgabe* und der englischen *Standard Edition* – wurde der inzwischen veröffentlichte Nachtragsband zu den *Gesammelten Werken* integriert. Zum anderen erfuhr die Freud-Bibliographie eine durchgängige Überarbeitung und wesentliche Erweiterung, indem u.a. auch Teilpublikationen sowie Referate von fremder Hand mit einbezogen wurden. Ferner sind neben Hinzufügungen von neu entdeckten und veröffentlichten Freud-Zeugnissen bis zur Gegenwart zahlreiche bisher nicht verzeichnete Arbeiten Freuds – Rezensionen, Lexikonartikel, Krankengeschichten, insbesondere aus Freuds voranalytischer Zeit – ergänzt worden. Als der nun umfangreichere Teil des Bandes wurde die Bibliographie an den Anfang gerückt, was auch die Titeländerung bestimmte. Dem alphabetischen Werkverzeichnis wurden noch ein allgemeiner Index der Namen, eine Liste der Briefempfänger sowie ein Schlagwortindex an die Seite gestellt.

Die damit derzeit umfassendste Freud-Bibliographie wird durch die verdienstvollen jahrelangen Recherchen des Tübinger Medizinhistorikers Professor Gerhard Fichtner erheblich bereichert.

S. Fischer Verlag

Sigmund Freud
Einzelbände im Taschenbuch

Fischer Taschenbuch Verlag